Mercedes Cabello de Carbonera

ELEODORA

LAS CONSECUENCIAS

Edición
Mónica Cárdenas Moreno

- STOCKCERO -

Foreword, bibliography & notes © Mónica Cárdenas Moreno
of this edition © Stockcero 2012
1st. Stockcero edition: 2012

ISBN: 978-1-934768-60-0

Library of Congress Control Number: 2012955583

Set in Linotype Granjon font family typeface
Printed in the United States of America on acid-free paper.

Published by Stockcero, Inc.
3785 N.W. 82nd Avenue
Doral, FL 33166
USA
stockcero@stockcero.com

www.stockcero.com

Mercedes Cabello de Carbonera

Eleodora

Las consecuencias

Índice

Nuestra edición vii

Una historia para dos novelas: *Eleodora* y *Las consecuencias* de
Mercedes Cabello de Carbonera ix

    Mercedes Cabello, novelista

    La reescritura: estrategias narrativas

    Consolidación de una nueva estética: surgimiento de una escritora moderna

Obras selectas de la autora xxvii

Estudios sobre la obra de Mercedes Cabello xxix

Bibliografía consultada xxxii

Eleodora

I 1

II 7

III 13

IV 17

IV 19

V 23

VI 29

VII 33

VII 35

VIII 41

IX 47

X 55

XI 63

XII 67

XIII 71
XIV 79
XV 83
XVI 87

Las consecuencias

I..95
II 105
III 119
IV 123
V 129
VI 143
VII 149
VIII 157
IX 169
X 185
XI 191
XII 205
XIII 215
XIV 225
XV 233
XVI 243
XVII..249
XVIII 263
XIX 275
XX 289

Nuestra edición

Esta primera reedición de *Eleodora* y *Las consecuencias* desde su publicación en 1887 y 1889, respectivamente, busca, no solamente superar la dificultad de su difusión y permitir que se conozcan todas las novelas de esta importante escritora peruana, sino que muestra detalles de su arte narrativa que, hasta el momento, no se habían revelado. ¿De qué manera la novelista pasa de una estética tradicional, en la representación de la mujer, a otra más bien transgresora y cercana al naturalismo? Estas novelas, a pesar de estar basadas en una misma historia (razón por la cual la crítica las ha evaluado como una sola novela) proponen dos formas distintas de narrar, dos estéticas, y por lo tanto resultan ser, dos novelas diferentes.

Nuestra edición de *Eleodora* está basada en la publicación, por entregas quincenales, en el *Ateneo de Lima* del 31 de julio al 30 de octubre de 1887 (números 36, 37, 39, 40, 41 y 42). Por su parte, *Las consecuencias*, había sido también publicada en folletín en *La Nación*, sin embargo, dado que la colección se encuentra incompleta en la Biblioteca Nacional del Perú, hemos acudido a su inmediata publicación en libro, en 1889, por la imprenta de Torres Aguirre.

En la transcripción de ambos textos, hemos querido respetar en lo posible la ortografía, puntuación y sintaxis de la escritora que constituyen su estilo y una marca de época. Así, hemos respetado las tildes sobre las preposiciones y conjunciones vocálicas (á, é, ó, ú), como aquellas que se colocan sobre monosílabos como:

fé, fué, pié, dá, vió, dió, fuí, vé, etc. De igual manera, hemos conservado el uso de la «j» por la «g» en nombres y adjetivos como: ajilidad, intransijencia, lijero, lójico, turjente, sijiloso, etc.; y en los verbos: jimotear, exijir, imajinar, ajitar, contajiar, recojer, etc. Por otro lado, se han mantenido todas las cursivas que, en ambas novelas, pertenecen exclusivamente a la escritora.

No obstante, en aras de una lectura fluida del texto, y debido a los errores tipográficos comunes en las publicaciones del periodo, nos hemos visto obligados a corregir lo siguiente: el exceso de comas, la inexistencia de los signos de interrogación y exclamación de apertura, las mayúsculas en los meses del año, las tildes en las palabras graves que no deben llevarla (joven, por ejemplo), los laísmos y loísmos, los barbarismos de palabra («orda» en lugar de «orla»), los barbarismos de grafía («indilgar» en lugar de «endilgar»), dentro de ellos, abunda sobre todo la confusión en el uso de la «c», «s» y «z», por ejemplo, la escritura de «azas» en vez de «asaz», o de «cegadera» en lugar de «segadera» , etc.

Se ha corregido el correlativo de los capítulos. Sin encontrarse incompletas, ambas novelas equivocan su numeración: en *Eleodora* se omite el capítulo XI, y en *Las consecuencias,* el XIV. Hecha la corrección, la primera novela tiene dieciséis capítulos, mientras que la segunda, veinte. En el número de páginas, no obstante, la segunda excede en más del doble a la primera.

Finalmente, las notas a pie de página de *Las consecuencias,* motivadas por palabras o expresiones también aparecidas en *Eleodora*, no se han repetido, sino que remiten a esta primera novela. Este ejercicio pretende, además, ayudar a una lectura comparativa, ya que si bien se mantiene parte importante de la información, pocas veces encontramos un párrafo que no haya sufrido cambios en su sintaxis o en su léxico.

UNA HISTORIA PARA DOS NOVELAS: *Eleodora* Y *Las consecuencias* DE MERCEDES CABELLO DE CARBONERA

MERCEDES CABELLO, NOVELISTA

Mercedes Cabello de Carbonera (1842- 1909) perteneció a una familia adinerada e instruida de la sureña provincia peruana de Moquegua. Joven, se traslada a Lima y empieza a destacar por su participación en la prensa donde publica poemas y artículos sobre la condición de la mujer y la literatura. Hacia 1876, año en que empiezan a celebrarse las veladas de Juana Manuela Gorriti, Cabello es ya una mujer de letras reconocida en la sociedad ilustrada limeña.

Sin embargo, su aporte más importante estaría aún por empezar. En 1884, se publica su primera novela: *Los amores de Hortensia* en *El Correo de Ultramar* de París, en ocho entregas entre los meses de marzo y mayo. Posteriormente, será difundida, también en folletín, en las páginas de *La Nación* para finalmente editarse en libro, en 1887, por la imprenta de Torres Aguirre. A pesar de este inicio en la prensa extranjera, será su segunda novela la que goce de mayor fama en el medio nacional: *Sacrificio y recompensa* (1886) gana la medalla de oro en el concurso del Ateneo de Lima donde Teresa González de Fanning obtuvo el segundo lugar con su novela *Regina*. Dicho reconocimiento muestra que ambos textos respondían a las expectativas que la escritura de mujeres despertaba: predominio de la trama amorosa, heroínas castas y abnegadas cuya actividad se restringía al ámbito doméstico, lenguaje fantasioso y un universo idealizado.

Mercedes Cabello, alejada hacía años de su marido, enviuda en 1885. Es esta década una de intenso trabajo intelectual: seguirá publicando artículos cada vez más provocativos y reveladores de su ideología positivista y de su propósito de transformar la sociedad limeña gracias a la educación, y en especial, a nuevas condiciones de vida para la mujer. En 1887, aparecen sus primeras colaboraciones en *El Correo de Paris,* y un año más tarde, se hace corresponsal de dicho semanario en el que escribirá sobre la actualidad cultural y política del Perú. Paralelamente, publica su tercera novela en prensa española: *Eleodora.*

Sacrificio y recompensa está dedicada a Juana Manuela Gorriti, *Eleodora* lo estará «Al eminente tradicionista, don Ricardo Palma». No cabe duda que en la época ambos escritores fueron máximas autoridades en el medio literario, hecho que explica que se acuda constantemente a ellos para validar o impulsar una publicación. *Eleodora*, además, está basada en una de la tradiciones de Palma: «Amor de madre». No es sorprendente, por lo tanto, que pronto veamos esta novela en circulación limeña.

Ricardo Palma se encarga de presentar elogiosamente la novela para el *Ateneo de Lima* en 1887. La historia no habrá terminado de apoderarse del público cuando se empieza a publicar la cuarta novela: *Blanca Sol* aparece, como folletín de *La Nación*, con una historia que captará rápidamente toda la atención y marcará la trayectoria de la escritora. En 1888, se conoce la primera edición en libro de esta novela que escandalizó a la sociedad limeña de entonces: la protagonista era una joven de alta sociedad cuyo poder económico se sustentaba en las coqueterías de la madre y en el conveniente matrimonio que ella misma se había procurado. La antiheroína alejada del mundo virtuoso encarna el peligro y la ambición. Sus faltas las pagará caro, ya que finalmente se verá obligada a prostituirse para mantener a sus hijos transgrediendo, de este modo, la moral que las protagonistas de novela habían ejemplificado hasta el momento en la literatura peruana.

Muchas fueron las críticas que tras esta publicación recibió Cabello de Carbonera. Para hacerles frente, diseñó algunas estrategias. La más evidente fue el prólogo que incorporó a la segunda edición en libro de 1889: «Un prólogo que se ha hecho necesario» donde defiende el objetivo de su novela realista y no desdeña la labor de muchos autores cercanos al naturalismo. Otra de dichas estrategias será la reescritura de la olvidada, pero bien valorada, *Eleodora*. Nuevamente en *La Nación* se inicia la publicación, por entregas, de *Las consecuencias* que será inmediatamente publicada en libro por la imprenta de Torres Aguirre.

Los esfuerzos de Cabello por seguir gozando de los aplausos de sus maestros y coetáneos escritores no dará frutos, en adelante, estará cada vez más cerca del grupo de librepensadores masones. No obstante, su proyecto de novela moderna continuará en marcha. Publicará los ensayos *La novela moderna, La religión de la humanidad, El conde Leon Tolstoy* y la novela *El Conspirador. Autobiografía de un hombre público*. En cada una de ellas, complejiza su propuesta, muestra su amplio conocimiento de las nuevas corrientes estéticas europeas y reafirma su convicción de convertir a la novela en la mejor herramienta de exploración y crítica social. Estos elementos la convierten en la alumna rebelde de la generación de mujeres ilustradas en el Perú a la que perteneció[1].

En este contexto, *Las consecuencias* en vez de ser una novela que revela el mea culpa de la novelista, reafirma el paso que ésta había dado en *Blanca Sol*. Hubiera podido reescribir también sus dos primeras novelas, mostrando que lo importante no es la historia, sino las estrategias narrativas y el lenguaje. Debido a la importancia que tiene la reescritura en su obra, hemos querido otorgarle un espacio diferenciado dentro de su evolución novelística, por esta razón, distinguimos tres etapas dentro de la ficción de Cabello de Carbonera: el periodo de las novelas tradicionales (*Los amores de Hortensia* y *Sacrificio y recompensa*), las novelas de la reescritura (*Eleodora* y *Las consecuencias*) y las novelas de la transgresión (*Blanca Sol* y *El Conspirador*).

---

1   Nos remitimos a los trabajos que sentaron las bases para la comprensión de esta generación de escritoras que empezaron a publicar durante la década del 70 de siglo XIX: Isabelle Tauzin (1989) y Francesca Denegri (1996).

LA REESCRITURA: ESTRATEGIAS NARRATIVAS

La tradición «Amor de madre» (que Palma dedicó, dicho sea de paso, a Juana Manuela Gorriti) sedujo a Cabello al punto de inspirar ambas novelas, presenta la siguiente historia: tras cinco años de matrimonio entre el extremeño Fernando de Vergara y la acaudalada limeña Evangelina Zamora, se apoderó de él el vicio del juego hasta llevarlo a perder toda la fortuna de su esposa. Un día, la desesperación de la derrota y la culpa por la imagen sufriente de Evangelina llevaron a Fernando a asesinar al amigo vencedor y a herir mortalmente a su esposa. El tribunal lo condenó a morir en el cadalso, pero, antes de que esta pena se ejecute, la abnegada Evangelina se declaró adúltera (hecho falso), con lo que, según las leyes de la época, quedaba justificado el crimen de su esposo. Finalmente, Fernando enloquece y Evangelina muere envuelta en el heroísmo de la abnegación y el sacrificio por salvar la honra de sus hijos.

En las novelas de Cabello de Carbonera, la trama se mantiene intacta salvo por una ligera variante en el final: en *Eleodora*, el protagonista muere trastornado, mientras que en *Las consecuencias*, se suicida. Por lo demás, en ambas, los protagonistas son Enrique Guido y Eleodora. El primero, hijo de un inmigrante italiano dedicado al comercio y arruinado tras la muerte de su padre por su vicio al juego; la segunda, hija de una de las familias más acaudaladas y linajudas de Lima. La extensión de la novela exige la presencia de personajes secundarios: rodean a Enrique, la prostituta Rosita (Pepita en *Las consecuencias*) y el criado Juan; mientras que Eleodora vive junto a sus padres, Cosme de Alvarado y Luisa, y recibirá los consejos de la criada, falsa beata y alcahueta, Serafina.

Así contado, el argumento apela a personajes tipo del melodrama romántico en el que se destacan como rasgos esenciales de feminidad: la abnegación, el sacrificio, el amor materno y la castidad. Como dijimos, estos atributos, sobre todo el de la castidad, se verá cuestionado en el proceso de reescritura. Veamos cuáles son las estrategias que forman parte de dicha transformación.

Es cierto que la crítica genética[2] basa su análisis textual en los manuscritos o borradores que han propiciado textos, en nuestro caso, nos encontramos frente a dos novelas acabadas y publicadas, pero jerárquicamente diferentes, en virtud, no solo de la fecha de publicación, sino también de su difusión. *Eleodora* es el texto matriz porque se escribió y publicó primero, pero también lo es, porque tras la aparición de *Las consecuencias* fue «borrada» del circuito editorial. Este fenómeno nos acerca a la teoría del borrador, es decir, a la teoría de la creación donde el objeto de estudio se desplaza del texto hacia los documentos anteriores, del autor al escritor, del resultado al proceso.

Los añadidos, las supresiones, los cambios en el léxico y la sintaxis son elementos que nos interpelan y nos llevan a indagar el porqué. En primer lugar, evaluaremos la naturaleza de todas estas variaciones, y luego, nos plantearemos una problemática más bien contextual: ¿qué ocurrió entre la publicación de uno y otro texto que explique dicha transformación?

Existen muy pocos párrafos que se conservan sin alteraciones, por todos ellos ha pasado la pluma correctora de doña Mercedes, aunque sea para realizar algún pequeño cambio. Abundan casos como éste: «El Sr. Alvarado era tan austero de semblante y tan estirado de figura» (2), leemos en *Eleodora*, mientras en *Las consecuencias* aparece, «Era el Sr. Alvarado, tan austero de semblante y tan estirado de figura» (4). De estas ligeras variantes pasamos a aquellas de mayor importancia, entre ellas: el título.

El título de la primera novela responde a una larga tradición que prolifera durante el siglo XIX y que relacionaba a las ficciones con el relato de vida de sus protagonistas. El afán moral que las motivaba encontró en el *bildungsroman*, o novela de formación, el formato ideal para retratar las peripecias de las jovencitas, los inconvenientes de su educación o las circunstancias fa-

---

2   Nos remitimos a los trabajos de Almuth Grésillon y Bénédicte Vauthier señalados en la bibliografía.

miliares que en su niñez y adolescencia condicionarían su vida futura. Así, solo en la tradición latinoamericana, tenemos entre las más importantes: *Amalia* (Mármol, 1851), *Julia* (Cisneros, 1861), *Dolores* (Acosta de Samper, 1867), *María* (Isaacs, 1867), *Clemencia* (Altamirano, 1869), *Regina* (González de Fanning, 1886). En la novela de Cabello, Eleodora es la protagonista, el centro de las pasiones, de las desventuras y desengaños, y lo es hasta el final donde, a través del sacrificio, es simbólicamente «santificada». Esta primera novela, por lo tanto, tiene el mismo objetivo que la tradición de Palma: poner en primer plano el sacrificio de una madre por sus hijos.

En *Las consecuencias* las cosas cambian. El énfasis ya no radica en las pasiones de la protagonista, sino en las condiciones sociales que provocan el drama que ella vive. La tradicional educación que recibe Eleodora por parte de una madre sumisa y un padre autoritario y conservador, sumado al encierro en el que crece, alimentan su ingenuidad y la convierten en presa fácil de los engaños de un aventurero: Enrique Guido. Él, por su parte, no es por naturaleza un mal hombre, sino que las condiciones socioeconómicas heredadas de sus antepasados y el medio limeño pervertido, lo hacen vulnerable al vicio del juego y lo condicionan a la búsqueda de la vida fácil en detrimento del amor y el trabajo. La muerte de Eleodora es la consecuencia de todos estos factores a los que se suman las intrigas de la beata Serafina. La mirada del narrador ya no se encuentra en la subjetividad de la joven enamorada, sino en la conducta de los principales actores sociales que condicionan su felicidad.

Por otro lado, acerca del final de las novelas, además de lo dicho, hay que tener en cuenta que en *Eleodora* el orden alterado se recompone y, a pesar de la tragedia, el relato se acerca a un «final feliz», ya que: Eleodora confiesa al cura su inocencia y salva así su honra, Enrique Guido muere atormentado por su culpabilidad, los padres consuelan y alegran sus vidas gracias a la compañía de sus cuatro nietos. Mientras tanto, en *Las consecuencias* no existe esta intención de restitución del orden familiar, no sabemos qué pasa con los dos niños tras la muerte de sus padres. La novela termina revisando las múltiples causas del drama de la protagonista: la educación de los padres, las intrigas de la beata o la afición de Enrique Guido al juego.

A esta diferencia en los finales, le corresponde también una variante en el inicio de las novelas. Los cinco primeros párrafos de *Eleodora* los ocupa una digresión sobre la naturaleza de dos tipos novelescos: los padres autoritarios y los héroes románticos; para lo cual el narrador se ubica fuera de la diégesis. En la segunda novela, en cambio, ingresamos directamente en la historia. Este inicio marcará un ritmo propio: cercana, representa un universo mucho más verosímil, a través de expresiones al uso y dándole cabida a elementos populares; a la vez, le otorga mayor presencia a los personajes subalternos.

Jean-Louis Cabanès[3] señala lo sublime y lo grotesco como dos categorías clave para comprender las ficciones del siglo XIX. Lo grotesco problematiza la escala de valores que la novela suele defender a través de sus héroes, provoca su carnavalización y desplaza las relaciones jerárquicas fundiéndose con los elementos de lo sublime. En este sentido, en un momento dado, grotesco y sublime se integran y complementan. De esto depende la complejidad de la novela y es lo que, creemos, ocurre en *Las consecuencias*. Eleodora, el personaje que encarna lo sublime, está mucho más cerca de Juan y Serafina, personajes populares que escapan de los patrones de belleza y bondad, ya que actúan movidos por pasiones carnales o intereses económicos, respectivamente. Serán, ellos, repito, los que interactúen con la joven protagonista, a diferencia de la poca comunicación que entabla con sus padres, o incluso, con Enrique Guido.

Juan, el criado de Enrique, tipo de sirviente fiel y sumiso, representa el estereotipo del afroperuano desde la visión exótica con la que se le representa en el imaginario cultural decimonónico: alegre, dicharachero, ingenioso, físicamente ágil y diestro hasta la

---

3   En *Le Négatif. Essai sur la représentation littéraire au XIXe siècle.*

animalización: «con el oído fino del negro, que tiene algo del sabueso, oyó la respiración tranquila de Eleodora, y un ligero suspiro que le dió a comprender que estaba sola y despierta» (*Eleodora*, 35). Aunque físicamente se encuentra en las antípodas del ideal de belleza masculina encarnado en Enrique Guido, comparte con la protagonista el estado sublime del corazón: «Vamos, señorita Eleodora, quizá lleguemos a tiempo; el corazón me dice que él no ha muerto todavía: vamos, yo se lo pido; sí, señorita, vamos, vamos...» (*Eleodora*, 38). A los dos los caracteriza el altruismo, la resignación frente a una pasión no correspondida y el poco poder de decisión sobre sí mismos: sufren en silencio, no solo la indiferencia de quienes aman, sino también las leyes que éstos les imponen.

Dicha afinidad se transforma en complicidad, primero, en la labor de mensajero que Juan cumple llevándole cartas del seductor Enrique todas las noches, y luego, en el plan que urden para escapar de la casa paterna y salvar la vida del jugador. En *Las consecuencias*, este trato tendrá una fuerte carga erótica como han advertido Francesca Denegri (2003: 131) y Marcel Velázquez (2005: 186-187). La sexualidad alerta de Juan frente al cuerpo de Eleodora delata, en términos de Denegri, una «distopía poscolonial», ya que establece una fantasía que escapa a los límites imaginados por las élites intelectuales para la organización social de las jóvenes repúblicas. No obstante, los deseos de Juan no van a poner en riesgo la virtud de Eleodora quien por su raza y posición socio-económica ocupa un estatus superior a aquel. En este sentido, no hay un verdadero diálogo entre ambos personajes, sin embargo, resulta interesante cómo en esta segunda novela el cuerpo irrumpe como síntoma de lo no simbolizable. Es decir, si bien Juan no logra salir de su posición marginal, su relación con Eleodora coloca en primer plano su capacidad de acercamiento e importancia en la trama: su cuerpo vehiculiza la relación sentimental entre la protagonista y Enrique Guido:

> Algunas veces acontecía, sentir tan cerca de su cuerpo el de Eleodora, que se estremecía y se retiraba asustado. Era que

> ella, en el temor de que su madre la encontrara después de
> las diez aún levantada, se desnudaba y se acostaba, y cuando
> Juan llegaba, se ponía bata y zapatillas y corría a recibirlo.
> Juan sentía el calor de aquel cuerpo recién salido de la cama,
> y se imaginaba percibir vahos que le producían vértigos. Su
> temperamento africano y sus treinta y dos años, recién cum-
> plidos, eran fatales en su condición de tercero y obligado es-
> pectador de la pasión de Eleodora. (*Las consecuencias*, 154)

En ocasiones, el cuerpo de Eleodora es representado metoní-
micamente por su lecho, a cuyo contacto Juan cede a sus impulsos:
se le altera la voz, le tiemblan las manos. No hay que olvidar que
la cercanía entre ambos cuerpos, por un lado, materializa el romance entre Eleodora y Enrique Guido separados por la prohibición del padre; y por otro, simboliza la transgresión de esa
misma norma, ya que Juan, para llegar hasta la joven, debe in-
gresar a sus habitaciones saltando muros como un ladrón. Así, el
momento de mayor cercanía física ocurre, precisamente, cuando
desacatan la norma del padre más elemental: la reclusión y cus-
todia de Eleodora dentro de la casa.

Muchos elementos se confabulan para crear una atmósfera de
peligro frente a esta desobediencia: Eleodora trastabilla y cae de
rodillas, duda en medio de la oscuridad, teme al borde de un
abismo. En medio de esta huida se produce una de las escenas más
provocativas:

> Al tomarla por el talle, tuvo necesidad de oprimirla para re-
> sistir su peso, y sintió que el turjente seno de Eleodora se
> rozaba contra el vigoroso pecho de él, y al asirse ella del cuello
> de él, acercó tanto su rostro, que él sintió los párpados de ella
> y el cosquilleo de sus pestañas como el aletear de una ma-
> riposa. Con su respiración de fragua, Juan le quemaba a Ele-
> odora la mejilla que ella no cuidaba de alejar. (*Las conse-
> cuencias*, 179)

Más tarde, en casa de Enrique Guido, ella se desmaya y es
trasladada al lecho de éste donde la encontrará su padre, quien
creyendo que su hija ha sido deshonrada, aceptará el matrimonio

con su pretendiente, y al mismo tiempo, la castigará con una implacable indiferencia. Sin embargo, nada de lo que ocurre en la habitación de Enrique, llega a tener la fuerza erótica de las escenas, que en secreto, había vivido con Juan. Lo sorprendente, y que no ocurre en *Eleodora*, es que este desplazamiento del cuerpo de Enrique en el de su criado, se produce también del otro lado: Serafina pretendiendo ocupar el lugar de Eleodora.

El amor casto y virginal que vemos en los protagonistas de las dos primeras novelas de Cabello: entre Hortensia y Alfredo Salas (*Los amores de Hortensia*); y entre Catalina y Álvaro (*Sacrificio y recompensa*) se repite también en *Eleodora*, pero no subsiste en *Las consecuencias* gracias al rol que asumen los personajes secundarios en tanto «emisarios del amor». El narrador nos lo explica: «Juan había sentido por Eleodora, el mismo interés que Serafina sintiera por don Enrique. Ninguno de ellos comprendía que el amor es contajioso, sin que sea parte á impedirlo, el que abismos sociales insalvables separen al hombre y á la mujer» (*Las consecuencias*, 153).

Quizá el rol de Serafina sea aún más complejo que el que cumple Juan. Cabello utiliza esta segunda novela para mostrarnos nuevas facetas de la mujer en la Lima anterior a la Guerra del Pacífico[4]. Serafina no solo es una beata alcahueta, sino una solterona arrepentida por no haber cedido a las insinuaciones de uno de sus patrones. De haberlo hecho, podría haberse convertido en la amante y quizá luego en la mujer de un hombre importante, por ello, piensa que esta vez no dejará pasar la oportunidad de conquistar a Enrique, su nuevo amo. Como sus planes no dan resultado, resignada solterona, se dedica con más ahínco a velar por su propio prestigio social en base a una falsa religiosidad. En *Eleodora*, Serafina desaparece al ser expulsada de la casa de los Alvarado una vez descubierta su complicidad con el seductor empobrecido. En *Las consecuencias*, en cambio, se convierte en el ama de llaves y acompaña a la pareja a la hacienda de San Eloy.

---

4   Gracias a los datos sobre la política peruana que se incorporan en *Las consecuencias,* y que no se encontraban en la primera novela, sabemos que los hechos suceden durante el gobierno del civilista Manuel Pardo (1872- 1876). No solamente contamos con este dato, sino que, al ser el señor Alvarado un pardista confeso, las tertulias en su casa suelen amenizarse con largas charlas acerca de la política y los principales problemas del país.

Allí, Serafina es el medio a través del cual la autora critica y ridiculiza a quienes utilizan el rito católico como un medio para aparentar las virtudes que no tienen. Al igual que Enrique, quien al cabo de poco tiempo deja de trabajar en la hacienda y añora la vida de ocio y diversión que llevaba en Lima; también Serafina deja a un lado sus labores de ama de llaves para dedicarse a espiar y censurar la vida de los pobladores de San Eloy adjudicándose el rol de moralizadora. Así como la conducta de Enrique traerá lamentables consecuencias sobre su estado físico y moral, también se censura la práctica de Serafina mediante la deformación del personaje. Lo grotesco en ella se pone en evidencia a partir de una sucesión de episodios: es acusada de mantener amoríos con el cura; al intentar reconstruir la iglesia abandonada, viste a la virgen con trajes de famosas cortesanas; encuentra bajo las faldas de ésta un nido de ratas; confunde el rostro de San Miguel con el de un sifilítico; advierte sobre la cabeza del arcángel un nido de murciélagos; y, finalmente, al limpiar la iglesia, la estatua que representa un santo cae y las manos del monumento van a dar bajo las faldas de la espantada mujer.

Las novelas de Mercedes Cabello son un muestrario de las trampas que vive la mujer en la sociedad limeña decimonónica. Estas son provocadas por: la educación, la mentalidad conservadora de los padres, los matrimonios por conveniencia, el vicio por el juego que seduce a muchos jóvenes de clase alta, la corrupción moral, la atención a las apariencias, la ostentación social, etc. En el panorama que nos brinda Cabello, la mujer casada no es la única víctima, también lo son las solteras como Serafina o Laura (hija natural del señor Alvarado), las mujeres dedicadas a la prostitución como Rosita (Pepita), que al igual que Eleodora, contribuye a salvarle la vida a Enrique e intenta darle lecciones de sentimentalidad.

Frente al panorama sombrío con que se representa la ciudad, San Eloy es un pueblo idílico para la protagonista, el único lugar donde ha sido feliz, pero también lo es para el narrador: nos muestra un pueblo sano y vital que no necesita de la religión (Serafina está empeñada en reconstruir la iglesia y es la que se encarga de que se vuelvan a oficiar misas), ya que vive del trabajo honrado de la tierra y de la producción de azúcar de caña. En todo caso, esta imagen se opone a la de la ciudad amenazada por los vicios, por la ambición del dinero y por la ostentación en contra de la ética del trabajo y de matrimonios que tengan por base el amor.

Como ocurre en muchas de las ficciones del siglo XIX, la novela muestra una modernidad contradictoria. La dicotomía entre campo y ciudad se cumple en la medida en que el campo es un lugar de trabajo, un ideal que espera alcanzarse en las ciudades. Desde el inicio de la novela, a Eleodora, como a muchas de las heroínas románticas, le son atribuidas las cualidades de lo natural, lo bello, puro y virginal; elementos todos que se corresponden con el paisaje que ella encuentra en San Eloy; sin embargo, en medio de ese panorama irrumpe la máquina, ante cuyo funcionamiento la joven se queda admirada: pasa dos o tres horas al día observando su funcionamiento.

Por un lado, podríamos pensar que esto la coloca del lado del progreso en oposición a la reticencia que siente ante ella su esposo, de esta manera, Eleodora podría sintetizar la fusión ideal entre naturaleza y progreso, algo así como la «sabia explotación de la naturaleza». Sin embargo, en el relato también se exponen los temores que la misma máquina le provoca: «Eleodora se apretó contra su esposo, como si temiera ser arrebatada por alguna de esas largas correas, que semejantes a esos mamíferos quirópteros de remos vertebrados, se mueven formando simétricas curvas, y parecen sacar el movimiento del fondo de un abismo para arrebatar cuanto hallan a su paso» (*Las consecuencias*, 233).

El poder destructivo de las máquinas y la representación del miedo a ellas es síntoma de la paradoja que delatan muchas novelas al defender el tránsito hacia una sociedad moderna, pero representar, a la vez, la dificultad de su desarrollo en los hechos y en el imaginario de quienes habitan el espacio recreado[5]. En este sentido, podemos recordar las reflexiones de Eleodora en torno a las ventajas de ser pobre: la pobreza, piensa ella, podría augurarle un hogar modesto pero feliz, porque estaría sustentado en la indispensable ayuda entre los esposos, el obligado trabajo de ella en el hogar, y de él, fuera de la casa. Esta retórica que relaciona la riqueza rentista con la decadencia moral en oposición a la fuerza moralizadora del trabajo, va más allá de los folletines y fue defendida por muchos intelectuales liberales como Manuel González Prada, quien esboza una teoría similar, en su análisis de la derrota del Perú frente a Chile[6].

Como lo hará en sus dos últimas novelas, su interés por representar la ciudad de Lima antes de la Guerra, es precisamente mostrar las posibles causas de la derrota: clases altas que viven de la explotación de recursos sin industria, producción de riqueza ni conocimiento; por lo mismo, someten a las clases socialmente inferiores en quienes proyectan como fantasía sus pautas de conducta. Lima es una ciudad de apariencias, donde las ambiciones personales pueden terminar confundiendo el valor de las personas con el de los objetos, así se entiende que el marido apueste a su propia mujer, al igual que pocos años antes, lo habían hecho los jugadores con los chinos que llegaron al Perú para trabajar en las islas guaneras.

Finalmente, queremos aludir al uso de un lenguaje científico en *Las consecuencias* a diferencia de lo que ocurre en *Eleodora*. Es sobre todo la fisiología la que adquiere importancia en la segunda novela, de tal suerte que los personajes ya no son seres espirituales sino organismos. Ellos van desprendiéndose de una retórica idealizante para acercarse a otra mucho más concreta hasta convertir los propios cuerpos en lenguaje, en síntomas de los desórdenes morales que se pretenden corregir. El alcohol y los desvelos hacen estragos en el organismo de Enrique de modo que no se encuentra preparado para el trabajo cuando intenta dedicarse

---

5   Recordemos, por ejemplo, el relato «Regina» de Teresa González de Fanning recogido en el volumen *Lucecitas*. En él, la máquina es presentada también con la más elevada solemnidad y admiración, sin embargo, en medio de la ceremonia en la que el sacerdote la está bendiciendo, una sus ruedas en movimiento alcanza el borde de los vestidos de la protagonista y la devora por completo.

6   Véase en *Pájinas libres* el discurso: «Perú y Chile».

a él. De esta manera, el narrador nos transporta a un universo plagado de alusiones al órgano de la imitatividad, la atrofia del cerebro, los dolores neurálgicos, el insomnio, el sudor producido por la angustia, las impresiones que del cerebro llegan hasta el corazón, las histéricas risas, las convulsiones de angustia, las perniciosas alucinaciones y la locura.

Consolidación de una nueva estética: surgimiento de una escritora moderna

El siglo XIX es el siglo de la profesionalización de la escritura. Los hombres y mujeres de letras fueron paulatinamente delimitando su quehacer. La prensa, como medio masivo de divulgación de artículos, crónicas, poemas y novelas, puso frente a los escritores una herramienta rica en posibilidades, pero al mismo tiempo, los obligó a participar de sus exigencias. La publicación y la aceptación del público se convirtió en una lucha constante por estar en «buenos tratos» con quienes dominaban el medio editorial; y por la cercanía a aquellas autoridades que garantizaban un buen padrinazgo.

La mujer de letras, en este contexto, es un sujeto mucho más vulnerable, ya que es un actor nuevo en un medio donde aún no se le reconocía como un sujeto de pleno derecho. Tuvo, por ello, que recurrir a estrategias de validación de su escritura y hacer frente a la indiferencia y la crítica que buscaba anular o menospreciar su labor intelectual. En este medio, Mercedes Cabello gozó de una posición privilegiada. Rápidamente, gracias a la formación que había recibido en casa, mostró su erudición y no fue fácil oponerse a sus argumentos cuando presentaba alguno de sus artículos en pro de la educación de la mujer. Podemos decir que participó de la red de intelectuales peruanas que mantuvieron contacto con las principales escritoras españolas e hispanoamericanas junto con Clorinda Matto de Turner. Así, desde el inicio de su carrera empezó a publicar en diarios europeos de divulgación en gran parte del mundo hispanohablante; y en 1889, fue incorporada a la Unión Iberoamericana.

Estrechó lazos por lo menos con tres importantes mujeres de letras de su tiempo: Emilia Pardo Bazán quien la reconoce en el prólogo de *Lucecitas* [7] como una de las más importantes escritoras peruanas junto con Clorinda Matto, Lastenia Larriva y Amalia Puga; y la colombiana Soledad Acosta de Samper quien en *La mujer en la sociedad moderna,* de 1895, resalta su labor intelectual y novelística. Sin embargo, en el medio nacional no estuvo exenta de recibir críticas por la nueva estética que su escritura ponía de manifiesto.

El fenómeno de reescritura que aquí evaluamos tiene la forma del quehacer periodístico de la época, donde las reediciones, las publicaciones en varios medios, y por tanto, las reelaboraciones de un mismo texto eran bastante comunes. Tomemos en cuenta solo dos trabajos que se interesan por este proceso: el de Pedro Díaz Ortiz (2008) sobre las tradiciones de Ricardo Palma, y el de Isabelle Tauzin (2009) sobre las distintas versiones de los ensayos de Manuel González Prada.

La forma del folletín le sirve a Mercedes Cabello como medio de validación de una estética propia. En un periodo de mediatización, ambiente cultural profundamente polémico en el que la relación escritor-lector se hace relativamente estrecha, el desarrollo estético con una carga explícitamente política, como ocurría con esta escritora, pasaba por una conquista también editorial.

Considerando que la escritora moqueguana fue una intelectual adinerada que recurrió al folletín no como un medio de subsistencia, sino como forma de difusión de sus ideas políticas, las mismas que buscaban la corrección de costumbres, reforma social y consolidación de su posición de mujer de letras; la conciencia del sentido y la importancia de la reescritura se hace mucho más evidente.

Como dijimos al inicio, creemos que la intertextualidad que

---

7   De Teresa González de Fanning. Reúne los escritos de esta autora, publicados con anterioridad en el Perú, que en esta ocasión, serán reeditados en Madrid, en 1893, gracias a las gestiones de Ricardo Palma.

Eleodora y *Las consecuencias* tejen con la tradición de Palma e indirectamente con la propia Gorriti[8] (autoridades no solo de la literatura decimonónica, sino en particular, de la literatura escrita por mujeres) tiene que ver con la intención de eludir la probable censura de un texto ficcional abiertamente contrario a las formas y los contenidos exaltados en el ejercicio de escritura femenina. *Eleodora* hará las veces de un «caballo de Troya» no solo respecto a *Las consecuencias*, sino al íntegro del trabajo intelectual de la novelista. Tras la autorización de su pluma con la publicación de esta primera novela, buscará la transformación del canon en la forma planteada en el segundo texto.

Esta operación se produce siguiendo el siguiente itinerario: había sido publicada en folletín en un periódico extranjero; luego, Ricardo Palma, tras elogiarla, gestiona su publicación y redacta la presentación; la novela le estaba dedicada y basada en un texto suyo. Todo este ritual verifica la intención de padrinazgo literario; sin embargo, dichas medidas no fueron suficientes para eludir el impacto que ocasionó la publicación en libro de *Las consecuencias*, más aún tomando en cuenta que su publicación ocurrió tras el escándalo que desató a su vez el nacimiento de la temida *Blanca Sol*. El alejamiento de los garantes de la pluma femenina (Palma y Gorriti) se hará cada vez más explícito, condenando su diálogo atrevido con la realidad social y política inmediata, su escritura agresiva y su falta de «delicadeza femenina».

La presentación que la propia autora diseña para *Las consecuencias* es bastante significativa y creemos que constituye una autodefensa. El paratexto es un recurso que reclama el respaldo con el que ya no contaba. En medio de las críticas, la escritora no arredra y envía un ejemplar de su reescritura a Gorriti mientras pide un nuevo prólogo a Palma. La reprobación será contundente, dice Gorriti en *Lo íntimo,* refiriéndose a las varias estrategias que emplea Cabello para ridiculizar a la Iglesia católica en *Las consecuencias*: «En él más que en *Blanca Sol* apalea al mundo entero. Y no así como se quiera sino con más valor que Zola: no

---

8   Indirectamente, ya que «Amor de madre» está dedicada a la autora argentina. Recordemos, además, que *Sacrificio y recompensa* fue dedicada a la misma escritora.

se detiene en las bajas esferas; se sube a las etéreas, y la emprende a palos con los astros» (170). Hubieron muchas advertencias, por parte de la escritora argentina, hacia sus discípulas peruanas sobre lo que debía escribir una mujer. Gorriti era partidaria de la prosa que sugería, insinuaba y se abría paso gracias a sus amistades y a sus gestiones diplomáticas en el canon literario; no aprobó, por lo tanto, esta forma directa y rotunda en que Cabello cambió su escritura.

La hostilidad por parte de este grupo de intelectuales continuará y su vinculación con el sector que representa la «pluma viril» se dejará notar en la abierta y pública defensa de su imagen hecha por algunos librepensadores (notorio también por la publicación de algunos de sus ensayos en *El Libre Pensamiento);* en la publicación de sus artículos en *La Revista Social* [9] (medio de difusión de El Círculo Literario, grupo de intelectuales que, en 1887, lideró Manuel González Prada); en su declaración de admiración a Emilia Pardo Bazán, mujer polémica y de avanzada dentro de la escena intelectual española del momento[10];y más tarde, en su discurso frente a las alumnas del colegio Fanning, en el que rechaza la educación religiosa y defiende la difusión de los saberes científicos (como el fisiológico).

A estas alturas de su carrera, Cabello de Carbonera es una mujer de temer, no concede, se defiende con más escritos, cartas abiertas y apariciones en público. Algo de la mesías de principios de siglo, o del sacerdote positivista se apodera de ella en su afán por que sus ideas trasciendan y se materialicen en la realidad. Algunos malestares: síntomas provocados por el excesivo trabajo y el inicio de una larga enfermedad, serán razones suficientes para provocar su encierro en el Manicomio Central de Lima el 27 de enero de 1900.

---

9   Cabello publica allí «La novela realista» el 28 de julio de 1887.

10   Emilia Pardo Bazán fue quien introdujo el naturalismo en España, al igual que Cabello, disertó acerca de la nueva novela rusa y su relación con el misticismo. Por estas razones, y por lo prolífica de su producción intelectual, estuvo a la vanguardia de la literatura decimonónica española, no obstante su prestigio, las polémicas no la abandonaron. Es particularmente importante aquella que se origina por el rechazo de su incorporación a la Academia de la Lengua, hecho que va a provocar un movimiento de solidaridad por parte de muchas escritoras del mundo hispanohablante.

OBRAS SELECTAS DE LA AUTORA

Cabello de Carbonera, Mercedes. «Influencia de la mujer en la civilización». *El Álbum* (agosto 8 y 15, 1874); (agosto 22, 1874); (septiembre 12, 1874); (septiembre 26, 1874); (octubre 31, 1874)

——————. «Necesidad de una industria para la mujer». *La Alborada* (marzo 6, 1875); (marzo 13, 1875)

——————. «Los amores de Hortensia. Historia contemporánea». *El Correo de Ultramar* (París), N° 1624 (marzo, 1884): 178- 180; N° 1625 (marzo, 1884): 194- 195; N° 1626 (abril, 1884): 211; N° 1627 (abril de 1884): 226, 227; N° 1628 (abril, 1884): 250, 251; N° 1629 (abril, 1884): 258, 259; N° 1630 (mayo, 1884): 274, 275; N° 1631 (mayo, 1884): 290, 291, 294

——————. *Los amores de Hortensia. Historia contemporánea.* Lima: Imprenta de Torres Aguirre, 1887

——————. *Sacrificio y recompensa.* Lima: Imprenta de Torres Aguirre, 1886

——————. «Eleodora». *Ateneo de Lima*. N° 36 (julio 31, 1887): 67- 76; N° 37 (agosto 15, 1887): 111- 120; N° 39 (septiembre 15, 1887): 194- 197; N° 40 (septiembre 30, 1887): 224- 240; N° 41 (octubre 15, 1887): 270- 280; N° 42 (octubre 30, 1887): 311- 320

——————. *Blanca Sol. Novela social.* [1888] Lima: Imprenta de Torres Aguirre, 1889

——————. *Las consecuencias.* Lima: Imprenta de Torres Aguirre, 1889

——————. *La novela moderna. Estudio filosófico.* Lima: Tipografía de Bagacigalupi y Cía., 1892

_____. *El Conspirador. Autobiografía de un hombre público. Novela político-social*. Lima: Imprenta de La Voce de Italia, 1892.

_____. *La religión de la Humanidad. Carta al señor D. Juan Enrique Lagarrigue*. Lima: Imprenta de Torres Aguirre, 1893

_____. *El conde Leon Tolstoy*. Lima: Imprenta de El Diario Judicial, 1894

_____. «Una cuestión sociológica», *El Libre Pensamiento,* julio 17, 1897

Estudios sobre la obra de Mercedes Cabello

Arambel Guiñazú, María y Claire Martin. *Las mujeres toman la palabra: escritura femenina del siglo XIX*. Tomo I y II. Madrid: Iberoamericana, 2001

Arango-Ramos, Fanny. «Mercedes Cabello de Carbonera: Historia de una verdadera conspiración cultural», *Revista Hispánica Moderna,* 47 (1994): 30- 32

Cárdenas Moreno, Mónica. *La ética femenina en el Perú decimonónico. Estudio de dos novelas de Mercedes Cabello de Carbonera: Blanca Sol y El Conspirador*. Tesis (Mg. Literatura). Lima: Pontificia Universidad Católica del Perú, 2010

Denegri, Francesca. *El abanico y la cigarrera: la primera generación de mujeres ilustradas en el Perú 1860 – 1895*. Lima: Flora Tristán/ Intituto de Estudios Peruanos, 1996

_____. «Distopía poscolonial y racismo en la narrativa del XIX peruano» en O'Phelan, Scarlett (coord.), *Familia y vida cotidianas en América Latina*. Lima: Pontificia Universidad Católica del Perú, Instituto Riva Aguero, Instituto Francés de Estudios Andinos, 2003. 117- 137

Glave Testino, Luis Miguel. «Diez años de soledad: vida y muerte de Mercedes Cabello de Carbonera». *Retornos. Revista de Historia y Ciencias Sociales*, La Paz, N° 3 (enero 2003): 45- 67

Guerra, Lucía. «Mercedes Cabello de Carbonera: estética de la moral y los desvíos no-disyuntivos de la virtud». *Revista de Crítica Literaria Latinoamericana* XIII, 26 (1987): 25- 41

Gonzales Ascorra, Martha Irene. *La evolución de la conciencia femenina a través de las novelas de Gertrudis Gómez de Avellaneda, Soledad Acosta de Samper y Mercedes Cabello de Carbonera*. Nueva York: Peter Lang, 1997

Martin, Claire (ed.). *Cien años después. La literatura de mujeres en América Latina: el legado de Mercedes Cabello de Carbonera y Clorinda Matto de Turner*. Lima: Fondo Editorial de la Universidad de San Martín de Porres, 2010

Martin Claire y Nelly Goswitz (eds.). *Retomando la palabra. Las pioneras del siglo XIX en diálogo con la crítica contemporánea*. Frankfurt- Madrid: Iberoamericana/ Vervuert, 2012

Peluffo, Ana. «Las trampas del naturalismo en *Blanca Sol*: prostitutas y costureras en el paisaje urbano de Mercedes Cabello de Carbonera». *Revista de Crítica Literaria Latinoamericana,* XXVIII, 55 (2002): 37- 52

Pinto Vargas, Ismael. *Sin perdón y sin olvido. Mercedes Cabello de Carbonera y su mundo*. Lima: Universidad de San Martín de Porres. Escuela Profesional de Ciencias de la Comunicación, 2003

_____. (ed.) *Primer Simposium Internacional Mercedes Cabello de Carbonera y su tiempo* (1909-2009). Lima: Fondo Editorial de la Universidad de San Martín de Porres, 2010

Tamayo Vargas, Augusto. *Perú en trance de novela*. Lima: Ediciones Baluarte, 1940

Tauzin-Castellanos, Isabelle. «El positivismo peruano en versión femenina: Mercedes Cabello de Carbonera y Margarita Práxedes Muñoz», *Boletín de la Academia Peruana de la Lengua*, 27 (1996): 79-100

_____. «La narrativa femenina en el Perú antes de la Guerra del Pacífico», *Revista de Crítica Literaria Latinoamericana*, año XXI, N° 42, Lima- Berkeley, segundo semestre (1995): 161- 187

_____. *Le roman feminin peruvien pendant la seconde moitie du XIX siècle*. Thèse de Doctorat présentée et soutenue publiquement. Directeur de recherche M. Le Professeur Jean-Pierre Clement. Université de Poitiers. Faculté des Lettres et des Langues, 1989

Velázquez Castro, Marcel. *Las máscaras de la representación. El sujeto esclavista y las rutas del racismo en el Perú (1775-1895)*. Lima: Fondo Editorial de la Universidad Nacional Mayor de San Marcos y el Banco Central de Reserva del Perú, 2005

Voysest, Oswaldo. «El naturalismo de Mercedes Cabello de Carbonera: un ideario ecléctico y de compromiso». *Revista Hispánica Moderna* (Nueva York), vol 53, N° 2 (dic. 2000): 366- 87

Ward, Thomas. «Matto, Cabello y Prada: Rumbos modernistas hacia una teoría de la literatura». *La teoría literaria: romanticismo, krausismo y modernismo ante la 'globalización' industrial*. University MS: University of Mississippi, «Romance Monographs» (2004): 120-123

Bibliografía consultada

Acosta de Samper, Soledad. *La mujer en la sociedad moderna*. Paris: Garnier Hermanos, 1985

Arona, Juan de. *Diccionario de Peruanismos*. Presentación notas y suplemento de Estuardo Nuñez. Lima: Ediciones Peisa, 1974

Almuth, Grésillon. *La mise en oeuvre. Itinéraires génétiques*. Paris: ITEM, CNRS Editions, 2008

Cabanès, *Le Négatif. Essai sur la réprésentation littéraire au XIXe siècle*. Paris: Éditions Classiques Garnier, coll. «Études romantiques et dix-neuvièmistes», 2011

Díaz Ortíz, Pedro. «Introducción». *Palma, Ricardo. Tradiciones Peruanas (primera serie). Edición crítica*. Lima: Editorial de la Universidad Ricardo Palma, 2008

Fernández Pura y Marie-Linda Ortega. *La mujer de letras o la letra-herida. Discursos y representaciones sobre la mujer escritora en el siglo XIX*. Madrid: Consejo Superior de Investigaciones Científicas, 2008

Fuentes, Atanasio, *Lima. Apuntes históricos, descriptivos, estadísticos y de costumbres*. Lima: Librería Escolar e Imprenta E. Moreno, 1925

González de Fanning, Teresa. (María de la Luz) *Lucecitas*. Prólogo de Emilia Pardo Bazán. Madrid: Imprenta de Ricardo Fe, 1893

González Prada. «Perú y Chile». *Ensayos 1885- 1916*, edición, introducción y notas de Isabelle Tauzin-Castellanos. Lima: *Editorial de la Universidad Ricardo Palma*, 2009. 89- 97

Gorriti, Juana Manuela. *La tierra natal y lo íntimo*. Buenos Aires: Fondo Nacional de las Artes, 1999

Mc Evoy, Carmen. *Manuel Pardo. La huella republicana liberal en el Perú. Escritos fundamentales*. Lima: Fondo Editorial del Congreso del Perú, 2004

Moreano, Cecilia. *La literatura heredada: configuración del canon peruano de la segunda mitad del siglo XIX*. Lima: Instituto Riva Agüero de la Pontificia Universidad Católica del Perú, 2006

Palma, Ricardo. «Amor de madre». *Tradiciones peruanas*. Quinta edición. Madrid: Aguilar, 1964

Peluffo, Ana e Ignacio Sánchez (eds.). *Entre hombres. Masculinidades del siglo XIX en América Latina*. Frankfurt, Madrid: Iberoamericana/ Vervuert, 2010

Prince, Carlos. *Lima Antigua*. Lima: Imprenta Universar de Carlos Prince, 1890

Velázquez Castro, Marcel, «Los orígenes de la novela en el Perú: folletín, prensa y romanticismo», *Ajos y Zafiros*, 6, (2004): 16- 36

_____. «Género, novelas de folletín e imágenes de la lectura en la Ilustración y el Romanticismo peruanos», *Mora*, 11 (2005): 7- 23

Vauthier, Bénédicte y Jimena Gamba Corradine (eds.). *Crítica genétca y edición de manuscritos contemporáneos. Aportaciones a una «poética de transición entre estados»*. Salamanca: Ediciones Universidad de Salamanca, 2012

ELEODORA

Variedades

La novela de la distinguida y laureada escritora doña Mercedes Cabello de Carbonera, á cuya publicación damos hoy principio en las páginas del «Ateneo» acaba de aparecer engalanando, como folletín, las columnas de un periódico literario de Madrid, mereciendo justos encomios de los literatos españoles. A nuestro juicio, *Eleodora* es una de las más correctas é intencionadas novelas que han salido de la elegante pluma de la aplaudida autora de *Sacrificio y Recompensa*[1].

---

[1] Efectivamente, a la fecha, Mercedes Cabello era conocida como la autora de *Sacrificio y recompensa*, ya que esta había sido la novela premiada con la medalla de oro en el concurso del Ateneo, curiosamente también la que mejor respondía a los cánones estéticos del romanticismo. La importancia que en su tiempo se le concede a dicha novela incluso provoca que algunos crean que fue la primera en detrimento de *Los amores de Hortensia*. Hoy sabemos que esta última había sido publicada en *El Correo de Ultramar* de París en 1884. Las características de su primera novela, así como el proceso de reescritura que aquí analizamos, nos llevan a pensar que aún antes de *Blanca Sol*, sufrió la censura frente a una escritura femenina que intentaba criticar la sociedad y la condición de la mujer.

Al eminente tradicionista
D. Ricardo Palma

I

Un padre tirano y una hija desgraciada, que amaba ocultamente á un mozalbete de baja estofa[2], eran el obligado tema de las novelas lacrimosas y de los dramas de capa y espada[3] con que nuestros abuelos recrearon sus largas y desocupadas horas.

Sin tener esta historia nada del sentimentalismo de las primeras, ni mucho menos de los desafueros[4] de los segundos, vamos á principiarla presentando un padre de muchas campanillas[5] y una hija que ocultamente ama a un joven que, aunque de oscuro linaje, dista tanto de ser el tipo del apasionado y rendido amador de antaño, como dista la esplendorosa luz con que hoy nos alumbramos de aquellos pobres mecheros á cuya agonizante claridad diz que rondaban nuestros abuelos á la dama de sus amores.

Lo que de un lado hemos ganado, hémoslo perdido de otro.

La rígida y austera figura del padre de familia que extendía, como dice Larra[6]; la mano más besada que reliquia vieja, para que una vez más la besaran sus hijos, háse tornado en la risueña y simpática figura del amoroso papá que besa á sus hijos y bromea con ellos, ni más ni menos que si fuera de la misma edad.

---

2   *Mozalbete de baja estofa*: joven de baja condición social, con poca clase o rango social.

3   Los dramas de capa y espada, muchas veces también denominados por algunos críticos como comedia de enredos, empezaron a popularizarse en la Edad de Oro del teatro español por autores como Tirso de Molina o Lope de Vega. Constituyen una de las fuentes de la estética melodramática que luego será utilizada en el drama romántico y la novela de folletín del siglo XIX.

4   *Desafuero:* acción contraria a las buenas costumbres o a los consejos de la sana razón, acción hiperbólica.

5   *Campanilla:* dicho de una persona de gran autoridad o de circunstancias muy relevantes.

6   *Mariano José de Larra* (1809- 1837): uno de los más importantes representantes del romanticismo español. Influyó a lo largo del siglo XIX sobre todo en los escritores peruanos identificados con el Costumbrismo y el Romanticismo gracias a sus artículos que criticaban con sátira la sociedad de su tiempo.

En cambio al amante, triste y lacrimoso como una noche de invierno, impetuoso como el Océano é inquebrantable como la roca, ya no lo vemos sino en los libros que nos hablan de los tiempos de Epaminondas[7].

Una joven espiritual, hablándonos de la inconstancia de los hombres, decíanos: —Hoy todos son, poco ó mucho, algo baironianos[8]; todos como el poeta inglés cantan «*A la única mujer que pueden amar*», después de haber recorrido desde la panadera veneciana que iba á que un memorialista[9] le escribiera cartas para el poeta, por no saber ella escribir, hasta la encumbrada dama que lo esperaba en regia alcoba, atestada de los recuerdos de nobles antepasados.

Y poniendo punto final á esta corta digresión, daremos á conocer al señor D. Cosme de Alvarado, magnate acaudalado y de alta alcurnia, de aquellos que, después de más de media centuria de advenimiento de nuestras instituciones republicanas[10], todavía pretenden oler á rancios pergaminos, cuya antigüedad decía D. Cosme que se elevaba hasta el mismísimo D. Pedro el Cruel[11].

El Sr. Alvarado era tan austero de semblante y tan estirado de figura, que bien hubiera podido servir de cariátide[12] en el catafalco[13] de un oficio fúnebre.

Casado á la antigua española, es decir, convencido de que el matrimonio es un sacramento que no es dado violarlo ni aún con el pensamiento, había vivido en paz y concordia con la señora Luisa, matrona[14] de bellas cualidades y noble corazón.

---

7   *Epaminondas* (418- 362 a. C.): hombre de Estado y general tebano en la Grecia antigua.

8   *George Gordon Byron*, Lord Byron (1788- 1824): poeta y dramaturgo inglés fue uno de los románticos de más fama e influencia a lo largo de todo el siglo XIX. Sus héroes encierran los atributos románticos por excelencia: individualistas, inconformes y solitarios.

9   *Memorialista:* persona que tiene como oficio escribir memoriales o cualquier otro documento que se le pida.

10 La independencia del Perú se proclama en 1821 y se consolida en 1824 con la batalla de Ayacucho. Por lo tanto, el presente de la narración corresponde más o menos a la década del 70 del siglo XIX, en todo caso, antes de la Guerra del Pacífico (1879- 1883).

11 *Pedro, el Cruel o Pedro I* (1334- 1369): Hijo de Alfonso XI a quien sucedió en el trono del reino de Castilla y León desde 1350 hasta su muerte.

12 *Cariátide:* figura humana que sirve de columna o pilastra.

13 *Catafalco:* objeto adornado con magnificencia que suele ponerse en los templos para las exequias solemnes.

14 *Matrona:* madre de familia, noble y virtuosa.

La familia, compuesta sólo de los dos esposos y una hija que, al decir de los amigos de la casa, era «la niña de los ojos de sus padres», llevaba vida austera, retraída de toda suerte de distracciones.

En el agitado movimiento de un pueblo que sigue el impulso civilizador, ellos vivían en la alegre y bulliciosa Ciudad de los Reyes[15], como si habitaran el Arca Santa de bíblica tradición.

La señora y su hija oían todas las mañanas la infalible misa de ocho en la iglesia de San Pedro[16]; y por la tarde, á las oraciones, toda la familia reunida rezaba devotamente el rosario.

A las ocho de la noche, el señor y la señora, en compañía de dos amigos más, tan tiesos y encopetados[17] como él, jugaban una *manita* de *rocambor*[18], de á centavo apunte[19]. Esta era una innovación de las pocas que habían tomado carta de ciudadanía en las inveteradas costumbres del Sr. Alvarado; pues habiendo sus antepasados jugado la tradicional y monótona *malilla*[20], continuó él jugándola, por muchos años. Al fin, la fuerza de las costumbres y las exigencias de sus amigos hiciéronle aceptar el moderno rocambor, el que, como todo lo que á la vejez se aprende, no llegó á conocerlo bien, á pesar de su afición.

El círculo de amigos de los esposos Alvarado era reducidísimo.

El Sr. Alvarado decía que no transigiría jamás con esta clase de aristocracia al uso, sin más lustre que el despreciable brillo del oro, adquirido muchas veces á costa de la honra y de la dignidad del individuo. Decía también que en la genealogía de algunas encopetadas familias limeñas no necesitaba ascender ni una generación para hallar, ya sea al *bachiche* (nombre que entre nosotros

---

15   *Cuidad de los Reyes*: uno de los epítetos para Lima otorgado desde su fundación el 18 de enero de 1535. Diversas fuentes coinciden en señalar que se le denominó así, porque esta se llevó a cabo en fecha cercana a la fiesta religiosa de reyes (la epifanía celebrada el 6 de enero) y no tanto en honor a los soberanos reyes de Castilla.

16   La iglesia de San Pedro fue edificada por la Compañía de Jesús en el siglo XVI. Se encuentra en la intersección de los jirones Ucayali y Azángaro en el centro de Lima. A dos calles de donde ubica la autora la casa de los Alvarado.

17   *Encopetado*: presumido, linajudo.

18   *Rocambor*: nombre usado para el juego de naipes de origen español llamado tresillo. Es un juego táctico que se incia repartiendo nueve cartas a cada jugador. Por lo general, se juega entre tres.

19   *Apunte:* la apuesta por cada jugada.

20   *Malilla:* juego de cartas por parejas donde la que tiene mayor valor es el nueve.

se da á los italianos de baja extracción) que desembarcó en nuestras playas traído en un buque mercante, de cocinero ó contramaestre, ó ya al saltimbanquin que con sus morisquetas y sus dicharachos[21] fué el deleite de los muchachos que asistían á sus funciones; ó también á la meretriz que, so pretexto de vender cigarrillos, vendía algo que le dejaba más utilidad.

Con estas ideas, que todos calificaban de extravagantes, fácil es comprender que pocos, muy pocos, serían los privilejiados con la amistad del aristócrata Sr. Alvarado.

La señora que no tenía, en cuestiones de alcurnia, la intransijencia de su esposo, era lo que el vulgo llama *una santa*; y lo era en verdad, no tanto por su inconsciente y exagerado misticismo, cuanto por sus bellas prendas morales.

Sus pingües y ubérrimas rentas, en lucientes soles de plata[22], permitíanle ser caritativa más allá de lo que son las que, con iguales sentimientos, carecen de esa condición.

A las doce del día, recibía, en un pequeño saloncito, á crecido número de mujeres pobres que iban á su casa á recibir unas alguna pequeña mesada, otras un socorro extraordinario, y todas un consuelo á su desgracia.

A esta hora la casa tenía tanto movimiento como el despacho de un Ministro de Hacienda.

Por desgracia, no todas las que iban allá eran verdaderamente pobres, sino más bien vagabundas que, aprovechándose de la proverbial caridad de la señora Alvarado vivían, como viven muchas otras entregadas al ocio y convencidas de que los pobres deben vivir de la caridad de los ricos.

A los que conozcan estas nuestras costumbres no les extrañaría oír, en la antesala de la señora Alvarado, donde esperaban *las pobres vergonzantes*[23], un diálogo poco más ó ménos semejante á este.

—¿Estuviste ayer en los toros?

—No, mamá amaneció ayer sin un centavo.

—Pues mi mamá se acordó que hoy era día de limosnas, y lle-

---

21 *Dicharacho*: dicho bajo, demasiado vulgar o poco decente.
22 *Sol de Plata*: moneda del Perú antes de la adopción del patrón oro a finales de siglo.
23 *Vergonzante*: que tiene vergüenza. Se dice regularmente de quien pide limosna con cierto disimulo o encubriéndose.

vamos á empeñar dos cucharas de plata que tenemos; la corrida estuvo magnífica; yo fuí con mi traje nuevo; ahora me lo iba á poner, y mi mamá me dijo: «Niña, con ese traje no se va á pedir limosna»; ella siempre quiere que para venir aquí, me vista así, *de adefesios*[24]; ¡qué fastidio! ¡Cuándo no necesitaremos de pedir limosna!

—Y luego, ¿para qué? Para recibir una *porquería*[25], que dice mi mamá que ni siquiera para la casa alcanza.

—¡Qué va á alcanzar para nada! Si todo no es más que vanidad; porque digan «la señora Alvarado da muchas limosnas»; mientras tanto, mis hermanos andan dentro de la casa sin zapatos, y ni siquiera al colegio pueden ir, porque les falta todo.

—Pero tú andas siempre bien vestida.

—¡Ah! Es que como yo soy una joven decente, no puedo estar así como una *chola*[26].

Este y otros muchos diálogos semejantes se oían en el patio y en la antesala los *días de limosna*, que eran los primeros del mes.

Si en el mundo hay algo sublime y divino, es sin duda la mano que lleva el óbolo de la caridad al mísero y desvalido; pero esa misma mano puede tornarse dañosa y perjudicial, si una mirada certera y previsora no la guía, y si, lejos de llevar con la dádiva el consuelo y la vida, lleva el ocio y la holganza, que pueden conducir al vicio.

A las cuatro de la tarde la señora de Alvarado recibía sus visitas, que, como ya hemos dicho, eran escasísimas. De ordinario iban á verla algunos sacerdotes, y también alguna gran señora que, al decir del Sr. Alvarado, podía lucir su abolengo junto con los rancios pergaminos[27] de la familia Alvarado, cuyo lustre jamás fué empañado por ninguno de sus antepasados.

---

24   *Adefesio:* traje, prenda de vestir o adorno ridículo y extravagante.
25   *Porquería:* cosa de muy poco valor, insignificante.
26   *Cholo* (Perú): mestizo con componente indígena, o indígena occidentalizado. Expresión altamente despectiva sobre todo en la época como lo deja notar el *Diccionario de peruanismos* de Juan de Arona de 1883: «Una de las muchas castas que infestan el Perú; es el resultado del cruzamiento entre el blanco y el indio. El *cholo* es tan peculiar a la costa, como el *indio* a la Sierra» (170).
27   *Rancio pergamino:* antecedentes nobiliarios desde tiempos muy antiguos.

II

En este ambiente aristocrático y en este hogar por las virtudes de una madre santificado, creció la joven Eleodora hermosa, risueña, alegre y feliz como avecilla del campo.

Sin ser lo que llamamos una belleza, Eleodora tenía tipo simpático, de ojos lánguidos y mirar dulce. Su cutis, de ese blanco mate de la mujer limeña, estaba realzado por negros y sedosos cabellos.

Además tenía aire distinguido, maneras delicadas, y una gracia, y un donaire que daban á todo el conjunto de su persona el valioso y durable atractivo de las gracias.

De las mujeres como Eleodora es, sin duda, de las que se ha dicho que una mujer puede ser bonita sin tener la menor belleza.

A pesar de su buen corazón y nobles sentimientos, Eleodora acariciaba en su alma esas vagas fantasías de la mujer soñadora, que la llevan á mirar los lejanos horizontes de lo desconocido, como el Edén donde deben realizarse todos sus sueños.

Sueños de joven que columbra[28] las felicidades del amor.

En el momento que la conocimos, Eleodora contaba ya veinte años, y más de un pretendiente había salido desahuciado del supremo tribunal, donde el austero papá contestaba: *no ha lugar*; sin duda comprendiendo que más de medio millón de soles, que constituían la dote de la bella joven, además de su noble cuna y de sus cualidades personales, dábanle derecho á escoger algo muy bueno.

Eleodora había visto pasar ante sí todos esos almibarados jo-

---

28 *Columbrar:* divisar, ver desde lejos algo sin distiguirlo bien.

vencitos que la miraban con ojos de hambre más que de amor, repitiendo como su padre:

—Esos quieren mi dinero.

D. Cosme y su esposa bendecían á Dios por haberles dado una hija que estaba muy lejos de parecerse á todas esas locuelas[29] que entregan su corazón al primero que las mira con ojos lánguidos.

Al fin, los esposos Alvarado sacaron en consecuencia que, siendo Eleodora joven de tan exquisitas prendas y acompañándola fortuna suficiente para asegurar su porvenir, lo más conveniente era que no pensara en casarse sino cuando hallara un joven á su misma altura.

Pero es el caso que si Eleodora había visto pasar indiferente á todos sus pretendientes, era porque su corazón estaba lleno con la imagen de Enrique Guido.

Este era un joven algo donjuanesco[30] por lo enamorado, *jaranista*[31] y jugador, tan jugador, que al decir de las gentes, «jugaba el sol por salir».

Como hombre experimentado y ducho en el arte de amar, no se dirigió, como muchos otros, al papá de la joven, sino á una criada de confianza que amaba con pasión a Eleodora.

D. Enrique sabía por experiencia que una moneda de oro puesta en la mano de una de estas criadas la ablanda como cera puesta al fuego.

No es extraño, pues, que á pesar de sus austeridades, doña Serafina trajera esquelas amorosas á la señorita Eleodora. No obstante, diremos que no fué sólo el oro lo que contribuyó á conquistar la voluntad de Doña Serafina, sino más bien un grande interés por la felicidad de Eleodora. Esta que veía los exagerados relatos de fiestas, bailes y toda suerte de distracciones, quejábase amargamente á Doña Serafina comprendiendo que, con su inmensa fortuna, nadie mejor que ella podía gozar de los placeres que para los privilejiados de la fortuna reserva el mundo.

—Mientras tanto —exclamaba Eleodora— ¿puede haber suerte más triste que la mía?

---

29 *Locuela:* dicho de una persona de corta edad, viva y atolondrada.
30 *Donjuán:* adjetivo inspirado en el personaje literario Don Juan Tenorio: empedernido seductor de mujeres.
31 *Jarana:* de acuerdo con Juan de Arona: «palabra creada por los españoles de Indias según Garcilaso (…). Equivale a diversión nocturna de carácter popular» (253).

Guiada, pues doña Serafina del cariño que profesaba á Eleodora, pensó que con las exigencias de su padre jamás hallaría un novio que la sacara de aquella vida austera, inapropiada para una joven de veinte años.

Es lo cierto que entre Eleodora y su sirvienta existía esa amistad íntima, de las que dice un autor que es la única verdadera que puede existir entre dos mujeres, pues que las une el interés de una confidencia amorosa; lo que, dicho sea de paso, lo creemos tan falto de verdad, como de ingenio.

D. Enrique Guido era uno de esos botarates[32] calaveras[33] para quienes el juego y el amor son pasatiempos necesarios, pues que viven, como dicen los franceses, *au jour le jour*[34], sin pensar en el mañana.

Su padre, comerciante al por menor, dejole en herencia un cuarto de millón de soles que el buen hombre había allegado á fuerza de trabajo honrado y mortificante economía. Jamás conoció otra distracción que la de endilgar algunos chicoleos[35] á las muchachas bonitas que entraban á su tienda á comprarle cintas, sedas y algunos otros objetos de bisutería, que vendía ganando un cincuenta por ciento.

Cuando Enrique Guido se vió dueño de esa fortuna, después de haber pasado los primeros años de su vida sin llevar en su cartera más que un sol billete, como decimos ahora para distinguirlo del sol de plata, y este sol billete no alcanzaba á recibirlo sino los domingos, de suerte, que el resto de la semana andaba con los bolsillos aplanchados[36]; cuando se vió, decíamos, con ese para él inmenso caudal, diose á todos los placeres y se entregó á todos los vicios y disipaciones que dan fin con la fortuna, y más que con la fortuna, con la conciencia del hombre honrado.

Al principio sintió halagada su vanidad por haber logrado entrar en los salones de la alta sociedad, y daba convites y gastaba dinero dándose humos de gran señor; pero luego sintiose hastiado y buscó otra clase de placeres.

Más de una candorosa mamá considerábalo un buen partido, y lo colmó de atenciones y agasajos.

---

32   *Botarate:* persona derrochadora y manirrota.
33   *Calavera:* hombre dado al libertinaje.
34   *Au jour le jour:* vivir el día a día.
35   *Chicoleo:* dicho o donaire dirigido por un hombre a una mujer por galantería.
36   *Aplanchado:* planchado o aplastado, sin nada en su interior.

No obstante, hubo otras muchas, sin duda dadas á los estudios heráldicos, que arrugándole la nariz decían: —¡Qué tal altura a la que ha llegado el hijo de *ño vara corta!*

Ese apodo de *vara corta*, con que fué bautizado el padre de Enrique, sin duda por lo mucho que como comerciante escatimaba y cercenaba sus medidas, era como un sambenito[37] colgado al cuello del hijo.

Y luego aquel *ño*, abreviatura o degeneración del Don, que en otro tiempo, como es sabido, llevábalo solo aquel á quien el Rey como título de nobleza se lo acordaba, de donde proviene que el *ño* sea, no sólo abreviatura ó degeneración de la palabra, sino también del individuo.

Como un desquite, ó más bien como un desagravio de aquel *ño* maldito con que fué bautizado el padre de Enrique, sus amigos, aun los más íntimos, dábanle el tratamiento del Don; tratamiento que nosotros en adelante no le usurparemos.

Este tratamiento no le encuadraba mal á D. Enrique.

Hay hombres que, aunque hayan tenido por padre un cochero ó un lacayo, llevan en su porte un sello distinguido que es el mejor título de nobleza. En cambio, hay muchos que con grandes pretenciones de elevada alcurnia, diríase que llevan, cuando menos, el alma de un lacayo.

Y preciso es que confesemos también que, al decir de sus amigos, D. Enrique Guido era uno de esos calaveras simpáticos que han penetrado en la morada del vicio, no para revolcarse como otros calaveras vulgares en el inmundo fango de las pasiones desordenadas, sino más bien para recojer y saborear de paso sus variadas y tumultuosas impresiones.

Por desgracia aquella morada es abismo sin fondo, al que nadie puede acercarse sin sentir el vértigo del precipicio, que aterra y atrae al mismo tiempo.

No es extraño, pues que el joven Guido, a pesar de sus nobles sentimientos, viérase cada día más y más atraído por esa vorágine irresistible de las que tan pocos pueden salvarse.

---

37   *Sambenito:* descrédito que queda de una acción.

Sin embargo, en el momento en que lo conocemos, estaba to-davía en esta situación en que el amor de una buena esposa, cuando es recíproco entre ambos cónyuges, puede traer favorable reacción al espíritu.

Por desgracia, en vez de entrar al matrimonio por la puerta bendita del amor, de ese amor que alguien ha llamado la pasión de los milagros, quería entrar por la estrecha puerta del cálculo, por la que no cabe nada grande, noble, ni capaz de operar los milagros que sólo es dado realizar al amor.

III

¿Cómo es que con tan feos defectos y grandes vicios, que empañan la personalidad moral de D. Enrique, había logrado inspirar verdadera pasión á Eleodora, la joven de nobles principios y santa educación?

Vamos a decirlo.

Una mañana que Eleodora salió, según costumbre, para ir á misa, ruborizose al encontrar un joven que la miraba con esa eléctrica mirada á la que una mujer joven, y que no ha amado aún, no podrá ser insensible jamás.

Victor Hugo[38] dice que en las novelas de amores se ha abusado mucho de la mirada.

Cierto: tanto es así, que parece una vulgaridad decir que una mirada puede enamorar á una mujer.

¡Cuántas veces los acontecimientos más vulgares deciden del porvenir del individuo!

Así sucedió con Eleodora: este joven y esa mirada decidieron de su porvenir.

Después de muchos días de mirarla, se atrevió él á saludarla. Ella se disgustó, casi se indignó de ser tratada así, como una mujer vulgar, *como una cualquiera*; pero luego, aquellos ojos, fijos siempre en ella domináronla con el preponderante dominio del magnetizador para el magnetizado.

El fatalismo del amor es el único fatalismo excusable. Y la orgullosa Eleodora, que había visto indiferente á más de un preten-

---

38   *Victor Hugo* (1802 -1885): poeta, novelista y dramaturgo francés. Por su talento, su monumental obra y los lineamientos teóricos acerca del Romanticismo, se convirtió en uno de sus más importantes representantes, así como en el gran inspirador de la literatura occidental del siglo XIX.

diente despedido por su severo padre, podría decir como los sectarios de Mahoma *estaba escrito* que yo amase á este hombre.

¿Quién era este desconocido, *este hombre* que se presentaba ante ella sin más título que el de saber amar? Ella no lo conocía, ni nunca le había visto antes; pero había encontrado en él esa expresión varonil, algo fiera y casi altanera, que tan simpática es á las mujeres, y que sin duda es la mejor carta de introducción que puede presentar un hombre.

Pronto dejó de ser un desconocido para tomar un nombre que es todo un poema en el vocabulario de la mujer que ama. Ella le dió el nombre de *él.*—Él está allí— Él me espera. —Él me ama. Cuando un hombre alcanza el que la mujer que ama le dé el nombre de *él*, debe estar seguro de haber avanzado más de la mitad del camino que conduce a la felicidad.

D. Enrique esperaba á Eleodora todos los días, á las ocho de la mañana en la plazuela de San Pedro. Generalmente esa era la hora en que él se retiraba del club donde había pasado la noche jugando; unos decían que sólo jugaba el aristocrático é inocente rocambor; otros aseguraban que allí había un tapete verde[39], en el que más de un padre de familia había perdido el pan de sus hijos.

Cuando pasaba la noche en alguna orgía o zambra[40] con gente de mal vivir, cuidaba de ir antes á su casa para lavarse y perfumarse, con el objeto de que desaparecieran las huellas del insomnio.

Después se dirigía al lugar de su cita á esperar «al ángel de sus amores», como él llamaba á la candorosa joven.

Cuando ella venía, él estaba siempre allí, cerca de su paso; cuando ella se aproximaba, él tiraba el tercero o cuarto cigarro que había fumado, y la devoraba con su mirada de águila, cargada de magnetismo.

Así que Eleodora se aproximaba al sitio donde él estaba, sentía algo semejante á lo que debe sentir la paloma atraída por las fauces de una boa.

---

39   *Tapete verde*: mesa de juegos de azar.
40   *Zambra:* fiesta, algazara de origen morisco.

Eleodora palidecía y temblaba como una palmera agitada por el vendabal. Mientras estaba distante podía mirarle; pero así que se acercaba á él, bajaba los ojos como si fuérale imposible sostener el fascinador dominio de su mirada.

Eleodora no faltaba jamás á la misa de San Pedro. Si su madre no podía acompañarla, iba con doña Serafina. En este caso Don Enrique la seguía hasta el templo y oía la misa, procurando colocarse en un sitio paralelo al de ella, para poderla mirar largo tiempo. A Eleodora le sucedía que después de leer mucho tiempo en su libro de oraciones, se encontraba que el libro estaba de cabeza, y al fin no se daba cuenta de si lo que había rezado era un rosario ó una misa. Alguna vez no dejó de ocurrirle el decir con candorosa inocencia: —¿Si será este hombre Satanás, cuando me perturba tanto en mis oraciones?

Y recorría en su memoria algunos hechos milagrosos de vidas de santos, en que nos pintan el poder de Satanás superior al del mismo Dios.

Entonces oraba con verdadera unción, clamando al cielo que la salvara, si es que la amenazaba algún peligro.

Fácil es comprender que D. Enrique, que tan altos puntos medía como truhán y calavera, no miraría á Eleodora sino valorizándola como joya de alto precio.

La hija del Sr. Alvarado era lo que se llama un buen partido. Muerta una tía hermana de su padre, dejola en herencia extensa y valiosísima hacienda[41], situada en las cercanías de Lima; ítem más[42], varias fincas urbanas, constituyendo esta sola herencia una dote de un millón de soles. Y si á esto se agregan las esperanzas de herencia paterna, se verá que no ardía tan á humo de pajas[43] el ardoroso amor de D. Enrique Guido.

---

41 *Hacienda:* propiedad o finca rural.
42 *Ítem más*: del mismo modo, también.
43 *Arder a humo de pajas*: algo fácil o gratuito.

IV

Cuando el Sr. Alvarado paró mientes[44] en la repentina intimidad de su hija con doña Serafina, asaltáronle mil sospechas y temores, concluyendo por largas cavilosidades[45] que le llevaron á esta conclusión: —La buena de doña Serafina puede ser una santa, pero yo diría que algo de amoríos habla con mi hija. ¡Si yo pudiera escucharlas!

Y dicho y hecho. Una noche que hablaban ambas del enamorado de la plazuela de San Pedro, el Sr. Alvarado alcanzó á escuchar toda una larga, y para él interesantísima, conversación que, con todos sus detalles, diole á conocer los amores de su hija con D. Enrique Guido.

En cuanto á la virtuosa señora Alvarado, para ella doña Serafina estaba incólume de toda sospecha, juzgándola incapaz de convertirse en zurcidora de voluntades, en despreciable encubridora.

Y si su esposo le hubiera manifestado sus sospechas, ella las hubiera rechazado indignada, no solo como ofensa á doña Serafina sino también á la religión.

¡Cómo! ¡La mujer que cumple con el precepto de la misa todos los días, y tiene padre de espíritu, y cada ocho días aposenta en su pecho al mismo Dios[46], puede cometer tales infamias!

El que tal creyera, caería ante la señora Alvarado en la desgracia cuando menos de maldiciente, esto si también no era hereje y escéptico.

Acerquémonos con el Sr. Alvarado á escuchar la conversación

---

44 *Parar mientes*: considerar algo, meditar y recapacitar sobre ello con particular cuidado y atención.
45 *Cavilar:* pensar, razonar.
46 Alusión al acto de comulgar.

de Eleodora, que para nosotros será también interesante, puesto que nos dará á conocer hasta qué punto pueden equivocarse las jóvenes, y cuán funesto puede serles el juzgar al hombre que aman llevadas sólo de las apariencias, que tan fácilmente engañan cuando se mira con el seductor prisma de la pasión.

Mercedes Cabello de Carbonera

(Continuará)

IV

(Continuación)

Eleodora decía:

—Yo, doña Serafina, estoy resuelta á casarme con mi adorado Enrique.

—¿Y si tu padre no lo consintiera?

—Tendría que consentirlo, porque si yo no soy la esposa de D. Enrique, no lo seré de ningún otro; se lo juro á usted, doña Serafina.

—¿Y qué harías, caso que el Sr. Alvarado no diera su consentimiento?

—Se lo pediría de rodillas, lloraría, suplicaría; pero si así no lo alcanzaba, me casaría de todos modos.

Y Eleodora pronunció estas palabras con tan resuelto tono, que su padre, que oculto tras la puerta las escuchaba, sintió algo como si el filo de un puñal le atravesara el corazón.

Doña Serafina contestó de esta suerte:

—Sí, tú puedes casarte con el que tú quieras. Dentro de pocos meses cumplirás los veintiún años, y entonces nadie podrá impedírtelo; además puedes contar con la gran herencia de tu tía, la que te será entregada al día siguiente de tu matrimonio[47].

—¿Y sabrá D. Enrique que soy tan rica?

—Imposible que pueda saberlo. ¡Si el Sr. Alvarado ha vivido siempre diciendo á todo el mundo que necesitaba siete reales y medio para completar un peso!

---

47   Según el código civil de 1852, la mujer no podía heredar sino a través del marido dentro del estatus de casada.

—¡Así es que él me ama sin saber que soy riquísima! —exclamó alborozada Eleodora.

—Es claro —dijo doña Serafina con acento de convicción.

—¿Sabe usted lo que me dice en su última carta?

—¿Qué te dice?

—Que si papá no nos da su consentimiento, él está resuelto á todo. ¿Qué querrá decir con esto?

—Sin duda estará resuelto á sacarte de la casa.

—¡Ay, Dios mío! Por nada haría yo eso.

—Sí, ahora no convendría de ningún modo; esperemos á conocerle más; apenas si sabemos que se llama Enrique Guido.

—¡Qué lindo nombre! ¿No es verdad?

—Aunque se llamara Sinforoso, te parecería á ti lindo.

—Cierto que, ¡le amo tanto!

—No necesitas decírmelo.

—¡Que triste estaba esta mañana! ¿Se fijó usted en él, doña Serafina?

—¡Vaya que no lo había de notar! Pero dime, tú, ¿cómo ves eso, si cuando pasas cerca de él pareces una ajusticiada que no mira sino al suelo?

—¡Oh! ¡Es que lo veo con los ojos del alma!

—Lo que es él te mira con unos ojos ¡Jesús!, que me dan miedo; parecen los ojos del gato que mira al ratón.

—¡Calle usted! ¡Qué comparación tan vulgar! ¡Mire usted! Esta mañana no más, sin ir más lejos, tenía los ojos encendidos, húmedos, como si hubiese llorado; y luego, esa expresión tan triste que tenía...

—Cierto, esta mañana estaba muy triste; se conoce que te quiere mucho.

—¿Y ha notado usted qué religioso es?

—Sí, esta mañana oyó su misa muy devotamente.

Eleodora y Serafina estaban muy lejos de pensar que los ojos encendidos y húmedos de D. Enrique eran resultado de largas y continuadas veladas, y no como Eleodora creía, por haber llorado de amor. Y aquella misa que tan buena idea les diera de su religiosidad, fué como la célebre misa que Enrique IV, el rey hugonote, oyó, diciendo: —Bien vale París una misa[48]. Así D. Enrique había dicho: —Bien vale esta muchacha una misa.

Largo tiempo charlaron de esta suerte Eleodora y su criada.

Cuando el Sr. Alvarado se retiró del sitio en que había escuchado esta conversación, temblaba de rabia é indignación.

Al día siguiente, á pesar de los respetos que doña Serafina con su aire de gazmoña[49] había logrado inspirar, no se libró que el justiciero varapalo[50] del señor Alvarado midiérale los lomos[51].

A Eleodora, después de severas amonestaciones que pasaron hasta á amenazas, se le ordenó que viviera en apartada vivienda interior, como si dijéramos encerrada bajo de siete llaves; creyendo impedir así el que si alguno, so pretexto de pedir limosna ó de hablar con el Sr. Alvarado, iba á la casa, pudiera ser portador de misivas amorosas, mandadas por el indigno pretendiente á la noble hija de los esposos Alvarado.

La clausura y las precauciones extendiéronse hasta prohibirle la misa de obligación de los domingos.

Eleodora protestó, lloró, rogó sin alcanzar á ablandar á su severo padre.

Pero, como para el amor no hay imposibles, bien pronto un criado de don Enrique descubrió la manera de escalar tejados, protegido por su amigo que vivía en casa vecina y le permitía pasar á llevar las cartas de su amo á la señorita Eleodora.

Don Enrique propuso muchas veces á la incauta joven el que se fugara de la casa paterna, á lo que ella había contestado siempre: —No; jamás les daré este pesar á mis padres, que tan pocos días de vida tienen ya.

Con estas contrariedades D. Enrique se entregó con más furor a sus vicios.

Ya no tenía la obligación de ir á esperar á Eleodora en la plazuela de San Pedro, y sus orgías se alargaban, y sus horas de juego eran interminables.

---

48   Enrique IV de Francia tuvo, para acceder al trono, que abjurar del Protestantismo y convertirse al Catolicismo a instancias de Felipe II, rey de España. Es en el momento de su conversión que se le atribuye la famosa frase.

49   *Gazmoña:* que afecta devoción, escrúpulos y virtudes que no tiene.

50   *Varapalo:* palo largo a modo de vara que se usa para castigar a las bestias.

51   *Medir los lomos*: golpear.

Sus últimos escudos[52] habían pasado sobre aquel tapete verde, que tenía para él irresistible atracción.

El hastío de la vida, consecuencia de los vicios, se apoderaba cada día más de su alma.

De las amorosas cartas de Eleodora, ya no leía sino el principio y el fin.

Las suyas, muy lacónicas, principiaban siempre con estas palabras: «Mis ocupaciones son cada día mayores: anhelo labrarme una alta posición social que me lleve á ser digno de ti».

Otras veces tomaba el tono enfático de la pasión, y conocedor del arte de conmover el corazón, escribía una de esas cartas llenas de fuego, que si no hacían arder el papel, hacían arder el alma de la inocente joven. Lo que menos le decía era: «Si tú no tienes compasión de mí, pronto esta pasión dará fin con mi vida. Mi revólver está ya al alcance de mi mano».

Eleodora devoraba estas cartas, inoculando en su alma día por día el corrosivo veneno del amor más inmenso y desgraciado que puede encenderse en el corazón de una joven.

El Sr. Alvarado para combatir esta pasión tomó el peor partido que en estos casos puede adoptar un padre, pues que siempre tiene efectos contraproducentes.

Oprimir, tiranizar, en estas circunstancias, es aumentar el terrible combustible del descontento y el desapego á la familia, cuando solo el cariño y los razonables consejos de un padre pueden salvar á la que, como Eleodora, está al borde del abismo.

---

52 *Escudo*: unidad monetaria en el Perú antes del sol.

V

En este estado de ánimo encontrábanse los personajes de esta historia, cuando D. Enrique había tocado al último extremo á que puede llegar un jugador: como si dijéramos, al fondo del abismo.

Había jugado con mala suerte, no solo en el juego, sino también en ese otro juego de la lotería de la vida, que tiene su azar y su suerte, tan caprichosa e inexplicable como el otro. Sólo si, que en el primero se ha establecido con la tiranía de las leyes del honor, que las deudas se paguen antes de las veinticuatro horas; en la otra solo paga el que quiere seguir jugando.

Como buen jugador y además escéptico[53], D. Enrique habíase planteado este problema: si un jugador al que le vá mal en el juego puede dejar de jugar, ¿por qué un desgraciado á quien le vá mal en la vida no puede cesar de vivir? Al jugador que se aferra á los dados, á pesar de su mala suerte, debe llamársele vicioso, así como al desgraciado que se aferra á la vida debe llamársele cobarde.

Y aunque encontraba lógicas é incuestionables las razones que tenía para suicidarse, D. Enrique, como el amante de Julia en la nueva Eloísa[54], decía: no seré yo el que escriba en un libro entero para probar el derecho que tengo de quitarme la vida.

Después agregaba: si tuviera que dar cuenta á alguien de mi

---

53 Aquí el escepticismo se relaciona sobre todo con la falta de fe cristiana por influencia de nuevas corrientes filsóficas como el cientificismo positivista. Muchos de los personajes masculinos en las novelas de Cabello son escépticos en oposición a la religiosidad de las mujeres.

54 *Julie ou la nouvelle Héloïse*: novela epistolar de Jean-Jacques Rousseau (1712- 1778) de gran popularidad y enorme trascendencia en su época como precursora del Romanticismo. Fue publicada en 1761, y en ella, los protagonistas Julie y Saint-Preux renuncian a su pasión amorosa a causa de las estrictas leyes sociales que prohiben el amor entre dos personas de distinta condición económica.

conducta, diría que dejo la vida con el mismo derecho que dejo una mesa de juego: en ésta he perdido mi fortuna, en la vida he perdido lo que es más que la fortuna, la felicidad. Y así como nadie puede obligarme á seguir jugando, nadie puede tampoco obligarme á seguir viviendo.

Dominado por estas sofísticas ideas, resolvió, pues, poner fin á sus días, sin recordar que Eleodora, á quien había logrado inspirar inmensa pasión, recibiría con su muerte golpe mortal que llenaría de duelo su vida.

Acerquémonos hasta donde se halla, y asistiremos á los últimos momentos de un hombre que, á pesar de ser pequeño, vá á morir con la calma de un gran hombre.

Las siete de la noche habían sonado ya en todos los relojes de Lima.

Don Enrique, con el semblante triste y el aire meditabundo, paseábase á largos pasos en su habitación, alumbrada solo por la luz de una bugía[55] algo opaca, como si retratara el estado de ánimo de un hombre a quien su conciencia habíale condenado á muerte.

Un revólver de cinco tiros se veía sobre la mesa. D. Enrique tomó el revólver como si fuera á llevarlo á la frente; luego volvió á dejarlo, diciendo:

—Ya que voy á morir como verdadero jugador, al menos que ella crea que muero como verdadero enamorado.

Y después de meditar un momento, acercose á la mesa que le servía de escritorio y lavador por haber todos estos muebles desaparecido para ir á dar á casa del agiotista[56]; tomó la pluma y escribió con pulso nervioso y algo trémulo una carta muy lacónica, que concluía con estas palabras: «Son las siete de la noche: á las nueve que recibas ésta, habré dejado de existir. Consagra un recuerdo á tu más apasionado amante»

Después de concluir la carta, como si en ella hubiera vaciado algo de la amargura que había en su alma, con sonrisa triste, dijo:

—¡Pobre Eleodora! ¡No soy digno de su amor! Si yo la hu-

---

55   *Bujía:* vela de cera blanca, de esperma de ballena o estearina, para alumbrar.
56   *Agiotista:* usurero, persona que presta con interés excesivo.

biera conocido cuando tuve veinte años, ¡qué idilio amoroso tan bello hubiéramos hecho! Hoy, ni todo el oro de su fortuna ni todas las virtudes de su alma serían suficientes á disipar las tinieblas que hay en mi espíritu.

Tocó la campanilla, y un criado negro, con el tipo de criado fiel, abrió la puerta.

—¿Qué dice mi amo?

—Esta noche es más urgente que nunca que entregues esta carta á la señorita.

—Ya sabe mi amo que no hago más que obedecerle.

—Dime, Juan, ¿no podrías entregar esta carta algo más tarde que otros días?, por ejemplo, a las diez de la noche.

Imposible me parece eso, porque es necesario que sepa mi amo que para llevar cartas á la señorita, tengo que hacer un viaje, como si dijéramos por los aires; subo paredes, bajo paredes, y luego tengo que caminar como más de diez varas por una parecita[57] angostita que dá á un corral[58]. ¡Si hubiera usted visto la noche pasada! Casi me tumban como á un pollo; figúrese usted que á una vieja de los diablos se le ocurrió gritar: ¡ladrones!, ¡ladrones! Y un blanco maldito salió y *pim-pam*, me aflojó[59] un par de tiros; pero yo les hice el quite[60] tendiéndome de barriga sobre la pared, y después me arrastré hasta el otro lado. ¡Ay, mi amo! Si no fuera que desde chiquito estoy acostumbrado á estas pellejerías[61] para ir á robar fruta, esa noche yo no cuento el cuento.

A pesar de estar profundamente abstraído, D. Enrique escuchó la animada relación de Juan, y con dulce y afectuoso acento dijo:

—Gracias, Juan; mucho tengo que agradecer tus buenos servicios; ya te los recompensaré todos juntos.

—Sí, creo que volverán para los dos los buenos tiempos, cuando usted me daba los montones de plata para que yo corriera

---

57   *Parecita:* diminutivo de pared. La supresión de la «d» alude a un uso popular de la lengua.

58   *Corral:* patio descubierto dentro de las casas que en algunos casos se usa para criar animales.

59   *Aflojar:* sinónimo de dar. Fonética y lexicalmente, se representa el lenguaje del criado Juan como un sujeto de clase popular y afrodescendiente.

60   *Hacer el quite*: escapar, huir o evadir una trampa.

61   *Pellejería:* contratiempo, suceso inoportuno.

con los gastos de la lavandera y todos los otros gastos que usted no quería entenderse; pero ¡Ahora qué distinto! Sí, ahora, mi amo, usted ni siquiera viene á esta casa, y por eso está aquí todo mal cuidado, y...

D. Enrique pasó la vista por su desmantelada habitación, y exhalando un suspiro dijo:

—Deja, Juan; todo está como el alma de tu amo, dado á veinte mil demonios.

Juan miró con amargura á su amo, quizo hablar algo que parecía llevaba oculto en su corazón, pero ahogó sus palabras, y haciendo un significativo movimiento de cabeza, dijo:

—Paciencia, mi amo, paciencia, que si usted quiere, volverán los buenos tiempos.

Y como si estas palabras encerraran un reproche, D. Enrique se apresuró á decir:

—Te recomiendo mucho que esta noche á las diez, y no antes, entregues mi carta sin falta alguna.

—Pierda cuidado mi amo –dijo Juan haciendo una venia como para retirarse.

—Te recomiendo también que á cualquiera persona que venga á buscarme digas que no estoy aquí.

—¿Y si viniera el Sr. Adolfo o el Sr. Ricardo?

—Para nadie estoy aquí.

Juan salió y D. Enrique se llevó la mano á la frente como si en ese momento le ocurriera una idea.

—¡Qué barbaridad iba yo a hacer! Muy posible hubiera sido que al pobre Juan lo inculparan de mi muerte. Es necesario que yo escriba una carta para el intendente de policía.

Y escribió cuatro letras declarando que él era el único autor de su muerte.

Luego con sonrisa de frío escepticismo dijo:

—Después de todo, si es cierto que hay otra vida, preciso es darse prisa para resolver este problema. ¡Qué me resta que hacer ya en el mundo! Cuando, como yo, se ha perdido el último sol de plata y la última ilusión de oro, no queda más que contestar á la última tirada de dado con la detonación de un revólver, que nos lleva de un solo paso á la otra vida.

D. Enrique se levantó para ir á cerrar la puerta, pensando que así estaría libre de que algún impertinente llegara á interrumpirle.

VI

En el momento en que tomaba las hojas de la puerta para cerrarla, dos manos blancas y diminutas apoyáronse en los hombros del joven como si trataran de darle una sorpresa.

Con la escasa luz que salía de la habitación, era fácil ver una mujer de aire desenvuelto y expresión vulgar. Traía la manta puesta al uso del país[62], pero algo echada atrás. A primera vista se conocía que era mujer de los que llamamos de vida alegre[63]. D. Enrique se detuvo como si quisiera impedir que pasara adelante; pero ella, haciendo un pequeño esfuerzo, entró en la habitación, diciendo:

—Caballero, cuando dé usted orden para que no pase nadie adelante, haga usted una excepción para su querida Rosita.

—¡Tú aquí! –dijo don Enrique, sin poder ocultar el disgusto que aquella intempestiva visita le causaba.

—¡Parece que estás de mal humor –y luego, mirando el revólver que estaba sobre la mesa, agregó: —Ya comprendo; se trata de un desafío.

—Sí, de un desafío á muerte.

—¿Con quién te bates, Enrique?

—Con mi mayor enemigo.

—Dime su nombre, que quiero conocerlo.

—Yo mismo.

—¡Tú! ¡Estás acaso loco!

---

62   *Manta:* Carlos Prince, nos dice: «el manto era como una toca de seda negra que se ataba en la cintura, subiendo por la espalda hasta encima de la cabeza, cubriéndose el rostro enteramente, de modo que no permitía vérsele sino un ojo». Junto con la saya, fue el traje que identificó a las limeñas por lo menos hasta mediados del siglo XIX. Por el anonimato y libertad que les proveía, fue prohibido en lugares públicos, pero muchas de ellas continuaron llevándolo.

63   *Mujer de vida alegre*: mujer dedicada a la prostitución.

—¡Tal vez! –replicó con burlona sonrisa.

Rosita miró con interés al joven y luego dijo:

—¿Por qué estás descontento de ti mismo?

—De mí y del mundo entero –replicó con amarga expresión D. Enrique.

—Pues mira, voy á darte un consejo. Las mujeres tenemos intuiciones asombrosas.

—Te advierto que estoy de prisa, y que por interesante que sea tu consejo, si has de emplear mucho tiempo en dármelo, te lo dispenso para que hagas mejor uso de él.

—¡Calla ingrato! Te debo mucho para que no te dé algo, aunque sea contra tu voluntad.

—Si aludes al dinero que te he regalado, renuncio al retorno.

—Pues bien, óyeme: tú vives descontento porque nunca has gozado del amor de una mujer.

D. Enrique soltó una risotada, y Rosita algo enfadada agregó: ¡Pshs! –exclamó riendo él,– ¿No sabes que si el amor matara como los pepinos, yo hubiera muerto de hartazgo amoroso?

—Hartazgo de amores, sí, pero no de amor –dijo Rosita con un tono que le dió aires de un filósofo con faldas.

¿Y qué quieres decirme con eso?

—Que si tú, en lugar de darme tu dinero me hubieras dado tu amor, no estarías hoy con un revólver sobre la mesa.

D. Enrique miró con cierta extrañeza á la joven y con tono burlón dijo:

—¡Bah! Lo que hay de curioso aquí es que tú, comerciante al por menor del amor, vengas á hablarme de otro amor que no es el que tú vendes.

—¿Te extraña eso?

—Sí, por cierto.

—Dime, ¿quién conoce mejor el precio de un brillante: el que se ve obligado á vender falsos por verdaderos, ó el que no tiene necesidad de recurrir á este ardid?

—Estás algo enigmática –dijo él sonriendo.

—¿Quieres que decifremos ese enigma? —dijo ella mirando amorosamente y con interés á D. Enrique.

—¡Bah! ¿Pretendes acaso decirme que tú me quieres verdaderamente? —dijo con sonrisa burlona él.

—¿Para qué decirlo, si tú no habrías de creérmelo?

D. Enrique miró a Rosita con la mirada fría, indolente del hombre que ha gastado su corazón en fáciles y múltiples amores, y dijo:

—Hace tiempo que prefiero pagar el amor con la cartera á pagarlo con el corazón; por pobre que me encuentre, creo que siempre hallaré más en mi cartera que en mi corazón.

Rosita miró al joven y exhaló un suspiro. Luego, tomando su habitual aire de alegría y despreocupación, dijo:

—Mira, Enrique, lo que pasa entre nosotros es prueba de que ustedes son más corrompidos que nosotras.

Y Rosita pronunció esta palabra *nosotras* con una expresión de amargura que tal vez encerraba toda la historia de su vida.

—Puede ser —contestó D. Enrique— con tono indiferente.

Rosita se acercó á él, y colocándole familiarmente la mano en el hombro, díjole.

—No olvides, Enrique, que por prostituida que esté una mujer, siempre lleva en su alma un rinconcito en que rinde culto al amor verdadero.

—¿Y en ese rinconcito quieres colocarme a mí? —dijo él con tono de burla.

—Tú lo sabes bien.

—Te advierto que no gusto vivir arrinconado —contestó riendo D. Enrique.

—Y en prueba de verdad —dijo Rosita con expresión sincera, diré que aunque sé que estás arruinado y que no tienes ni un cristo[64], venía a convidarte[65] para que cenáramos juntos.

—¡Oh! No; imposible, no puedo.

—Sí, irás, yo te lo ruego.

—Y yo, te ruego que no exijas de mí este sacrificio.

---

64 *Ni un cristo*: nada de valor.
65 *Convidar:* ofrecer algo a alguién.

—No admito excusa, irás de todos modos; estarán con nosotros Berta, Lía y demás de la comparsa[66]; también me ha prometido ir Alfonso y Ricardo; con que irás tú sin falta. ¡Eh! Señor romántico, deje ese aire de poeta hambriento y vaya á mi casa á tomar una copa de champaña.

D. Enrique no contestó una palabra á la charla de Rosita, la que dijo:

—Ya conozco la causa de tus penas. Ya sé que estás arruinado, que has jugado con mala suerte, y tal vez mañana no tienes con qué pagar el hotel, pero eso no impide que aplaces tus planes hasta mañana: ¡quien sabe si una tirada de dado te puede todavía salvar! ¡Cuántas veces los jugadores se desquitan cuando ya han vendido hasta las sábanas de la cama!

—¡Calla no me hables de desquite. Esa palabra ha sido mi ruina!

—Pues bien, prométeme ir esta noche, y en pleno congreso resolveremos lo que debes hacer. Conque así, hasta luego.

Y Rosita acercándose á él, le tomó la mano con desenvoltura.

—Adiós, contestó D. Enrique, viendo alejarse á la joven, que salió cerrando tras sí la puerta.

Luego, mirando su reloj, dijo:

—Media hora le he defraudado á la muerte. No debo olvidarme que mañana á las cuatro de la tarde debo pagar cuatro mil soles y no tengo ni un centavo.

Y tomando su revólver, dirigiose á un ropero, el que, sin duda por estar con el espejo partido en dos, habíase librado de ser, como los demás muebles, vendido al agiotista.

Antes de ver á D. Enrique llevar el arma homicida á la frente, veamos qué ha sido de Juan, portador de la carta en que le anunciaba á Eleodora su muerte.

---

66 *Comparsa:* grupo de personas que siempre va junta o se dedica a alguna actividad en común.

VII

Juan salió del cuarto de su amo, resuelto como siempre a cumplir sus órdenes.

Ya hemos dicho que necesitaba valerse del apoyo de un amigo que le permitía, escalando paredes, pasar á la casa contigua que era la de Eleodora, y esto lo hacía todas las noches á las nueve.

Este amigo era un simple criado que por servirle permitíale todas estas franquicias: Juan dirigiose donde él y le dijo:

—Hoy no iré a entregar la carta hasta las diez, y son las ocho, echaremos, pues, una mano de conversación.

—Pues hoy será preciso entregarla más temprano que otros días, ó dejarás la entrega para otra ocasión.

—¿Pues qué sucede? –dijo Juan alarmado.

Sucede que la señorita me ha ordenado, con amenaza de expulsión, que cierre la puerta del callejón[67] por donde tú pasas á las ocho; pues dice que han sentido pasos y temen que sean ladrones que vienen temprano á inspeccionar el camino para preparar el golpe.

—¡Santo Padre! ¿Y qué haré en este caso? –exclamó Juan angustiadísimo.

—La cosa es muy sencilla: dices que son las ocho; pues lárgate ahora mismo, que yo te prometo no cerrar la puerta hasta que tú hayas regresado.

—¡Imposible! Yo no contrarío las órdenes de mi amo, ¡si más bien él quería que la entregara a las diez!

---

67   *Callejón:* paso estrecho y largo entre paredes, casas o elevaciones de terreno.

—¡Eh! Caprichos de enamorados. ¡Qué más tiene decir a las ocho o a las diez lo que ya está escrito, y no es más que: te quiero, te amo, te adoro, te idolatro!

Juan no oía la charla de su amigo, sumido como estaba en las más profunda meditación.

—Necesito que esta noche me dejes la puerta abierta hasta las diez. Esta será la última noche que venga á molestarte, dijo Juan con tono suplicante, tomando entre las suyas las manos de su amigo.

—¡Imposible! Tú sabes lo que son los patrones: cuando menos creerían que yo estaba de acuerdo con los ladrones, y quién sabe todo lo que podía venirme. No, Juan, ó entregas luego la carta, ó quédate con ella y di que la has entregado.

—Yo hacer tal cosa, ¡jamás!

—¿Y qué hacer?

VII

(Continuación)

En fin, después de discutir largamente el asunto, Juan se resolvió á entregar la carta media hora antes de la costumbre, es decir, á las ocho y media. Es todo lo que pudo alcanzar en gracia de sus súplicas.

Después de emprender su peligroso viaje, en que tenía que hacer uso de sus conocimientos de equilibrista, Juan llegó a las ocho y cuarto á las habitaciones de Eleodora.

Ya hemos dicho que, como un medio de seguridad, Eleodora había sido llevada á ocupar una de las piezas interiores. Esto facilitaba para que, una vez Juan en la casa, fuérale fácil llegar hasta ella.

La puerta estaba entornada y la habitación alumbrada, lo que era prueba de que Eleodora estaba allí.

Pero Juan era hombre cauto, prudente y no se atrevió á tocar ni á penetrar en la habitación. Acercándose cautelosamente, apoyó las manos en las rodillas, inclinó el cuerpo y quedó largo tiempo escuchando.

Con el oído fino del negro, que tiene algo del sabueso[68], oyó la respiración tranquila de Eleodora, y un ligero suspiro que le dió á comprender que estaba sola y despierta.

Eleodora, recostada en un diván, estaba más que nunca tristísima, y miraba á un reloj de sobremesa, contando mentalmente los minutos que faltaban para que llegara Juan trayéndole la deseada carta de su amante.

Desde el día, para ella fatal, en que la casualidad puso en des-

---

68   La subalternidad del afroperuano en la literatura del periodo se expresaba mediante el predominio de los sentimientos, los instintos y la fuerza física.

cubierto sus amores, sus planes y designios, Eleodora no volvió á salir de su habitación, negándose á toda comunicación con el resto de su familia.

Su madre la visitaba por la mañana para darle los buenos días; y en las noche, á las diez, antes de acostarse venía á despedirse de ella.

Este día, por una de esas casualidades inexplicables, ella había dicho que se recogería temprano por sentirse algo enferma.

En cuanto al señor Alvarado, que aunque amaba tiernamente á su hija creía su deber mantenerse severo, con el ceño enojado y guardando toda la gravedad de un padre ofendido, contentábase con pasar por delante del cuarto de Eleodora, so pretexto de llamar á un sirviente, y al soslayo y sin que ella lo notara, miraba con disimulada ternura á la hija que tanto amaba.

Volvamos á ver á Juan, que después de haber atisbado lo que pasaba en la habitación, dió la señal convenida, que Eleodora sintió inmediatamente.

De un salto estuvo en la puerta, y tomando á Juan por la mano, díjole:

—Querido Juan, no te esperaba todavía.

—¡Ay! Mi amita es que esta será la última vez que venga.

—¡Oh! No me lo digas, Juan. Tú eres mi único consuelo.

—Será preciso conformarse, porque todo se ha puesto mal.

Y mientras esto decía, Juan sacaba de uno de sus bolsillos la carta de don Enrique.

Eleodora tomó con precipitación la carta y acercándose á la luz leyó las lacónicas palabras con que D. Enrique anunciábale su determinación de quitarse la vida.

Desde las primeras palabras Eleodora se puso lívida como una muerta. Cuando concluyó de leer la carta, un sollozo ahogado salió de su pecho, y acercándose á Juan, díjole:

—Juan, dime qué hay: don Enrique vá á suicidarse. ¿Qué te ha dicho?, ¿qué hacía? ¡Habla! ¡Habla!

Eleodora pronunció estas palabras con tal desorden y precipitación, que al pronto Juan no se dió cuenta de lo que quería decirle, y con aire azorado[69] y tono balbuciente exclamó:

—¡Cómo! ¿Qué quiere usted decirme?

—Que don Enrique vá á quitarse la vida, vá á matarse. ¿No me comprendes, Juan?

—¿Cierto? ¡Dios mío! Ya caigo. Tenía una expresión que yo nunca le he visto, y luego, el revólver estaba sobre la mesa. ¡Virgen de la Candelaria![70]

—¡Juan, corramos! Tal vez sea tiempo todavía.

—Sí, él me encargó que no trajera esta carta sino á las diez. Sin duda á esa hora pensaría suicidarse.

—Vamos, Juan.

Y Eleodora, echando una manta sobre sus hombros, asió a Juan por la mano y le empujó hacia afuera.

—Pero, mi amita –dijo Juan– yo no había pensado en que usted no podrá pasar por las peripecias y por los techos que yo, apenas con mi agilidad y destreza puedo salvar.

—No temas, Juan; ¡qué no podré yo por conservar su vida!

Y Eleodora, loca, frenética, desalada[71], salió de la casa paterna sin pensar, sin reflexionar en la gravedad del paso que daba.

Al avanzar fuera de lo que podíamos llamar la zona paterna, Eleodora resbaló, dió un paso en falso y calló arrodillada.

—¡Dios mío! –exclamó plegando las manos sobre el pecho– si no tuviera la intención de volver inmediatamente, diría que algo como una fuerza oculta me hubiera querido detener aquí.

Y apresurándose a levantarse, agregó:

—Antes que nadie note mi ausencia, yo estaré aquí de regreso.

Pero en seguida ocurriole pensar que tal vez este proyecto de regresar inmediatamente pudiera tener algún obstáculo insalvable que frustrara todos sus planes, y que era deber suyo asegurar su regreso, que ella miraba como su salvación.

En el momento de pasar del circuito de los muros de la casa paterna, detúvose, y dirigiéndose a Juan, dijo:

---

69   *Azorado:* asustado, sobresaltado.
70   *Virgen de la Candelaria*: culto de origen español que al trasladarse a América, y en particular a la zona del altiplano peruano, está fuertemente vinculado al de la madre tierra o Pachamama.
71   *Desalado:* ansioso, acelerado.

—Dime, ¿crees que pudiera presentarse alguna dificultad para poder regresar inmediatamente?

—¡Regresar! –dijo Juan con tono de duda– ¡Con que yo todavía no creo que la señorita logre salir hasta la calle!

—Pero bien, en el supuesto que alcance á salir, ¿crees que pudiera volver luego?

—Imposible, mi amita. ¡Si apenas he conseguido de ese mi amigo el que me aguarde con la puerta abierta hasta que yo regrese! Tenía orden de su señora de cerrarla á las ocho en punto.

—¡Cómo! –exclamó asustada Eleodora– ¡Qué dices, Juan! ¿No podré regresar una vez que haya salido?

—¡Imposible, imposible! –dijo Juan, apoyando las palabras con la acción.

—¡Dios mío, yo no puedo dar un paso más! –exclamó Eleodora, dejándose caer como si faltaran las fuerzas, y rompió á llorar amargamente. Juan, de pié delante de Eleodora, contemplaba con el semblante conmovido la desesperación de la joven.

La noche era fría, lóbrega, lluviosa, como si armonizara con la angustiosa situación de la joven y el criado, que en tan distintas condiciones, pero impulsados ambos por noble afecto, trataban de ir á salvar la vida á don Enrique.

Después de un momento, Eleodora, entre suspiros y sollozos, dijo:

—Juan, yo no puedo ir á salvarlo.

Juan con la voz angustiada y casi llorando:

—¿Y qué haremos? –dijo– Si el señor le dice que vá á darse un balazo, de seguro que lo cumple; él nunca ha dicho nada que no lo haya cumplido.

—Todo lo que puedo asegurarte es que si él muere esta noche, yo le seguiré mañana.

—Vamos, señorita Eleodora, quizá lleguemos á tiempo. El corazón me dice que él no ha muerto todavía. Vamos, yo se lo pido; sí, señorita, vamos, vamos...

Y Juan, llorando, cayó de rodillas delante de Eleodora.

Aquel cuadro en medio de las soledades de la noche, y medio oculto por las siluetas de algún alto mirador, tenía algo de fantástico y de misterioso.

—¡No, no debo de ir!

Juan miró á Eleodora, y limpiándose con el reverso de la mano las lágrimas que corrían de sus ojos, dijo:

—Señorita, yo soy un pobre negro, pero le digo á usted que por salvar la vida á un hombre sería capaz, no sólo de saltar abismos y caminar cincuenta leguas en un día, sino también de arriesgar hasta mi vida, mientras tanto usted, que sólo con atravesar la pequeña distancia que nos separa de la calle, puede salvar la vida de mi amo, que tanto la quiera á usted, renuncia á esto, yo no sé por qué escrúpulos que no valen lo que debía valer para usted la vida de un hombre bueno.

Como si este rudo, pero filantrópico raciocinio de Juan le hubiera dado alientos, Eleodora levantose, y con aire y ademán resuelto, dijo:

—Vamos Juan y que se cumpla el destino que me arrastra.

Juan extendió su negra y callosa mano, y con el mayor respeto, dijo:

—Sí, vamos; quizá sea todavía tiempo de impedir su muerte.

(Continuación)

Eleodora apoyose en la mano del fiel criado y atravesó el tejado que se cimbraba[72] y crujía bajo las pisadas de estos dos misteriosos viajeros.

Faltaba lo más difícil para Eleodora, una pared de media vara[73] de ancho y de cincuenta varas de elevación, cuya base parecía perderse en un abismo.

Al llegar aquí, habían dejado atrás todas las luces que, aunque tenues, podían alumbrarlos.

---

72 *Cimbrar*: doblar o hacer vibrar algo.
73 *Vara*: unidad de medida de origen español con valores diferentes que oscilaban entre los 768 y 912mm.

Eleodora, al poner el pie en el muro, sintió un horrible estremecimiento de terror. Juan, que la llevaba por la mano, dijo:

—No tema usted. Esta es una pared que viene á dar á un corral vacío, es muy alta, porque toma los tres pisos de la casa vecina.

Eleodora no contestó nada, y poseída del más cruel terror, seguía caminando guiada por Juan, que avanzaba por delante como esos lazarillos que conducen á los ciegos.

Cuando hubieron concluido de atravesar la alta pared, Juan dijo:

Aquí ya no hay peligro; éste es un techo que es preciso atravesar como si fueramos moscas para no hacer ruido con las pisadas. Aquí es donde han sentido pasos que han alarmado á la señora de la casa.

Juan asentó la planta de su pie con tal suavidad que no produjo el menor ruido. Eleodora hizo otro tanto.

Así que Eleodora llegó al término de su dificultoso viaje, llamó al amigo de Juan, y quitándose un rosario que llevaba puesto, se lo entrego á Juan diciendo:

—Este rosario es de perlas finas engarzadas en oro: á las diez que regresaremos, se lo estregarás á tu amigo si es que encuentro esta puerta abierta.

El criado sonrió con sorna y dijo:

—Señorita, yo sé servir á los que pagan bien, y no tenga cuidado por la puerta: yo me llevaré la llave y la esperaré á usted en la esquina.

—Gracias, no tardaré más de una hora —dijo Eleodora con el acento de las más profunda convicción, y salió seguida de Juan.

Luego que ella estuvo en la calle, tiró la manta sobre los ojos y subió el embozo[74] hasta la boca.

Juan y Eleodora no tardaron sino quince minutos en llegar desde la calle de Plateros de San Pedro hasta la de Belén[75], donde vivía D. Enrique.

---

74 *Embozo*: parte del manto con que se cubre el rostro.
75 Plateros de San Pedro corresponde actualmente a la primera calle del jirón Ucayali, mientras que Belén a la décima del jirón de la Unión. Existe entre ambas, aproximadamente, siete calles de diferencia.

VIII

Ya hemos visto en el capítulo anterior que D. Enrique había llegado hasta el momento de tomar un revólver y dirijirse al espejo resuelto á quitarse la vida.

No hay novelista que urda los acontecimientos con tanta precisión como los urde la casualidad, si es que ésta quiere salvar ó también perder a un individuo. Sólo así se explica que Eleodora llegara en el momento en que la bala homicida debía cortar la existencia de su amante.

El cuarto estaba débilmente alumbrado por una sola bujía que ardía en un pequeño candelero, y al ver á una mujer que entraba desalada á la habitación, hubiérasele tomado por un fantasma que había penetrado por las paredes.

—¡Enrique, no te matéis! —dijo retirando el revólver que él acababa de llevar á la frente.

—¡Eleodora! —exclamó D. Enrique mirándola asombrado.

Y como si sólo en ese momento volviera ella del estupor que la había llevado hasta allí, cubriose el rostro ruborizada y rompió á llorar con angustiados sollozos.

D. Enrique la asió por la cintura y la condujo hasta el único sillón que había en la habitación, y después de colocarla respetuosamente, arrodillose á sus piés, y tomándole una de sus manos, dijo:

—¡Eres mi ángel salvador!

Eleodora siguió llorando.

—Pero dime, adorada mía, ¿qué misterio hay en tu inesperada aparición? Juan no debía haberte entregado mi carta sino á las diez y aún no son más que las nueve.

Eleodora alzó su lindo rostro inundado de lágrimas, y señaló á Juan, que desde la puerta miraba, conmovido, y al mismo tiempo risueño, ese cuadro.

D. Enrique se levantó, y dirigiéndose á Juan, dijo:

—Dime Juan, ¿qué es lo que ha pasado?

—Mi amo, le diré la verdad. Yo entregué la carta a la señorita antes de las nueve.

—¡Anda! ¿Tú también has querido ser mi Providencia? –dijo D. Enrique con cariñosa sonrisa despidiendo á su criado como si su presencia estuviera allí demás.

Juan se retiró cerrando la puerta con aire malicioso.

D. Enrique volvió a arrodillarse á los piés de la joven, diciéndole:

—Ya no nos separemos más, vida mía.

Como si estas palabras la hubieran vuelto á la realidad, demostrándole su situación, Eleodora púsose de pié y, desasiéndose suavemente de los brazos del joven, dijo:

—Déjeme usted volver á mi casa.

—¿Me tienes miedo? –dijo D. Enrique sonriendo al ver el rubor y el miedo pintado en el rostro de la joven.

—¡Miedo! No. Quiero volverme antes que mi padre note mi ausencia; me mataría si me encontrara aquí.

—El corazón me dice que si ahora te alejas de mí, te perderé para siempre.

Eleodora quedó pensativa por un momento, y no sabiendo qué decir, contestó:

—Yo no debo desobedecer á papá.

—Querida Eleodora, si tú me amas, arreglaremos todo de tal manera, que tu padre no tendrá nada que reprocharte.

—¿De qué modo? –dijo candorosamente Eleodora.

D. Enrique manifestó á la joven que al día siguiente, con la primera luz del día, irían á ver al cura de la parroquia y pedirle su bendición; mientras tanto, juró por un puñado de cruces que no se atrevería á tocar ni la orla[76] de su vestido. Pero Eleodora que en un momento de extravío había dejado el hogar paterno, creía poder valorizar toda la gravedad de su acción. Sólo deseaba volver inmediatamente, antes que su padre la echara de menos.

Después de un momento de silencio, dijo:

—Déjeme, déjeme usted irme.

—Imposible, de aquí no saldrás sino para ir á la iglesia –dijo con resolución el joven.

Y estrechándola en sus brazos, agregó, dando una expresión de broma á sus palabras:

—Estás presa en la cadena de mi amor, de aquí no saldrás jamás.

Eleodora reclinó su frente en el hombro de D. Enrique y él le dijo al oído:

—¿Con que quieres irte, y dejarme, sin pensar que puedo tomar de nuevo mi revólver y concluir con esta existencia que tú no quieres conservar?

—¡Oh! No, no harás eso, ¿no es verdad?

—Si te vás, te juro que lo haré.

Fácil es comprender que estas palabras decidieron la voluntad de Eleodora.

Pero como á D. Enrique interesábale más asegurar el matrimonio que la posesión de la joven, pues que aquel era para él la adquisición de una gran fortuna, en tanto que lo segundo no halagaba su corazón gastado y pervertido en fáciles y múltiples amores, pensó que no debía perder un momento, pues que si el padre de Eleodora, á quien él conocía por el más austero y temible de los hombres, venía á reclamar á la joven, él no podría impedir que se la llevara.

Agitado por estas ideas, su espíritu divagó en la indecisión de si convendría más llevar á la joven á casa de un amigo hasta que arreglara todas las diligencias y trámites necesarios para la dispensa de un matrimonio, ó si la dejaría allí interín[77] salía á estos

---

76   *Orla*: orilla de paños, telas, vestidos, u otras cosas con algún adorno que la distingue.

77   *Interín*: interinidad, mientras tanto.

arreglos. Lo primero le presentó el inconveniente de no tener una casa de toda su confianza donde llevar á la joven, y resolviose á hacer lo segundo. Y tomando cariñosamente las manos de Eleodora, le dijo:

—Quisiera que el día de mañana nos encontrara ya casados.

—¿Y qué podríamos hacer para ello?

—Si tú me permitieras salir un momento, yo espero poder arreglarlo todo esta noche misma.

—¡Tengo miedo de quedarme sola! –exclamó Eleodora.

—No temas nada, mi bella Eleodora.

—¿Volverás luego?

—Es cuestión de una media hora.

—Entonces vé pronto.

D. Enrique aprovechó este permiso y se apresuró á salir despidiéndose cariñosamente de ella.

Cuando Eleodora se vió sola, se apoderó de ella indecible terror. Parecíale ver á su padre, irritado, furioso, venir hacia ella para lanzar sobre su frente el anatema[78] terrible de la maldición.

Una repentina idea cruzó por su mente. Pensó que D. Enrique podía ser un mal hombre, que no la amaba; y con esa intuición natural de la mujer, creyó descubrir algo de ficticio en el tono y la expresión cariñosa de su amante.

Un frío sudor inundó su frente. Aquel cuarto desmantelado y algo en desorden, donde no se veía el esmero y el buen gusto del hombre metódico y ordenado, le pareció como un augurio de infortunios y penas.

Movida por un sentimiento de terror, se levantó del asiento en que estaba y se dirigió á la puerta, pensando llamar á Juan que debía estar cerca de allí; al pasar por frente al ropero miró al espejo, y por una de esas alucinaciones del miedo, creyó verse revestida y arrastrando un largo sudario[79]. En su pálido semblante pareciole distinguir manchas rojas, como de sangre: temblorosa, espantada, con la mirada lúcida, dió dos pasos como para acercarse más, atraída por la horrible visión; entonces, aun más ate-

---

78   *Anatema*: maldición, imprecación
79   *Sudario*: lienzo que se pone en el rostro de los difuntos o en que se envuelve el cadáver.

rrorizada, vió que la visión se multiplicó, y tras ella, con el semblante demudado y la expresión horrible del crimen creyó ver á D. Enrique.

Eleodora estaba fuera de sí, su corazón latía con violencia; la sangre agolpada al cerebro la ensordecía; su vista se nubló, buscó un punto de apoyo en qué sostenerse, y no encontrándolo, se tambaleó, exhaló un grito desesperado, y cayó privada de sentido, con la misma pesadez que si hubiera caído muerta.

IX

¿**Q**ué hacía mientras tanto don Enrique Guido?

Sigámoslo desde el momento que dejó su cuarto sin tener todavía más plan fijo que el de asegurar por el momento á Eleodora.

Luego que estuvo fuera, se detuvo como para reflexionar lo que debía hacer y dijo:

—Si yo dejara esta noche escapar mi presa, sería un imbécil que merecería que me exhibieran en la plaza pública.

Después siguió caminando, y frotándose las manos con alborozo, exclamaba:

—¡Medio millón de soles! Juro á fé de Enrique Guido que de amante ó de marido me quedaré esta noche con mi bella Eleodora.

Y tomando desde la calle de Belén, donde él vivía, la dirección de Jesús María[80], se dirigió á la de Belaochaga[81], donde vivía Rosita, la joven que hacía poco estuvo á invitarlo á cenar.

—Allí encontraré –decía– á Alonso y á Ricardo: ellos, con más calma, podrán decirme lo que debo hacer, y me ayudarán en esta empresa.

Después de un momento, como si en su mente se agitaran las más contradictorias ideas, dijo:

—¡Qué mal conocemos nuestro propio corazón! Pocos momentos hace que yo me imaginaba que sólo la muerte podría

---

80   La antigua calle Jesús María corresponde al actual jirón Moquegua.
81   La antigua Belaochaga pasó a ser luego la calle 5 del jirón Arica. Ambas casas se encuentran separadas por siete calles.

poner fin á mis males, y que ni el amor ni los escudos de Eleodora disiparían mis negras penas. Ahora que la poseo, ahora que me veo en vías de ser rico, muy rico, el corazón me dá brincos de alegría, y todos los tapetes verdes, juntos y señalándome el azar, no serían suficientes á llevarme de nuevo á las puertas de la muerte.

Cuando llegó á la calle de Belaochaga, detúvose en la casa núm. 60. La puerta de calle estaba cerrada; sacó una llave, abrió y entró como á su propia casa. La puerta del salón estaba cerrada, y tocó suavemente.

Una mujer hermosa, pero de tipo vulgar, salió á abrirle. Era una de las que Rosita había llamado á la comparsa. D. Enrique la saludó con familiaridad, y preguntole:

—¿Están aquí mis compañeros de juego?

—Sí, están jugando.

Como si esta contestación le señalara el derrotero que debía seguir, D. Enrique pasó adelante. Atravesó varias habitaciones, subió una escalera, y en el fondo de una larga azotea, vió la luz de una habitación cerrada, de la que salía confuso y extraño ruido.

Fácil era adivinar que los que allí estaban huían de la vigilancia de la policía, que, aunque de ordinario hace la vista gorda, de cuando en cuando comete su alcaldada[82], para hacer ver que persigue á los jugadores.

Alrededor de una mesa con tapete verde, en el que estaban escritas estas dos letras S. y A.[83], se agrupaban en desordenado conjunto varias personas.

Véianse allí extrañas fisonomías. Radiantes de gozo unas, pero horribles, cual si las iluminara el resplandor de una hoguera, otras; siniestras, demudadas, cadavéricas; los unos, con ademán desesperado, se mesaban los cabellos, murmurando palabras llenas de hiel; otros retorcíanse con furia el bigote, mirando con rabia aquella mesa que tal vez acababa de tragarse el pan de sus hijos.

Intejecciones de rabia y exclamaciones de placer se con-

---

82   *Alcaldada:* acción imprudente o insignificante que realiza un alcalde o alguna autoridad abusando del poder que ejerce.

83   Iniciales de «suerte» y «azar».

fundían en vagos murmullos, asemejándose al ruido de una catarata que cayera en un abismo.

Allí estaba Rosita, la joven que fué á convidar á cenar á Enrique; estaba en medio de los jugadores, como una cantinera en medio de sus soldados, bebiendo, charlando, riendo, pero sin tomar parte en las fuertes apuestas que allí se cruzaban.

Sin duda, Rosita conocía instintivamente aquella gran máxima de Labruyère[84], que dice: «Entre mujeres jugadoras, los hombres son castos; porque la jugadora no pertenece al sexo femenino sino por sus vestidos». Y Rosita quería tener más que los vestidos, las seducciones de Mesalina[85], unidas á los artificios de Cleopatra[86].

Parecerá extraño que D. Enrique se dirija á donde Rosita, en momento que deja á Eleodora sola y esperándolo. Pero hacía tiempo que la casa de Rosita era el punto de reunión de los jugadores; es decir de aquellos que gustaban comprar el amor con las buenas tiradas de dado.

De ordinario, el juego concluía con una expléndida cena, costeada por los mismos jugadores. Muchas veces, con gran pesar de Rosita y demás comparsa de mujeres, la cena se quedaba preparada, porque los jugadores se empeñaban y alargaban hasta el amanecer las apuestas.

De vez en cuando, algún favorecido de la suerte tiraba un puñado de oro, diciéndole:

—Toma para la cena.

—Gracias; ya faltaba poco –contestaba ella guardando el dinero.

Enrique se dirigió á un grupo que estaba algo retirado de la mesa de juego, y tocando el hombro de un joven de simpática fisonomía, á quien llamaremos Ricardo, díjole:

—Ven, te necesito con urgencia.

---

84 *Jean de La Bruyère* (1645- 1696): uno de los principales representantes del Neoclasicismo francés. Moralista y profundamente interesado en la corrección de las costumbres de su tiempo.

85 *Mesalina* (25- 48): esposa del emperador romano Claudio. Fue famosa por sus infidelidades, a partir de ello, su nombre es símbolo de mujer de costumbres disolutas.

86 *Cleopatra* (69- 30 a.C.): última reina de Egipto. Llegó al poder casada con su hermano Ptolomeo XIII. En los sucesivos años se haría del poder seduciendo, primero a Julio César, y años más tarde, al cónsul Marco Antonio.

—¡Eh! ¿Necesitas dinero? –dijo el joven algo disgustado.

—No, necesito un consejo, ven, ven, te lo ruego.

—¡Ya comprendo! Vienes *al desquite*.

—¡Calla, no pronuncies esa palabra! –exclamó con amargura Enrique.

—Te asustas de la palabra, pero no del hecho –dijo riendo Ricardo.

—Por ser así, he llegado hasta el extremo de llevar mi revólver á la frente, resuelto á quitarme la vida.

Ricardo miró á su amigo con aire incrédulo y luego contestó:

—¡Bah! Así somos los jugadores; llevamos el revólver muchas veces á la frente; pero cuando pensamos que en el otro mundo no se juega, nos arrepentimos de dejar este seductor tapete verde, donde tantas y tan variadas emociones recogemos.

A pesar de estar D. Enrique profundamente preocupado con la necesidad en que se hallaba de no perder ni un solo momento para regresar, como había prometido, inmediatamente, dejose llevar, como todos los hombres dominados por un vicio, que ya no pueden satisfacerlo, gustan al menos de hablar de él, y dando un suspiro dijo:

—Hace tiempo que el azar me persigue, y tan desesperado me encontraba, que no hace una hora que llevaba mi revólver á la frente, resuelto á suicidarme.

—Pero sucedió lo de siempre –dijo en tono de burla Ricardo.

—Sucedió que un ángel detuvo mi mano –contestó con firmeza Enrique.

—¿Qué es eso de ángeles? –dijo riendo Ricardo.

—Sí, un ángel me vino a impedir el que...

—¡Hombre! Me hablas de ángeles, ni más ni menos que si estuviéramos en los tiempos en que el Padre Eterno se paseaba en traje de *negligé*[87] entre nosotros, y nos mandaba ángeles, como ahora nos manda calamidades.

—Pues bien, ese ángel está en mi poder, y para alcanzar el medio de quedarme para siempre con él, te buscaba.

---

87 *Négligé:* bata o ropa de casa, probablemente, en alusión a las túnicas utilizadas en la Antigüedad.

—Ya comprendo: es un ángel con faldas.

—Sí, Eleodora.

—¡Ah! La del millón de soles que te proponías atrapar.

—¡Calla! No hables tan recio.

—Pues bien, ¿qué es lo que quieres?

—Necesito casarme esta noche misma, y si no es posible esto, fingir un matrimonio, de manera que á la hora que su padre quiera llevársela, ya todo esté asegurado.

—Más fácil me parece que la ocultes hasta que puedas arreglar todas las diligencias necesarias al matrimonio.

—Pero tú sabes que Eleodora aún no ha cumplido los veintiún años, y el padre, con sus influencias, puede reducirme á prisión y fastidiarme la paciencia. El matrimonio inmediato es el recurso más seguro.

—¡Demonios! ¡Jamás he visto tanta prisa para casarse! Ante todo, dime: ¿tienes mil soles contantes y sonantes?

—¡Calla! Bien sabes que no tengo en este momento ni un sol de billetes.

Pues, hijito mío, si no tienes dinero para ir á la curia[88], y antes de decir lo que quieres no dices lo que pagas, máxime si se trata de un matrimonio así, como si dijéramos *exabrupto*[89], te expones á que te den un felón portazo en tus lindas narices.

—Pero, ¿qué puedo hacer? –exclamó desesperado D. Enrique mirando á su amigo.

—Ven –le dijo Ricardo, acercándolo á la mesa de juego–. Apunta cien soles á la suerte.

Enrique sacó su reloj y mirando la hora exclamó:

—¡Dios mío! Ya se ha pasado la media hora que prometí tardar. Eleodora está sola.

—Entonces, ¿qué quieres hacer? Yo no tengo en este momento dinero disponible; los jugadores no prestan sino al que está jugando, y sería deshonroso pedir dinero para retirarnos luego.

—Ven, apuntemos –dijo D. Enrique, como si sólo se decidiera cediendo á la necesidad.

---

88   *Curia:* institución que colabora con el gobierno o la administración de los intereses de la Iglesia.

89   *Exabrupto*: dicho o acto inconveniente o inesperado.

Y tomando de una mesa un puñado de fichas de metal amarillo, que representaba cinco soles cada una, contó veinte, que colocó en el lado que estaba la letra S.

El privilegio de usar fichas en los apuntes sólo lo disfrutaban los jugadores muy conocidos y que pagaban sus deudas antes de las veinticuatro horas. En D. Enrique, la fiebre delirante de una pasión turbaba su cerebro.

De cuando en cuando llevaba con desesperación una mano á la cabeza, y mesándose los cabellos, exclamaba:

—¡Y Eleodora que me espera!

Pero llevaba perdidos más de diez mil soles y no era posible retirarse. Tal vez en una hora, en media hora, podría recuperar todo lo perdido.

Y á cada momento se decía: —Esta sola apuesta y me retiro.

—¡Quince mil soles de plata! –exclamó con rabia después de un momento mirando un papel en que iba apuntando sus pérdidas.—Van los quince mil soles al azar –dijo dirigiéndose al que en el tecnicismo del juego se llama el montero[90].

—Está bien –contestó este.

Pero la suerte habíase declarado abiertamente en contra de este protegido de Cupido, y á pesar de todas las previsiones de los jugadores, los dados señalaron con sus puntos negros diminutos, pero elocuentes, la suerte.

Don Enrique estaba furioso: algo como un capricho de la suerte parecía perseguirle.

Si Eleodora hubiera podido verle en ese momento, dominado por la febricitante[91] avidez de una pasión, con ojos llameantes, el ceño fruncido, el rostro desencajado y cadavérico, hubiera huido espantada como huye á esconderse bajo el ala maternal el polluelo que ve acercarse al gavilán.

Era ya de día cuando el montero, dirigiéndose á D. Enrique, dijo:

—Mi amigo, no pago más apuestas de usted; me debe usted cincuenta mil soles de plata.

---

90 *Montero*: el que recoge las ganancias y responde por las pérdidas en el juego.
91 *Febricitante:* que tiene fiebre o calentura.

Aquello había sido una conjuración del destino. ¡Cincuenta mil soles perdidos, cuando él solo había ido á ganar mil!

Al fin fué preciso retirarse de esa maldita mesa, y dirigiéndose á Ricardo, le dijo:

—Hoy es preciso que me case con Eleodora para poder pagar mis deudas.

—¿En qué puedo servirte? Habla.

Don Enrique permaneció un momento pensativo; luego, con la expresión del hombre desesperado que quiere asirse de un tizón[92] ardiendo, si otra cosa no encuentra á la mano, dijo:

—Me ocurre una idea.

—Habla, ¿qué quieres?

Yo necesito decirle á Eleodora que he pasado la noche ocupado en arreglar las diligencias de nuestro matrimonio, de otro modo, ¿cómo podría presentarme ante ella?

—Me parece bien la disculpa; pero, ¿qué pruebas le darás de que has conseguido algo? Porque, en fin, en ocho horas que has faltado, algo puede hacerse.

—Quiero llevar un sacerdote y dos testigos.

Don Enrique, en el colmo de la desesperación, dijo:

—No importa ya tanto la realización del matrimonio como el salvar las apariencias. Necesito poder decirle que he pasado la noche ocupado en estos arreglos; con un pretexto cualquiera suspenderemos la ceremonia, y Eleodora quedará convencida de que pasé la noche ocupado en lo que le ofrecí.

Ricardo hizo un movimiento con la cabeza como si dudara del éxito, y luego, dijo:

—Alfonso y yo podremos ser testigos; pero, ¿y el sacerdote, dónde demonios lo conseguimos?

—¿No conoces un sacerdote que, pagándole bien, pudiera prestarse á seguirnos?

—Creo que hay muchos, pero entre yo y ellos he procurado que haya un abismo que nos separe. No conozco ni de nombre á ninguno.

---

92   *Tizón:* palo a medio quemar.

—Me ocurre una idea. Vamos á ver al contratista del teatro, que es mi amigo, y entre los vestuarios debe tener hábitos flamantes, que no estarán grasientos como los de esos comedores de hostias.

—Sí, vamos.

Y D. Enrique y Ricardo, en compañía de dos amigos más á quienes fueron á buscar, dirigiéronse al teatro para poner en práctica sus proyectos.

X

Volvamos al lado de la desgraciada Eleodora, víctima en estos momentos de ese algo misterioso é inexplicable que llamamos fatalidad.

Cuando volvió en sí, más de seis horas habían transcurrido desde el momento en que la vimos perder el sentido y caer al suelo.

Las bujías habíanse consumido, y la habitación estaba completamente á oscuras.

Era una de esas noches frías y tenebrosas del mes de junio.

Al pronto Eleodora no supo darse cuenta del lugar donde se encontraba. Tocó el suelo, y el ruido seco y áspero de la madera resonó en sus oídos por tener la cabeza apoyada en el piso.

Quiso moverse, levantarse y le fué imposible. Sentía desfallecimiento, pesadez, dolores en todo el cuerpo, como el que ha sufrido un fuerte golpe y luego permanece largo tiempo sobre un piso duro y áspero.

Una idea horrible cruzó por su mente: como no podía valorizar el tiempo transcurrido, pensó que tal vez estaba enterrada viva y que se encontraba sola en un sepulcro.

Un sudor frío inundó su pálida frente y de sus miembros se apoderó convulsivo temblor.

Largo tiempo pasó en esta terrible angustia; pero luego vino una favorable reacción. Coordinó sus ideas, y recordó que estaba en el cuarto de D. Enrique, que sin duda él no había podido terminar los arreglos referentes á su matrimonio y por esto no había vuelto todavía.

Hizo un esfuerzo y se levantó sobre las manos; luego apoyó el codo sobre una de sus rodillas y su cabeza en la mano. Así permaneció largo tiempo.

A pesar de estar algo más tranquila, sentía invencible miedo. No se atrevía á moverse, como si temiera que el ruido de su cuerpo despertara ese algo desconocido que las almas medrosas creen ver vagar en las tinieblas.

Un reloj de campaña, sin duda de algún cuarto vecino, principió á dar la hora.

Al oír la primera campanada, Eleodora se estremeció.

—¡La una! –dijo.

Pero luego el reloj continuó sonando hasta cinco campanadas, pareciéndole que cada golpe del timbre caía sobre su propio corazón.

—¡Las cinco de la mañana! –exclamó con desesperación tal que ningún lenguaje humano podría describir.

Y como esos sonámbulos que se horrorizan despúes que ven despiertos los grandes precipicios que dormidos han salvado, así Eleodora se aterrorizó de haber pasado tantas horas sola, casi muerta, abandonada en medio de las tinieblas, en la habitación de un hombre, de un desconocido.

Entonces le asaltó el temor de que tal vez D. Enrique había sido víctima de alguna emboscada; quizá había perecido á mano de algún malhechor que en su tránsito hubiérale asaltado.

Su imaginación, excitada por esa especie de fiebre que sobreviene con las fuertes excitaciones nerviosas, presentábale á su amante asesinado, cubierto de heridas y de sangre.

En esta situación, sintió deseo de llorar, de gritar, de pedir socorro; pero como si una mano de hierro le anudara la garganta, sólo salieron de sus labios sollozos ahogados y apenas perceptibles.

De súbito sintió ruido como de pasos en la escalera. El ruido aumentó notablemente: ¿quiénes podían ser?

Eleodora pensó horrorizada que seguramente los asesinos, después de haberse apoderado de la llave de la puerta de calle, vendrían á consumar su obra, acabando por robar las habitaciones.

Pálida, temblorosa, aterrorizada, fuera de sí, corrió á la puerta como si quisiera oponer con su débil cuerpo un obstáculo á la entrada de los que ella suponía formidable partida de bandidos.

En su precipitada carrera, chocó con la silla que había quedado en medio de la habitación, y como si su desfallecido cuerpo no hubiera necesitado más que la pequeña resistencia de un objeto para perder el resto de fuerza que le quedaba, volvió á caer, quedando sin movimiento como si hubiérale herido un rayo.

Un momento después D. Enrique, acompañado de tres amigos, abrió la puerta, y poco faltó para que tropezara con el inanimado cuerpo de Eleodora.

Encendió un fósforo, y á la luz pudo ver el semblante de la joven, cadavérico, inmóvil como el de una muerta.

La luz de una bujía dejó luego ver con claridad aquel cuadro lleno de esa elocuencia que nos manifiesta que las culpas más inocentes suelen pagarse con los castigos más terribles.

¡Ah! Si la desgraciada Eleodora hubiera podido prever que aquella escena, grotesca y patética al mismo tiempo, no era más que el prólogo de un drama del que ella, sin pensar, ni saber, debía bien pronto ser la desgraciada protagonista, con cuánto anhelo, con cuánta desesperación hubiera clamado por volver al desierto y solitario hogar de sus virtuosos padres.

Pero no adelantemos los sucesos.

Aunque D. Enrique era un libertino, disipado y vicioso, no era hombre de mal corazón, y tal vez, á estar solo en estos momentos, las lágrimas del arrepentimiento hubieran humedecido sus ojos; pero estaba en presencia de sus compañeros de orgías y no podía hacer el ridículo papel de conmoverse demasiado porque veía á una chica desmayada.

Eso no impidió para que, corriendo hacia ella, exclamara:

—¡Oh! ¡Qué culpable soy!

Y levantándola suavemente, agregó:

—¡Pobrecita, cuánto debe haber sufrido!

—¡Cáspita! –exclamó uno de ellos al ver el lívido rostro de Eleodora; ¡si parece muerta!

D. Enrique levantó á Eleodora como lo hubiera hecho con una criatura, y luego la colocaba con cuidado en su cama, por no haber en la habitación otro lugar mejor.

—Ya puedes decir que es tu esposa –dijo uno mirándola entre compasivo y risueño.

—¡No! Tal vez todo se ha perdido –dijo D. Enrique como si se refiriera á la fortuna de Eleodora que era su idea dominante.

—Vamos, tú, que eres discípulo de Galeno[93], puedes propinarle algún remedio –dijo uno de ellos.

El aludido acercose á la joven, y después de tomarle el pulso, dijo:

—Aunque no soy discípulo de Galeno, comprendo que esto no es más que un ligero desmayo que luego pasará.

Todos los amigos rodearon el lecho mirando á Eleodora con expresión burlona.

Uno de los jóvenes, que llevaba vestido sacerdotal, acercose á D. Enrique, y tocándole familiarmente al hombro, le dijo:

—Dime, ¿insistes en llevar adelante la farsa del matrimonio? Porque te diré, hijo, que este vestido me está quemando más que si llevara la túnica mitológica de Deyanira[94].

D. Enrique no contestó, parecía profundamente preocupado con el estado en que estaba Eleodora. Pero sus amigos, que estaban dispuestos á la broma y á la risa, no dieron importancia á su tristeza, y uno de ellos, haciendo graciosa pirueta[95], dijo:

—Amigos míos, ¿se baila ó no se baila?

—Sí, señores, ó adentro ó afuera –dijo otro.

—D. Enrique, cada vez más contrariado con la difícil situación en que se encontraba, dió un golpe con el pié en el suelo, exclamando:

---

93   *Galeno* (130- 200): médico griego cuyas enseñanzas influyeron en esta ciencia por más de mil años. Considerado padre de la medicina.

94   *Túnica de Deyanira*: Deyanira preparó una túnica para Heracles, creyendo que esta le aseguraría su amor eterno. No sabía que el cuero untado con la sangre de Neso causaría que su amado muriese abrasado, lenta y dolorosamente.

95   *Pirueta*: salto rápido, cabriola o voltereta.

—No me hablen, que tengo una legión de demonios en el cuerpo.

El que llevaba vestido de sacerdote, dijo:

—¡Pues, señor, me gusta tu mal humor! Después que hemos venido á ayudarte á atrapar una presa, que para ti representa más de un millón de soles, todavía nos recibes poco menos que á trancazos[96].

—Pues bien, resolvamos lo que debe hacerse.

—Llamar á un médico, dijo uno.

—No –dijo D. Enrique– nadie debe enterarse de que Eleodora está aquí.

—Entonces, hagámosle nosotros algunos remedios.

—Sí, convendría unas fricciones de alcohol –dijo el que había sido llamado discípulo de Galeno.

Y acercándose á la joven, llevó su mano al cuello de Eleodora como para abrirle el vestido. D. Enrique detuvo precipitadamente á su amigo, diciendo:

—Nadie puede tocarla sino yo.

¡Hombre! Tú vas á ser, el día que te cases, un turco de lazo, puñal y veneno.

Enrique hizo un gesto que quería decir: —Así es. Su amigo, que lo comprendió, sonrió con malicia, y dijo:

—¡Qué inocente eres! No sabes que los ladrones nunca se roban entre sí. O crees que, porque gusto merodear del huerto ajeno, no sepa respetar la fruta del amigo.

A lo que otro contestó:

—Sí, dígalo tu buen amigo N..., que tan graciosamente te convida á comer todos los domingos.

—¡Ta, ta, ta! –dijo el joven con tono irónico y de burla;– es que yo no llamo amigos sino á los que me acompañan de las doce de la noche para adelante.

D. Enrique no atendía á la bulliciosa charla de sus amigos, preocupado como estaba con el estado ya alarmante de Eleodora.

Acababa de tomar un frasco de agua de Colonia, y se ocupaba

---

96 *Trancazo*: fuerte golpe que se da con un palo grueso.

en friccionarle la frente y el cuello, con respeto tal, que más no lo hubiera tenido un cariñoso padre.

Al ver á D. Enrique, á este contumaz libertino, guardando con Eleodora, con esa pura y cándida azucena, que tenía entre las manos, todos los respetos del más estricto decoro, preciso os hubiera sido exclamar:

—¡Qué poder tienes, oh inocencia!

Las primeras claridades de un día triste y lluvioso del mes de junio penetraban ya en la habitación de don Enrique, y Eleodora aún no había salido de su largo desmayo. Al fin fué necesario llamar á un médico.

De súbito sintiose ruido de pasos en la escalera, y todos se volvieron á mirar hacia ese lado.

La puerta se abrió violentamente, dejando ver la figura venerable del señor Alvarado.

De una sola mirada pudo abrazar el cuadro que á su vista se presentaba.

Don Enrique, sentado en el lecho en que estaba Eleodora, se ocupaba en ese momento de aplicarle un vendaje de agua sedativa á la frente. Sus amigos se preparaban á retirarse: todos iban con alguna comisión referente al arreglo del matrimonio. El que vino vestido de sacerdote había tirado por un rincón la sotana, y llevaba su elegante *chaquet*[97] abotonado.

Al ver este cuadro que para el austero anciano tuvo la horrible significación de la deshonra, sintió algo como si un mar de sangre le inundara el cerebro. Con los puños crispados, la mirada fulgurante y la respiración agitada, cual si una mano de hierro le anudara la garganta, dió dos pasos, como si quisiera lanzarse sobre el infame seductor de su hija.

Luego se detuvo, y dominándose cuanto pudo, dijo:

—Supongo que sabréis cómo se lavan las manchas del honor. ¡Miserable! Vengo á mataros.

Y sacando con calma un revólver, lo amartilló.

Los amigos de D. Enrique, que desde el principio se habían

---

97   *Chaqué*: prenda exterior de hombre a modo de chaqueta, que a partir de la cintura se abre hacia atrás formando dos faldones. Se usa como traje de etiqueta con pantalón rayado.

retirado respetuosamente, haciendo comprender que nada tenían que hacer en este lance[98], rodearon al señor Alvarado para impedir que cometiera un asesinato. Uno de ellos díjole:

—Señor, vais á cometer un crimen del todo inútil; vuestra hija está al lado de un caballero que sabe cumplir su deber.

Como si estas palabras hubiesen hecho estallar el dolor que desgarraba su corazón, de súbito cambió de expresión, y con la voz temblorosa y el acento profundamente conmovido, dirigiose á D. Enrique, diciendo:

—¡Mi hija! ¡Devolvedme á mi hija!

Pero aquel, que era hombre de mundo y que estaba resuelto á defender lo que él llamaba sus derechos, se conmovió muy poco con la patética exclamación del anciano, y dando á su voz el tono tranquilo y mesurado del hombre que habla con convicción, dijo:

—Señor, comprendo que no pretenderéis representarnos un melodrama que á nada conduciría; mucho menos creo que pretenderéis llevaros á vuestra hija, que, como veis, está tranquilamente dormida *en mi lecho*.

Y D. Enrique acentuó con ironía estas crueles palabras. Luego agregó:

—No hay más que una reparación para la falta que vuestra hija ha cometido, y yo sé como debo llenarla. ¿Qué más queréis?

El señor Alvarado, mudo de estupor, miraba á su hija, que con el vestido algo entreabierto dejaba ver algo más que el nacimiento del cuello; y pasando su atónita mirada por todos los circunstantes[99], como si no comprendiera lo que había pasado, con voz ahogada y trémula exclamó:

—¡Ya no hay remedio! ¡Ya no hay remedio!

Y como si huyera de aquel cuadro que tan horrible elocuencia tenía para él, salió de la habitación dando traspiés y cubriéndose el rostro con las manos, pretendiendo ahogar los sollozos que salían de su pecho y ocultar las lágrimas que inundaban su rostro.

Cuando D. Enrique y sus amigos quedaron solos, miráronse sin saber qué decir.

---

98   *Lance*: trance u ocasión crítica.
99   *Circunstante*: dicho de una persona que está presente o concurre.

¡La risa ó el sarcasmo son armas que se embotan delante del verdadero dolor!

Que D. Enrique apresuró el matrimonio y que todo se realizó con la celeridad y precisión de un negocio en el que se le iba al interesado nada menos que una fortuna, no necesitamos decirlo. Esto debía suceder; con tanta mayor urgencia, cuanto que necesitaba de esto para pagar la fuerte pérdida sufrida aquella noche.

Cuando el señor Alvarado llegó á su casa, no pudo decir á su esposa sino estas lacónicas palabras:

—¡Eleodora ha muerto!

Y en el desierto hogar de los padres de Eleodora, como si se hubiera eclipsado para siempre el sol de la felicidad, ambos vistieron de riguroso luto, y el silencio, el duelo y la soledad fueron el perenne estado de su alma.

XI

El mismo día de su matrimonio, Eleodora y su esposo tomaron el tren de La Oroya[100] para ir á pasar su luna de
miel en San Eloy, magnífica y riquísima hacienda que,
junto con otras propiedades, formaba parte de la dote que, en herencia, le dejara su difunta tía.

Los días que pasó allí fueron un idilio incomparable, algo tan
bello que Eleodora no soñó pasarlo mejor aún en la gloria.

Sólo, sí, que de vez en cuando notaba que D. Enrique tenía
violento carácter, susceptible de arrebatos que lo llevaban hasta
el furor.

Pero de ordinario era tan bueno, tan amable, la amaba tanto,
que ni un solo instante las negras sombras del arrepentimiento
nublaron la radiosa estrella que ella creía que siempre había de
alumbrar su destino.

Si alguna vez el recuerdo de su afligida madre ó de su desesperado padre cruzaba por su mente, suspiraba con tristeza exclamando:

—¡Qué hacer! Ese es el destino de los padres, separarse de sus
hijos. Ya vendrán ellos á mí, cuando se convenzan que soy feliz,
felicísima.

D. Enrique y Eleodora miraban el porvenir como encantado
paraíso, donde se deslizaría su vida sembrada de placeres, que
formarían los interminables horizontes de su felicidad.

---

100 *Tren de La Oroya*: a este gran proyecto ferroviario se le llamó también «Ferro-
carril Central Trasandino» y corrió a cargo del empresario Enrique Meigss quien
le encomendó la tarea al ingeniero Malinowski. Los trabajos se iniciaron en 1870.
La hacienda de San Eloy se encuentra a la altura de la estación Chicla ubicada a
142 km. desde la estación de origen en el Callao, y a 129 km., de la de Lima. Hasta
dicho destino, el recorrido era: Lima, Santa Clara, Pariache, Ñaña, Chosica, San
Bartolomé, Surco, Matucana, Tambo de Viso, San Mateo, Chicla.

D. Enrique decía que el matrimonio regeneraba al hombre, elevando su alma hasta llevarlo al goce de las santas y dulces fruiciones de la vida conyugal.

Eleodora, por su parte creía firmemente que el amor no dejaría jamás de cantarle al oído esa dulce y cadenciosa armonía que embellecía su luna de miel, y á cuyo dulce arrullo ellos se adormirían eternamente.

¡Inocente! Ignoraba que el amor es como ciertas aves, que en completa libertad cantan deliciosamente, y enmudecen ó chillan de modo desapacible así que se las aprisionan.

(Continuación)

La hacienda de San Eloy era, por su bellísima topografía y por sus magníficas producciones, una de los puntos rústicos de mayor importancia de los alrededores de Lima. D. Enrique creyó haber encontrado allí el rico vellocino de oro que le devolvería con creces su perdida fortuna.

Grandes planes, soberbios proyectos, órdenes de construcciones y reedificaciones fueron puestos en práctica, con la halagüeña esperanza de convertir San Eloy en una mina de cortar oro.

Pero tanto Eleodora como D. Enrique no tuvieron en cuenta que el hábito del trabajo, esa verdadera e inagotable mina del hombre, es la base principal de todas las grandes empresas.

Y el hombre que ha malgastado su juventud, habituándose al ocio y dándose á toda suerte de vicios, no puede adquirir jamás esa noble virtud del trabajo, fuente única de todas las demás virtudes.

Bien pronto las grandes empresas y los grandes programas que, según él, eran el comienzo de una serie de innovaciones, que juzgaba utilísimas, fueron abandonadas.

Su salud alterose notablemente; sentía la fatiga invencible de un trabajo excesivo. Como estaba habituado á trasnochar, resultaba que le era forzoso dejar el lecho á la hora que él principiaba á dormir, y el sueño rebelde le acometía á la hora que el hacendado debe estar en sus faenas.

Decepcionado de sus aptitudes para el trabajo, resolvió dejar á San Eloy y volver á Lima, donde podía gozar tranquilamente de su cuantiosa fortuna.

Este viaje fué tanto más urgente, cuanto que la señora debía venir al alumbramiento de su primer hijo.

Un año vivieron en San Eloy, sin más comunicación con Lima que la de algún amigo que iba á visitarlos.

Eleodora sintió horrible pena al dejar aquel encantado paraje, donde había gozado de todas las delicias que ofrece un hogar tranquilo, embellecido con todos los halagos y seducciones de un matrimonio feliz.

Aquél era un nido de amor, con todos los encantos de la felicidad y los deleites de la pasión.

Prometíase regresar pronto á llevar la vida sencilla é inocente que por espacio de un año había llevado.

Los trabajadores, los empleados, y toda la gente de la hacienda sintieron inmensa pena al ver á *la patrona*[101] dejar la finca.

Ella había sido allá el ángel bueno de los pobres y la bondadosa conciliadora de todas las dificultades que surgían en el manejo de la hacienda.

El día de su partida todos fueron á despedirla, y ella se complacía en prometerles un próximo regreso:

—Antes de tres meses estaré otra vez en San Eloy, –decía con el tono de la más profunda convicción.

Don Enrique, que no pensaba del mismo modo, dejábala con esta dulce esperanza, resuelto á tomar en Lima la resolución que más cuadrara al género de vida que él deseaba llevar.

La feliz pareja aposentose en Lima en suntuosa casa, que al efecto fué decorada y amueblada con exquisito gusto.

Don Enrique principió por dar fiestas y convites, en los que el lujo y el exquisito esmero con que eran preparados formaban la delicia de sus convidados.

---

101   *Patrona:* ama, dueña de la casa.

Sus antiguos amigos volvieron á ser sus inseparables compañeros en fiestas y diversiones.

Uno sobre todo parecía tener empeño en acercarse á don Enrique: éste era uno de los que vimos la noche aquella tan llena de peripecias para la amorosa Eleodora, y al que don Enrique llamaba Ricardo.

Ricardo era un joven que por su nacimiento pertenecía á la mejor sociedad de Lima; pero sus vicios y su vida disipada alejáronle de los salones, no porque hubiera sido rechazado como indigno de pertenecer á ella, sino porque él hallaba demasiado insulsa esa sociedad.

Todos los viciosos se parecen á los borrachos: pierden el gusto por los licores delicados, y sólo gustan de los fuertemente espirituosos.

Desde que Eleodora conoció los malos antecedentes de Ricardo sintió grande aversión hacia él, y miraba con disgusto la intimidad de su esposo con un joven que no podría menos que influir fatalmente en sus costumbres.

Con la previsora intuición de la mujer amante, Eleodora comprendió que su esposo, á seguir por esa senda, caería bien pronto en la vorágine del vicio.

Entonces volvió su angustiada mirada á San Eloy, y vió esa deliciosa morada como la tierra de promisión, como el encantado edén donde volvería á recuperar su perdida felicidad.

Creyendo poder usar de la benéfica influencia de una buena esposa, pidió, rogó, suplicó para alcanzar el dejar á Lima y regresar á San Eloy; pero don Enrique, que por una parte había perdido la novedad que le llevaba á consagrarse al trabajo, y por otra, había de nuevo tomado gusto por su antigua vida de disipaciones y orgías, estaba muy lejos de pensar en regresar á la hacienda de San Eloy.

Eleodora tuvo en estas circunstancias la infatigable constancia del desgraciado que pide siempre, sin desesperar, alcanzar lo que anhela.

No obstante, don Enrique estaba muy lejos de pensar en complacer á su esposa, y siguió con fatal empeño su antigua vida de calavera.

XII

Cinco años han transcurrido desde el día, para ella fatal, en que Eleodora dejó la residencia de San Eloy, aquel encantado paraíso donde habíanse deslizado tan deliciosamente los primeros tiempos de su matrimonio. Cinco años habían transcurrido sin alcanzar, ni por medio de las súplicas y los ruegos, ni por amenazas de separación, el que don Enrique cambiara de costumbres y dejara la agitada y borrascosa vida de Lima por la dulce y encantada que les ofreciera San Eloy.

Don Enrique, para quien la pasión del juego no estuvo sino adormida[102] un poco de tiempo, volvió con mayor empeño á sus antiguas costumbres de jugador y calavera.

No necesitamos describir las desoladoras y horribles escenas que tuvieron lugar entre ambos esposos: bástenos decir que aunque de un lado estuvieron la prudencia, las lágrimas, la resignación, del otro sólo estuvo el hastío que acompaña al vicio, y que no es sino la expresión del descontento de sí mismo y de los demás.

Eleodora cerró sus salones, y retirose á la vida austera y solitaria de la madre de familia.

Cuatro hijos, cuatro ángeles, lindos como serafines, embellecían su vida, presentándola, en medio de sus aflicciones, el celestial consuelo de los cuidados maternales.

Pero con los hijos vino para ella el anhelo de asegurar su fortuna, que, como el humo disipado por un vendaval, veía desaparecer.

Todo lo que en fincas urbanas constituía su fortuna, había sido

---

102 *Adormida:* adormecida, dormida.

vendido para pagar á los acreedores, que como plaga de langostas, que en poco tiempo devoran y desaparecen un sembrado, así habían devorado el producto de esas ventas.

No quedábales ya sino el fundo de San Eloy y Eleodora, hacía mucho tiempo, que temblaba á la idea de que llegara el día en que su esposo quisiera venderlo.

Un día que ella distraía sus pesares viendo jugar á sus hijos, presentose él con un pliego de papel: era una minuta de venta de la gran hacienda, última propiedad que les quedaba de la cuantiosa fortuna heredada por Eleodora.

Don Enrique acercose á su esposa, y con tono resuelto é imperativo díjole:

—Necesito tu firma para vender San Eloy.

Eleodora palideció mortalmente, como si no pudiera articular una sola palabra, y guardó silencio. Miró á sus cuatro hijos, que estaban jugando, saltando, parloteando con esa sublime confianza de la niñez que para las madres es tan elocuente, y en la que ellas traducen, con la ternura de su cariño, estas solas palabras: «Tú velas por mí».

«Tú velas por mí», dice el niño, y la madre responde con la abnegación, con la consagración, con el sacrificio de su vida misma si fuere necesario para corresponder á esta confianza.

Eleodora jamás había puesto obstáculos ni resistencias para la realización de todas las ventas que don Enrique había hecho antes.

¡Pero vender San Eloy! ¡Vender lo último que les quedaba de la fortuna aportada por ella al matrimonio!

¡Vender aquella hacienda que tenía para ella todos los encantos del amor y de la felicidad perdida! ¡Aquel pedazo de tierra, bendecido mil veces en su memoria, por haber albergado, bajo la fronda de sus limoneros, las más dulces y castas fruiciones[103] de su alma!...

Sin embargo, todo esto que en los recuerdos de la mujer amante es algo que podríamos llamar idolatría, fanatismo, por los lugares donde ha sido feliz, todo hubiera desaparecido á su con-

---

103 *Fruición:* complacencia, goce muy vivo en el bien que alguien posee.

sideración, porque ella anhelaba, más que todo, no contrariar jamás los deseos de su esposo. Algo más grande y más imponente que el recuerdo de su felicidad presentose á su mente; el recuerdo del porvenir de sus hijos.

Eleodora miró á su esposo con asombro, y rechazando el pliego[104] que le presentaba, dijo:

—¡Jamás firmaré yo eso!

Don Enrique hizo un movimiento de sorpresa, y mirando indignado á Eleodora, dijo:

—Es decir, que preferirías la vergüenza y la deshonra de tu esposo.

—¡Todo lo preferiré con tal de salvar el porvenir de mis hijos! —contestó Eleodora con firmeza.

Don Enrique retirose sin decir una palabra más; luego tomó su sombrero y salió.

Ocho días transcurrieron sin que volviese á la casa.

Al octavo día, Eleodora, anegada en una mar de lágrimas, exclamaba:

—¡Ocho días sin verlo, y con la convicción de que él vive entregado á toda suerte de disipaciones y placeres! ...

Don Enrique volvió á la casa trayendo el pliego fatal que para la validez de la venta, debía firmar Eleodora, requisito indispensable, como es sabido, por ser ese fundo de su exclusiva propiedad.

A esta nueva y perentoria[105] exigencia de su esposo, Eleodora, estuvo á punto de flaquear en sus propósitos de absoluta negativa.

—Por última vez deseo saber si me niegas tu consentimiento —dijo don Enrique con tono airado y casi furioso:

Eleodora cayó de rodillas, exclamando:

—¡Ten compasión de tus hijos!

Aquella exclamación, capaz de ablandar á las piedras, no ablandó aquél corazón poseído del vicio más espantoso que puede extraviar el corazón del hombre.

Eleodora no supo resistir mucho tiempo á las repetidas exigencias, unidas á las amenazas de su esposo: amenazas de completa separación, que, dirigidas al corazón amante de la esposa

---

104 *Pliego:* hoja o cojunto de hojas de papel.
105 *Perentorio:* urgente, apremiante.

que considera la ausencia como el mayor mal, como la más horrible desgracia, debieron rendirla á su pesar.

Concluyó, pues, por estampar aquella firma que debía ser la ruina completa de ella y de sus hijos.

Hay algo más que importa decir.

Eleodora, al ceder á tamañas exigencias, fué reflexionando como habían reflexionado otras muchas mujeres en iguales circunstancias.

—Él día, –decía– que él no tenga dinero, ya no podrá jugar, ni fomentar orgías que sólo pueden sostenerlas los hombres ricos. El día que seamos pobres, él me pertenecerá á mí sola; entonces iremos con nuestros hijos á un lugar apartado donde nadie pueda presenciar nuestra miseria; entonces se verá obligado á trabajar, y el trabajo moraliza al hombre; y cuando él venga de la calle, no como viene ahora, hastiado, desesperado, sino fatigado de sus labores, necesitado de descanso y de buen alimento, yo saldré á recibirlo, y luego le preparé la cena, que él encontrará deliciosa por estar sazonada por su buen apetito. ¡Qué importa la pobreza! ¡Yo nunca le he temido! Quizá ella sea la única salvación de mi felicidad.

Así pensaba Eleodora buscando, en los últimos argumentos que le quedaban, un refugio á sus esperanzas.

Con frecuencia el recuerdo de sus padres presentábase á su memoria, como se presenta al náufrago el puerto de salvación; pero ya lo hemos dicho: con ese pudor de la mujer amante, que oculta las faltas del hombre que ama con más empeño que las suyas propias, Eleodora no quería ir donde sus padres para revelarles las faltas de su esposo, sino para decirles: él es digno de que ustedes le llamen su hijo.

Este día, lejos de acercarse, alejábase cada vez más.

Después de la venta de San Eloy, Eleodora vió desaparecer parte de este capital con la misma rapidez que habían desaparecido de los otros en la vorágine del juego y de las orgías.

Al fin, perdida toda esperanza de rehabilitación, pensó en volver al lado de sus padres, alcanzar de ellos su perdón, y vivir amparada de su vigilancia.

XIII

¿Qué había sido mientras tanto del señor Alvarado y de su esposa?

Volvamos á la casa de la calle de Plateros de San Pedro, de donde vimos salir á Eleodora, sin pensar que al salir del hogar paterno era para no volver más.

Como lo hemos visto ya, el señor Alvarado era uno de esos ancianos á la antigua española, á quienes las manchas del honor pesan con la inmensa pesadumbre de la deshonra.

Cinco años hacía que Eleodora abandonó la casa paterna. Cinco años habían transcurrido desde aquel día en que el señor Alvarado, después de haber visto á su hija en el lecho de un hombre que, á su severo juicio, era indigno de darle su nombre á ella, á la noble descendiente de una familia de caballeros, dijo á su esposa: «¡Eleodora ha muerto!».

A pesar de eso, como el corazón no se aviene[106] fácilmente con las tiránicas imposiciones del honor, ó como ha dicho alguien, como las razones de la razón no son las mismas del corazón, el señor Alvarado siguió amando cada día más á su hija.

Y como sucede en los sentimientos verdaderos y naturales del corazón, la ausencia y el tiempo, lejos de debilitarlos, los acrece, los diviniza, hasta tornarlos inmensos, inextinguibles.

Aunque el señor Alvarado, en esta época, contaba sus setenta años bien cumplidos, sólo hacia cuatro años que se le veía decaer notablemente.

---

106 *Avenir:* concordar, ajustar las partes discordes.

Ya no era aquel impaciente y fogoso anciano que dió de cachetes y de palos á doña Serafina, y que golpeaba con furia las escaleras cuando no salía el criado á abrirle la reja.

Algo más que el peso de los años, el peso del infortunio agobiaba a su altiva frente; sin embargo, este agobiamiento podía decirse que era más moral que físico; pues su erguida figura manteníase siempre muy derecha, como si desafiara los años y los pesares.

El señor Alvarado había dejado pasar estos cinco años con la convicción de que Eleodora vendría, de un día al otro, á llamar á la puerta del hogar paterno.

En el momento en que lo vimos, algo como el frío de la desesperación había penetrado hasta su alma, y en algunos momentos tistes se había dicho:—«¡Tal vez moriré sin volver á ver á Eleodora!»

Y aunque esta idea no había penetrado antes en su cerebro, ahora principiaba á atormentarle á todas horas, y de continuo repetía estas desoladoras palabras: —«¡No volver á ver jamás á Eleodora!»

Cuánto hubiera dado por poder ir donde su hija, y en uno de esos transportes de sublime ternura poder decirle: «Hija mía, yo te perdono» –Y aunque estas palabras las repetía cien veces al día, otras tantas agregaba: —«Antes reventara yo que hacer semejante cosa» –Y luego, limpiando una lágrima que empañaba su pupila, decía: «Ir yo á buscarla, perdonarla así tan fácilmente, ¡oh!, no, ¡jamás!, ¡jamás!»

Y para afianzarse en estas ideas recordaba todo lo que pudiera exacerbar su encono. Recordaba la reserva de Eleodora para con él, su huida escalando paredes y saltando abismos, su ingratitud en cinco años de ausencia; pero, no obstante esto, sentía que sus entrañas se fundían en el más tierno amor de padre, y repetía las mismas palabras: «¡Hija mía, yo te perdono!»

Respecto á la señora Alvarado, renunciamos á dar una idea de sus penas y dolores.

¿Qué podríamos decir que no lo expresaran estas solas palabras?: ¡Ella era madre!

¿Acaso en ningún lenguaje humano es dado expresar lo que es grande, sublime, ilimitado?

Quizá, creyendo poder copiar sus acerbos[107] dolores, hiciéramos narraciones cargadas de tintes tétricos y sombríos que tocaran en lo exagerado y descomunal, y cuando creyéramos haber llenado nuestro deber, alguna madre que nos leyera, encontrando todo pálido y deficiente, exclamaría: «No sabe lo que es ese amor».

Diremos, pues, solamente, que desde el día de la separación de Eleodora, sus ojos tornáronse dos fuentes de lágrimas, y como si no esperara otro consuelo que el que Dios y su religión pudiera darle, entregose por completo á sus prácticas religiosas.

Volvamos, pues, al señor Alvarado.

En la ternura de este padre severo, rígido y algo agrio, hay contrastes que merecen llamar nuestra atención.

El señor Alvarado pensaba en Eleodora con esa amargura con que acariciamos una esperanza á la que nos es forzoso renunciar, y á semejanza del deudo sentenciado á muerte, la amamos más á medida que la vemos acercarse más á su fin.

Había llegado á ese extremo en que se trata de tomar una resolución definitiva, y esta resolución la tomamos siempre inclinándonos del lado más insostenible. Es decir, del lado que más nos espanta.

¡Siempre la vanidad del hombre fiando demasiado en la miseria humana!

Ya hemos dicho que había prohibido terminantemente que se nombrara en su presencia el nombre de Eleodora.

Si las reminicencias del pasado ó el curso de la conversación hacían imprescindible el nombrarla, se le daba el nombre de *ella*.

—Cuando ella estaba á mi lado –solía decir la señora Alvarado, con expresión tal de amargura que en vano intentaríamos copiar.

---

107 *Acerbo:* áspero al gusto

Por desgracia estas palabras recibían siempre del señor Alvarado la contestación de una especie de gruñido, que llamaríamos quejido, si no hubiera más de áspero y amargo que de triste y doloroso. A esto se unía un ceño de enojo y disgusto que se diría que aquel nombre era lo que más odiaba en el mundo.

La señora Alvarado que veía con profundo pesar el enojo de su esposo, no se atrevía á hablarle en favor de la ingrata hija que había abandonado el hogar paterno. Esto no impedía que ella siempre, á hurtadillas, hablara con sus amigas de Eleodora. Informándose con el vigilante interés maternal de la suerte de su desgraciada hija.

Un día, que más que nunca encontrábase triste y preocupada, llegó cautelosamente á su alcoba una amiga suya, y acercándose al oído díjole:

—Eleodora vá á venir; no la rechazaréis, ¿no es verdad?

—¡Dios mío! ¡Mi hija!¡Que venga, que venga!

Un grito de Eleodora contestó á estas palabras.

Las lágrimas, las sonrisas, las caricias, los reproches, las ternezas[108], todo se sucedió, alternado, intercalado pasando sin orden de la risa al llanto, de las caricias á las quejas.

Pasados los primeros momentos, en que la calma volvió á los espíritus, sacudidos por tan violentas emociones, Eleodora dijo:

—Quiero ver a mi padre.

—¡Oh! ¡No no lo intentes! –apresurose á contestarle la señora alarmada por el deseo de su hija.

—¡Oh! Sí, lo veré aunque sepa que vá á matarme.

—No, hija mía; tú conoces el carácter violento de tu padre; aguarda un poco de tiempo; iremos preparándole el ánimo.

—Aguardaré si así lo quieres –dijo con tristeza Eleodora.

Larga, confidencial, íntima fué la entrevista de la madre y de la hija. Iba ésta ya á retirarse, cuando sintiose el ruido pesado de los tardos pasos de un anciano. La señora Alvarado palideció mortalmente; Eleodora se estremeció como si sintiera los pasos del severo juez que viniera á pedirle cuentas de sus pasados extravíos.

---

108 *Terneza:* ternura, requiebro.

Un momento después apareció en el dintel de la puerta la austera figura del señor Alvarado.

Eleodora y su madre, mudas de sorpresa, pálidas de estupor miraban al señor Alvarado sin atreverse á llamar su atención; de pronto, levantó él la vista y retrocedió como si viera una aparición del otro mundo. Pálido, demudado, llevose ambas manos á los ojos, intentando disipar la horrible visión que tenía ante su vista: luego, llevando una mano al corazón como si hubiera recibido allí mortal herida, con voz temblorosa, exclamó:

—¡Cómo! ¡Eleodora! No, imposible.

Una escena muda sucedió á esta exclamación.

El señor Alvarado, atontado de estupor y de alegría, miraba á su hija como se mira algo que deslumbra. Estaba á punto de desfallecer.

Al fin, el anhelo constante de su alma, al fin la aspiración de su solitaria vida habíase realizado. Por fin, después de cinco años, veía á Eleodora. ¿Era en realidad ella, ó mas bien una de esas alucinaciones que ya él había experimentado en los primeros días, cuando esperaba que ella llegara de un momento á otro é imaginábase verla cada vez que sentía pasos ó una puerta se abría?

Pero no; Eleodora estaba allí, no podía dudarlo.

Tanta felicidad, tan inesperado goce parecíale que iban á matarlo. Sintió deseo de abrir los brazos y estrechar contra su corazón á su hija adorada; su corazón estremeciose de alborozo, y aquellas palabras afectuosas, tiernas, que en sus solitarias horas de enternecimiento había él con tanta frecuencia pronunciado, le henchían el pecho y parecían desbordarse hasta los labios.

Pero, ¡raro fenómeno el que con tanta frecuencia se realiza en las personas del carácter y las ideas del señor Alvarado!

Por uno de esos contrastes que formaban el fondo de su naturaleza, mientras sus entrañas se conmueven y de su alma brotan raudales de ternura, á sus labios sólo llegan palabras duras, ásperas, cual si su ruda ternura no pudiera manifestarle de otra suerte.

Diríase que en ellos los afectos más tiernos remueven sus malos humores.

El señor Alvarado, usando un tono áspero y algo enfadado, dirigiose á Eleodora, diciendo:

—¿Y á quién ha venido usted á buscar á esta casa?

Eleodora palideció aún más de lo que estaba, y pudiendo apenas articular las palabras, dijo:

—Yo... vine... á ver á mi madre.

Si Eleodora hubiera podido conocer algo de lo que pasaba en el corazón de su padre, hubiérase lanzado á su cuello diciéndole que venía á buscar á su padre, á implorar su perdón y á pedirle su afecto; pero eligió el peor camino, y el Sr. Alvarado contestó encolerizado.

—Sí, á su madre, que no sabe cumplir sus deberes y que la recibe á usted á hurtadillas, sin mi consentimiento, sin decirme siquiera: esa hija ingrata, esa oveja descarriada quiere volver al redil, arrepentida de sus faltas. Nadie me ha dicho nada: ¿para qué se me ha de decir?, ¿qué les importo yo á ustedes? Poco falta para que me manden enterrar vivo por inútil é inservible; esto es, sí, han hecho ustedes muy bien. Ya veo que estoy de más aquí.

Y el señor Alvarado, inmutado y con el semblante algo encendido por la cólera, dió dos pasos como para retirarse.

—¡Padre mío, ten compasión de mí, que soy muy desgraciada! –exclamó Eleodora, extendiendo los brazos y plegando las manos en señal de súplica.

El Sr. Alvarado, que estaba muy lejos de pensar en retirarse así sin satisfacer sus tiernos afectos ó desahogar su intempestiva cólera, detúvose. Las palabras de Eleodora le presentaron ocasión oportuna para sus reconvenciones[109], y con sarcástica expresión, dijo:

—¡Cómo! ¡Desgraciada usted! Yo creía que tendría usted suficiente para labrar su felicidad con ser la señora de Guido, del hijo del mercachifle[110] que vendía sedas y cintas en la calle de Judíos[111], en el número 6; ¿no conoce usted esa *tienducha*[112]? Todavía está allí; vaya uted á verla, sí, vaya usted, para que conozca la residencia de sus antepasados, ó lo que es lo mismo, del esposo de usted.

---

109 *Reconvención:* acción de censurar o reprender a alguien por lo que ha dicho o hecho.
110 *Mercachifle:* vendedor de poca importancia. También llamado buhonero.
111 Calle de Judíos, hoy jirón Huallaga. Muy cerca (una calle) de la dirección que se señala para la vivienda de los Alvarado en Plateros de San Pedro.
112 *Tienducha:* despectivo de tienda o establecimiento comercial.

Esta manera cruel de enrostrar[113] las faltas de la hija, no dió otro resultado que el silencio algo altivo de Eleodora. El señor Alvarado, que esperaba llevarla por este camino al arrepentimiento y á la ternura, continuó en el mismo tono, diciendo:

—¡Desgracida usted, cuando tiene un esposo del que debe usted estar orgullosa! No, no puede ser. Mañana sus hijos de usted, *mis nietos* —dijo con indecible expresión de rabia— pueden agregar á su escudo de armas un signo más de nobleza: *una vara corta*. Y el espléndido escudo de armas de los Alvarados, con castillo de oro y pendones de plata, con cruz en el homenaje, que quiere decir: ilustrado en las guerras de los caballeros cruzados, y además en el cuartel inferior tres cabezas de moros con el mote honorífico de *Alvarados nobles y cruzados*, tendrán, señora, la extraordinaria belleza de llevar también *una vara corta*.

Ya hemos dicho que al padre de Enrique Guido llamábanle con el apodo de *Tío vara corta*.

(Conclusión)

El señor Alvarado soltó una carcajada cruel, aguda, punzante como la punta afilada de un puñal.

Eleodora sintió hasta lo más hondo del alma todo el sarcasmo de las palabras de su padre. En sus venas rebulló[114] la sangre altiva de los Alvarados, y cambiando el semblante afligido y angustiado por la expresión arrogante y severa de una matrona, púsose de pié, y dirigiéndose á su padre, dijo:

—Señor, hace cinco años que esta entrevista vengo anhelándola: primero como un deber, después como un consuelo á mis desgracias, que nadie mejor que un padre podía darme; pero veo que me he equivocado, y que en lugar del padre hallo al juez; algo más que al juez, al tirano, que se complace en agregar la burla y el sarcasmo al insulto. Señor: he venido á cumplir un deber, y me alejo de aquí con el alma destrozada y resuelta á no volver jamás.

La señora Alvarado, que en toda esta escena había desem-

---

113 *Enrostrar:* reprochar.
114 *Rebullir:* cuando algo que estaba quieto empieza a moverse.

peñado un papel de muda, pero elocuente expectadora, pués con sus lágrimas, sus angustias y suspiros manifestaba cuán horrible era para ella esta escena, púsose también de pié, y, asiendo á Eleodora por los brazos, con la voz entrecortada por los sollozos y el semblante angustiado, dijo:

—No, tú no saldrás de aquí si no me prometes volver; no, Eleodora, no me dejes otra vez, yo te lo pido.

Eleodora dió dos pasos como para alejarse con ademán resuelto y altivo. El señor Alvarado, que vió la actitud de su hija, llenose de horrible angustia.

Por segunda vez Eleodora iba á abandonarle, y ahora sería para siempre. Pensó que con su mala acojida había él creado esta cruel desgracia; que con sus recriminaciones y sarcasmos había herido á su hija, que indignada y ofendida no volvería más á verlo.

Todo esto decíase él á sí mismo, y á medida que acrecía su dolor, acrecía también su ira, su desesperación.

¡No ver jamás á Eleodora! ¿Podía acaso acontecerle mayor desgracia?

Pero, ¡qué hacer! Él, el ofendido, ¿cómo era posible que pidiera perdón á su hija, que tantas ofensas habíale inferido?

Todas estas ideas cruzaron rápidas por su mente durante el momento en que Eleodora, retenida por su madre, no podía alejarse.

Al fin, prorrumpió[115], diciendo:

—Pero entonces, ¿á qué ha venido usted aquí?

Ese *entonces* quería decir: «Si te vas sin reconciliarte, ¿á qué viniste aquí?»

Eleodora no contestó una palabra, con paso resuelto dirigiose á la puerta.

Su madre la seguía llorando, y el señor Alvarado, cada vez más angustiado, extendió sus brazos, trémulo de emoción y de dolor, exclamando:

—¡Dios mío! ¡Y se vá! ¡Eleodora! ¡Hija mía!

La señora Alvarado empujó á Eleodora á los brazos de su padre, y los tres quedaron confundidos en un solo abrazo.

---

115 *Prorrumpir:* proferir repentinamente y con fuerza o violencia una voz, suspiro u otra demostración de dolor o pasión vehemente.

XIV

Entre las concesiones que Eleodora había alcanzado á trueque de su consentimiento para la venta de San Eloy, estaba una que era para ella de gran valía: éste era el que don Enrique no iría a la calle á jugar, sino que traería á la casa algunos amigos con quienes pudiera dar pábulo[116] á su dominante vicio.

Esta noticia fué recibida con muestras de grande alborozo por Ricardo, aquel calavera, que vestido de sacerdote, aseguraba á don Enrique que aunque gustaba merodear en el huerto ajeno, sabía respetar la propiedad del amigo; sin embargo, esto no impidió que mirara con ojos de hambriento ladrón la melancólica belleza de la virtuosa Eleodora.

Desde ese día fué el más constante y asiduo compañero de juego de don Enrique.

A esto agregábase que los dados favorecían con desesperante tenacidad á Ricardo con daño de don Enrique, que tomó á empeño vencer la aviesa fortuna que há tiempo le perseguía.

Ricardo no desperdiciaba ocasión de hablar con Eleodora.

Alguna vez, deseando insinuar la idea de que tal vez los celos serían el mejor medio de volver á la buena senda al esposo indolente y olvidadizo de sus deberes, díjole:

—Señora, los proverbios son sentencias que debemos creer á puño cerrado[117], y hay uno que dice: «*A amante lerdo, espuela de cuerno*»

—¿Y qué quiere usted decirme con eso? —dijo Eleodora poniéndose algo seria.

Ricardo era uno de esos jóvenes ligeros, alegres, dados á la

---

116   *Dar pábulo*: equivalente a la expresión «echar leña al fuego». Poner medios para acrecentar un mal.

117   *A puño cerrado*: equivalente a la expresión «a ojos cerrados». Creer con fe absoluta en algo o en alguien.

broma, á la sátira, que gustan hablar de asuntos serios, charlando, riendo, como si un ruido de cascabeles les acompañara siempre.

Por circunspecta que sea una mujer, le es muy difícil contener á estos equilibristas de la broma que saltan por sobre todos los respetos debidos, sin más privilegio que el de la agilidad de sus movimientos.

Ricardo, siguiendo el tono burlón y almibarado que él usaba, contestó:

—Eso quiere decir algo que á usted le interesa.

—O que usted quiere decirme –contestó Eleodora entre risueña y enfadada.

—Cierto, quería decirle que conozco muchos malos maridos que han cesado de serlo el día que su mujer ha dejado de ser virtuosa.

—Eso no puede pasar de una falsedad de mala ley.

—¡Pues qué! ¿No cree usted en los milagros que pueden operar los celos?

—¡Oh! Pero eso es indigno de una mujer que ama verdaderamente á su esposo.

—¡Bah! La mujer inteligente debe llevar á su marido á la buena senda, aunque sea á puntapiés.

Eleodora sonrió con tristeza, y no supo qué contestar á estas pérfidas palabras. Ricardo continuó diciendo:

—Conozco muchas mujeres que basta que ellas se hayan propuesto labrar la felicidad de un amante para que el marido, por su parte, se propusiera labrar la felicidad de su esposa.

—Pues yo –contestó Eleodora con firmeza– conozco mujeres que prefieren la desgracia que les da el marido á la felicidad que puede darles el amante.

Ricardo hizo un movimiento de disgusto; pero no queriendo dar un tono serio á sus galanteos, procuró reír con gracia, y luego dijo:

—Se me ocurre creer que las mujeres que prefieren la desgracia que les da el esposo á la felicidad que les da el amante, deben tener algo de la índole de nuestras indias, que, como usted sabe, tienen por regla fija de su amor lo de: *porque me quiere me porrea*[118]; lo que, traducido en buen romance, quiere decir, quien bien me quiere me hará llorar.

—O también debe traducirse; por su amor debo sufrirlo todo –repuso Eleodora con el tono melancólico del amor resignado.

Ricardo calló un momento; la sublime resignación de Eleodora parecía haberle conmovido; pero luego sonrió, y haciendo una mueca, dijo:

—¡Pst! Ese amor me huele á fiambre[119]: me parece condimentado en el siglo pasado.

—Es el amor de una mujer que ama á su esposo –contestó Eleodora con sequedad.

—¡Demonios! Pero yo diría que ese es un amor altamente perjudicial.

—Sí, contra los calaveras y enamorados –repuso Eleodora.

—Quizá más contra los maridos que deben perderse por exceso de amor de su mujer.

—¡Qué modo de argumentar tan insidioso usa usted! –replicó Eleodora algo disgustada.

—¡Vamos! No se me enoje, sea complaciente con un amigo que sólo desea la felicidad de usted.

Eleodora calló y procuró sonreír. Por ningún motivo quería disgustar á Ricardo, que era el concurrente más asiduo á las caseras veladas de don Enrique, que volvería á ausentarse así que le faltaran amigos con quien jugar.

Ricardo miró complacido la sonrisa de Eleodora, y con tono alegre dijo:

—Y para convencerla voy á ponerle un ejemplo: ¡imagínese que usted me quisiera á mí! No me ponga esa cara de Fierabrás[120]; esto no es más que un ejemplo –agregó él riendo. Y luego dijo:

—Pués bien, supongamos que usted quisiera á un hombre que la amara verdaderamente, que contara los momentos que pasara á su lado como los más bellos de su vida, como un favor, como una merced concedida en gracia del amor que él le tributara á usted. Y, ¿no cree usted que al pasar de esposa triste y desgraciada

---

118   *Porrear:* golpear, machacar o molestar a alguien.
119   *Fiambre:* plato pasado de tiempo o de la sazón oportuna.
120   *Fierabrás:* fabuloso personaje que aparece en romances y novelas medievales. Simboliza un ser malo, perverso, ingobernable.

á reina feliz y soberana, cambiaría usted de condición, se pondría risueña, hermosa, satisfecha? Y Enrique, que no tiene un pelo de tonto, pararía la oreja[121] y diría para su coleto[122]: «Moros en la costa»[123]. Y cuando un marido lanza esta exclamación, se arma de punta en blanco[124], y si tiene los dados en la mano, los deja caer, porque con dados no se puede defender un tesoro; y si por la calle hay una querida se la abandona, porque primero es atender á lo que corre peligro que á lo que está bien seguro. Sí, no hay duda; el que dijo que «á amante lerdo, espuela de cuerno», dijo algo digno del gran Salomón[125].

Eleodora no supo qué contestar: la malévola elocuencia de Ricardo la indignó; no vió en él sino un amigo pérfido, que valido de las debilidades del esposo quería seducir á la esposa, poniéndole á la vista el cuadro seductor de un adulterio que, para ella, tenía el aspecto doblemente repugnante de la infidencia del amigo y la infidelidad de la esposa.

Ricardo la miró con marcada intención, y creyendo haberla vencido, dijo:

—¿Y qué me contesta usted, Eleodora? ¿Será preciso que confiese usted que yo le ofrezco el cielo á cambio del infierno en que vive usted?

Eleodora púsose de pié, y con aire resuelto y voz vibrante dijo:

—Caballero, después de lo que acaba usted de decirme, yo no debo hablar una palabra más con usted.

Ricardo se mordió los labios con rabia, y mirando alejarse á Eleodora soltó una risotada de despecho, y luego dijo:

—¡Ta, ta, ta! He aquí una virtud heroica, que para mí era desconocida.

Y después de un momento, como si pronunciara una amenaza, dijo:

No pasarán muchos días sin que tú, virtuosa Eleodora, caigas en mis manos, quizá entregada por el mismo á quién guardas tanta fidelidad.

---

121 *Parar la oreja*: expresión coloquial que quiere decir estar atento.
122 *Para su coleto*: para sus adentros.
123 *Moros en la costa*: peligro cercano o inminente.
124 *Armarse de punta en blanco*: prepararse para la ofensiva.
125 *Salomón* (970- 931 a.C.): rey de Israel y de Judá, hijo de David. Reputado por haber sido hombre de gran sabiduría.

XV

Ricardo sintiose herido en su amor propio con la altanera negativa de Eleodora, y tomó con rabioso empeño el capricho de seducirla, diciéndose á sí mismo: —Eso se alcanza por la fuerza ó por el amor.

Alguna vez pensó ella revelarle á su esposo la perfidia de su amigo; pero deteníala, por una parte, el temor de que él despidiera á todos sus amigos y volviera de nuevo á buscar lejos de la casa el juego y los placeres; por otra, deteníala el temor á uno de esos arrebatos de cólera á los que don Enrique estaba sujeto; arrebatos que, según el parecer de Eleodora, podían llevarlo hasta *á cometer una muerte.*

Por su parte, Ricardo, comprendiendo que los vicios de su amigo serían el único camino que podía llevarlo hasta Eleodora, impulsábalo y lo compelía á seguir adelante.

Eleodora veía aterrorizada que su situación era cada día de más en más angustiosa.

Una noche, que jugaban solos por no haber asistido los otros amigos que de ordinario los acompañaban, don Enrique se obstinó en desquitarse de todo lo que llevaba perdido.

La suerte del jugador, esa implacable tenacidad del azar ó sea decidida protección de la suerte, que en el tecnicismo del juego se llama *estar en suerte o estar de malas*, debe tener, un día no lejano, explicación racional y exacta.

¿No será por ventura verdadero que existen fluidos desconocidos, que, como la electricidad y el magnetismo, se desarrollan más fácilmente en ciertos individuos y en ciertos momentos, ejerciendo feliz ó desgraciada influencia sobre todos los actos de su vida? Sí, indudablemente, algún día la ciencia desenmascarará á esa incógnita que se llama *suerte*.

Ahora, sin más explicación, sólo podemos decir que Ricardo *estaba de suerte*.

Don Enrique perdió aquella noche lo último que le quedaba de la venta de San Eloy.

Ricardo estaba ebrio, loco de alegría.

Veía á su amigo poseído de la fiebre, del delirio del jugador, y una idea infame, horrible, acababa de atravesar por su mente.

Eleodora estaba allí, á un paso de su mano; esa altiva virtud que no había sucumbido ni á los estímulos de la felicidad y el amor, ni á las nobles aspiraciones de esposa, cuando él púsole de manifiesto que los celos pudieran corregir al descarriado esposo; Eleodora estaba allí, ella, que ni el amor ni la desgracia habíanla llevado á escuchar sus amorosas palabras.

Hacía algún tiempo que lo que fué en Ricardo un mero capricho, habíase tornado pasión verdadera. Como sucede siempre en estos casos, las dificultades y negativas exacerbaban un deseo hasta convertirlo en pasión.

Ricardo amaba á Eleodora; pero la amaba con rabia, con despecho.

Ricardo decía que los melindres y severidades de una mujer virtuosa le producían el mismo efecto que produce en el estómago la mostaza y el ajo: despertar el apetito.

Eleodora acostumbraba permanecer levantada hasta la hora que se retiraban los jugadores; pero cuando sucedía que amanecían, lo que era frecuente, ella esperaba á que sus hijos se hubieran levantado, y después de dar sus órdenes en la familia, se retiraba á descansar.

Aquella noche, sin saber por qué, estaba más que nunca mortificada de estas largas y continuadas veladas.

De cuando en cuando, acercábase á mirar por entre los cristales para ver si ya habían terminado las apuestas.

En una de las veces, vió que don Enrique sacó de uno de los cajones de su escritorio un objeto de arte que conservaba como una curiosidad: éste era un puñalito de una hoja riquísima, cuyo mango de oro cincelado llevaba enroscada una víbora artísticamente imitada con rubíes, perlas y brillantes.

Eleodora comprendió que no teniendo ya qué perder, se desprendía de aquel objeto que para él tenía gran precio artístico.

El puñalito pasó luego á manos de Ricardo, que lo colocó al lado derecho, junto con algunas fichas y otros objetos.

Al fin fué necesario suspender el juego, y don Enrique furioso, exclamó:

—¡Mañana tendré que anunciarle á Eleodora que estamos arruinados!

—¡Fuerte cosa! —contestó Ricardo sonriendo.

—He perdido cuanto es jugable; la suerte está inflexible.

—¿Y qué piensas? —dijo Ricardo mirando con intención á su amigo.

—No lo sé.

—Aún podemos hacer una transacción —dijo Ricardo, dando á sus palabras un tono de broma.

—Habla, ya sabes que en mi situación se acepta todo. ¿Qué quieres?

En este momento se oyó por la puerta contigua á las habitaciones de Eleodora algo como un sollozo desgarrador.

Ricardo colocó con familiaridad una mano en el hombro de su amigo, y con la mayor naturalidad, díjole:

—Te devuelvo no sólo lo que te he ganado esta noche, sino también en todas las noches pasadas, con una sola condición.

—¿Cuál? —preguntó don Enrique con voz ahogada y opaca.

Enrique miró á todos lados, y bajando la voz, díjole, casi al oído:

—Por una hora de estar allá en tu lugar.

Y Ricardo señaló con la mano la puerta tras la cual estaba Eleodora.

Como si esto hubiera sido una señal, la puerta se abrió con violencia, y en el dintel apareció Eleodora, pálida, aterrorizada, descompuesta y sin poder articular una sola palabra. Miró á su esposo con tan elocuente mirada que él no necesitó más para comprender que Eleodora había oído las palabras de Ricardo.

La vergüenza, la rabia, la desesperación pintáronse en el semblante de don Enrique; un vértigo pasó por su cerebro, y apoderándose del puñal que estaba sobre la mesa, asestó dos puñaladas á su amigo.

Impulsada por los nobles sentimientos de su corazón, Eleodora corrió á interponerse entre don Enrique y su víctima, exclamando:

—¡Enrique! ¡No cometas un asesinato!

Pero él estaba ya fuera de sí, y una tercera puñalada dejó en el sitio á su amigo.

Eleodora en el colmo de la desesperación, gritó:

—¡Enrique, basta, perdónale!

—¡Y tú también! –exclamó don Enrique, que, fuera de sí no sabía lo que hacía.

El puñal brilló en el aire y se hundió en el pecho de Eleodora, que cayó á pocos pasos del sitio en que estaba el cadáver de Ricardo.

XVI

Eleodora no murió inmediatamente.

Cuando volvió en sí, su madre, arrodillada junto á su lecho, lloraba amargamente.

Su padre estaba allí también, con la expresión dolorida y la frente inclinada, agobiado por peso de tanto infortunio.

Con los ojos enjutos miraba atónito, absorto á su hija; diríase que las lágrimas que no corrían por sus mejillas, granizaban, como dice Dante[126], sobre su corazón.

Así que Eleodora recobró el conocimiento, su primer cuidado fué preguntar por sus hijos. Todos estaban allí cerca de ella. Eleodora mirolos con indecible amargura, exclamando.

—¡Hijos de un asesino, que mañana será un presidiario!

Y cubriéndose el rostro con los cobertores prorrumpió á llorar.

Después de larga meditación, dijo:

—Aún puedo salvarlos de esa ignominia[127].

Poco después pidió el auxilio de fray Antón. Este era un santo varón que amaba con filial ternura á Eleodora.

—Padre –díjole ella– quiero que ilumine usted mi corazón; necesito de sus consejos.

—Habla, hija mía, que Dios me prestará su apoyo.

—Quiero salvar a mis hijos de la deshonra que pesará sobre ellos como hijos de un asesino.

---

126   *Dante Alhigieri* (1265- 1321): máximo representante de la poesía y de la cultura italianas.
127   *Ignominia:* afrenta pública.

—Salvar á tu esposo del presidio, quizá sea posible; pero á ellos de la deshonra, sólo Dios podría operar ese milagro.

—¡No sé lo que quieres decirme, hija mía!

—Yo he oído decir que el hombre que sorprende á su esposa en adulterio, puede matarla á ella y á su cómplice, sin ser culpable ante la ley.

—Bien, ¿y qué quieres decirme con esto? —exclamó fray Antonio, asustado como si adivinara la intención de Eleodora.

Ella, con la expresión sublime del abnegado amor maternal, dijo:

—La sociedad maldecirá á los hijos del asesino; pero puede perdonar á los hijos de la mujer adúltera.

—¡Dios mío, perdónala que no sabe lo que dice! —exclamó fray Antón, asustado de la heroica resolución de Eleodora.

—Padre, mi resolución es inquebrantable —contestó ella con firme acento.

—Pero si tú salvas de tu herida, ¿con qué valor te presentarás ante a sociedad, que te repudiará como mujer adúltera é indigna de llevar el nombre ilustre de tus honorables padres?

Eleodora calló un momento y con el acento de la más sublime abnegación, dijo:

—Viviré contenta y resignada, si es que salvo á Enrique del presidio y á mis hijos del infamante estigma de ser hijos de un asesino.

—Que Dios premie tus grandes propósitos —dijo fray Antón inclinando la cabeza, como si se sintiera anonadado con la grandeza de espíritu de Eleodora.

—Padre mío —dijo esta,— quiero que esta revelación que le hago quede guardada bajo el secreto de la confesión: mi padre vengaría en mi esposo todo el infortunio que va á pesar sobre ellos.

—Tu secreto morirá aquí, junto conmigo —dijo fray Antón señalándose el corazón.

Después de un corto silencio, Eleodora dijo:

—Conozco que mi herida es mortal, y para que mis hijos no se avergüencen algún día de su madre, quiero dejar por escrito mi última confesión, que depositaré en las manos de usted para que ellos la lean cuando lleguen á la edad de la razón.

Fray Antón no pudo contestar; el llanto embargaba su voz, y sólo pudo hacer un movimiento afirmativo con la cabeza.

Dos días después el juez que entendía en la causa criminal seguida contra D. Enrique por el doble crimen de asesinato de su amigo y de su esposa, fué llamado por Eleodora.

Los médicos habían declarado que el estado de Eleodora era desesperado, por ser mortal la herida.

En presencia del juez, y con todas las formalidades de ley, Eleodora declaró que su esposo, habiéndola sorprendido en infraganti delito de adulterio, dió muerte á su amante y la hirió á ella.

El cadáver de Ricardo, encontrado á pocos pasos de Eleodora, y ambos caídos, como si hubieran sido heridos sin oponer resistencia alguna; la vida licenciosa de Ricardo y su constante asistencia á la casa de su amigo; la frecuencia con que D. Enrique pasaba las noches fuera de su casa; todos los pormenores y detalles llevaron al juez la convicción de que Eleodora decía la verdad.

D. Enrique fué puesto en libertad en los momentos que Eleodora, implorando al cielo piedad para su esposo y sus hijos, exhalaba el último suspiro.

En presencia de su cadáver, santificado por inmenso sacrificio, D. Enrique cayó de rodillas, ocultando la frente entre los cobertores del lecho.

Cuando se levantó de allí estaba lívido, azorado; tenía la mirada extraviada y la fisonomía descompuesta.

Un ataque cerebral sobrevino á tan fuertes emociones.

Su espíritu, torturado por el recuerdo de sus vicios y remordimientos de su crimen, fué presa de horrible delirio, en el que imaginábase ver la dulce y resignada figura de Eleodora acusándole de sus infortunios, de sus lágrimas y su muerte.

Los últimos momentos de Eleodora fueron la sublime transfiguración de la mujer en el ángel; los de D. Enrique fueron la horrible transfiguración del hombre en condenado; sí, el condenado por la conciencia.

Cuando la señora Alvarado supo la muerte de D. Enrique, levantó los ojos al cielo, y con profético acento, exclamó:

—¡La muerte de D. Enrique no debe ser su único castigo!

Con esa intuición casi sobre natural de las madres, ella adivinaba el luctuoso drama, que llevara á Eleodora hasta el cruento sacrificio de su honra.

En cuanto al Sr. Alvarado, él también decía con noble orgullo:

Eleodora ha sido, como esposa, digna descendiente del ilustre nombre de Alvarado.

Despúes de la muerte de D. Enrique, fray Antón les entregó la confesión que Eleodora, poco antes de morir, depositó en sus manos.

Así, pués, no todo fué pesares para los esposos Alvarado, y en los cuatro hijos de Eleodora encontraron cuatro ángeles que derramaron, en su antes desierto hogar, el vivificante ambiente de su inocencia y alegría devolviéndoles con creces su perdida felicidad.

Lima, 8 de marzo de 1886

LAS CONSECUENCIAS

LAS
CONSECUENCIAS

POR

MERCEDES CABELLO DE CARBONERA

FOLLETÍN DE «LA NACIÓN»

LIMA

IMP. DE TORRES AGUIRRE MERCADERES 150

1889

OBRAS DE LA MISMA AUTORA

NOVELAS

Sacrificio y recompensa. — premiada con la medalla de oro en el Concurso Internacional del Ateneo de Lima (segunda edición)

Amores de Hortensia. — (agotada)

Eleodora. —

Blanca Sol. — (segunda edición)

Influencia de las bellas letras en el progreso moral y material de los pueblos.

— trabajo premiado con medalla de oro por la Municipalidad de Lima.

Independencia de Cuba.

— premiado en Certamen Literario con el primer premio.

Señor Don Ricardo Palma,

Mi buen amigo:

Las Consecuencias y *Eleodora*, son idénticas en su argumento;
en ambas he querido explotar el hecho verídico que se encuentra
al final de esta novela, y que fue narrado por usted en su bellísima
tradición *Amor de madre*.

Cuando usted hizo reproducir en el «Ateneo de Lima», to-
mándola de un periódico español aquella novela, le dedicó usted
las siguientes líneas, que para mí tienen gran significación por
venir de su autorizada pluma:

«La novela de la distinguida y laureada escritora doña Mercedes Cabello de Carbonera, á cuya publicación damos hoy principio en las páginas del «Ateneo» acaba de aparecer engalanando,
como folletín, las columnas de un periódico literario de Madrid,
mereciendo justos encomios de los literatos españoles. A nuestro
juicio, *Eleodora* es una de las más correctas é intencionadas novelas que han salido de la elegante pluma de la aplaudida autora
de *Sacrificio y Recompensa*».

Ojalá que como en *Eleodora* encuentre usted en *Las consecuencias* una novela *intencionada,* que tiende a corregir vicios y
preocupaciones sociales, que mucho afean a nuestra culta sociedad.

Esta debe ser al menos la aspiración del novelista, por más que
comprenda, que la deficiencia de sus creaciones le veda aspirar a
tan elevada misión.

MERCEDES CABELLO DE CARBONERA

I

Cosme de Alvarado[1] era magnate acaudalado y de alta alcurnia, de aquellos que después de más de media centuria del advenimiento de nuestras instituciones republicanas, todavía pretenden oler á rancios pergaminos, cuya antigüedad, decía D. Cosme elevábase hasta el mismísimo Pedro el Cruel[2].

Era el Sr. Alvarado, tan austero de semblante y tan estirado de figura, que bien hubiera podido servir de cariátide en el catafalco[3] de un oficio fúnebre.

Casado á la antigua española, es decir, convencido de que el matrimonio es un sacramento instituido por Dios mismo, que no es dado violarlo ni aún con el pensamiento, había vivido en paz y concordia con la señora Luisa, matrona[4] de bellas cualidades y noble corazón.

La familia, compuesta sólo de los dos esposos y una hija que, al decir de los amigos de la casa, era «la niña de los ojos de sus padres», llevaba vida austera, retraída de toda suerte de distracciones.

En el agitado movimiento de un pueblo como Lima, que sigue el impulso civilizador del siglo, ellos vivían en esta alegre y bulliciosa ciudad como si habitaran el Arca de Noé de bíblica tradición.

El Señor Alvarado, era un noble al estilo de los del pasado siglo. Aristócrata de nacimiento pero filósofo por temperatura y por inclinación, se decía discípulo de J. J. Rousseau[5], por sus ternuras para todo lo que acercábale á la naturaleza; pero sin amol-

---

1 Se suprime la introducción acerca de la educación y la relación entre padres e hijos que se hacía en *Eleodora*. La digresión se hará después, en ella se muestran sobre todo las ideas conservadoras del señor Alvarado acerca de la educación de las niñas.

2 Véase nota 11 de *Eleodora*.

3 Véanse notas 12 y 13 de *Eleodora*.

4 Véase nota 14 de *Eleodora*.

5 *Jean-Jacques Rousseau* (1712- 1778): pensador y escritor suizo de habla francesa. Uno de los máximos representantes del pensamiento ilustrado, como tal, sus obras buscaban enseñar y moralizar.

darse jamás á las ideas y principios democráticos del que él llamaba su maestro.

Hombre teórico, meditaba sobre el porvenir de su hija, esperando que la severidad de sus costumbres y la atmósfera saturada de virtudes en la cual había vivido la joven, serían suficientes elementos para formar su corazón y labrar su porvenir.

Y con la inexperiencia, no de sus años; sino de su carácter y del género de vida que había llevado, creía que el apartamiento de dañosos elementos, debía ser la base de todos los sabios principios educacionistas.

No la envió al colegio, temiendo el contagio de los malos elementos aportados por esa diversidad de niñas, nacidas casi todas en inferior escala social de la de su hija.

Los colegios, decía el señor Alvarado, son aglomeraciones de caracteres buenos y malos, de espíritus pervertidos y puros, donde sucede lo que en los cestos de frutas: las podridas contajian a las sanas.

Y envanecíase de que su hija no hubiera traspasado jamás el pórtico de un edificio, donde con el nombre de colegio, se pervierte el corazón de las niñas, sin darles en cambio más que esa instrucción á la violeta[6], que él bien comprendía que maldita de Dios la cosa[7] podía serles útil.

Decía que él sabía bien hasta qué punto podía ser conveniente instruir á una niña, si esta instrucción había de ser á costa de su pureza y candor, y estaba segurísimo de haber cimentado, no sólo su felicidad como padre, sino, el porvenir de su querida hija.

Refería en apoyo de estas teorías, sobre educación de las niñas en colegio, el haber él muchas veces en sus mocedades, escalado paredes para encaramarse[8] sobre algún muro colindante al colegio de... para dejar caer sijilosamente una esquelita, muy perfumada y bien escrita, dirijida á la niña de sus amores.

Y de este jaez[9], citaba muchos, muchísimos ejemplos, para deducir que la educación tal cual hoy se daba, era asaz[10] perniciosa y de fatales consecuencias para la virtud de las jóvenes.

---

6   *Instrucción a la violeta*: persona que solo tiene una tintura superficial de ciencias y artes.

7   *Maldita de Dios la cosa*: de ninguna manera, en ningún caso.

8   *Encaramarse*: levantar o subir a alguién o algo a algún lugar dificultoso de alcanzar.

9   *Jaez*: cualidad o propiedad de algo.

Juzgaba que mejor que ilustrar la inteligencia, debían los padres consagrar sus cuidados á velar por la inocencia y candor de sus hijas, las que, á cierta edad, son como delicado cristal que el menor choque puede romper.

Bajo este régimen severísimo, desarrolláronse los sentimientos é ideas de la joven Eleodora, y al presente, ella y la señora Luisa, su virtuosa madre, no contaban con otra distracción que las salidas todas las mañanas á la infalible misa de San Pedro[11].

En la noche después de rezar devotamente el rosario, toda la familia reunida, pasaba á la salita del diario, donde el señor y la señora, en compañía de dos amigos más, tan tiesos y encopetados como él, jugaban una *manita* de *rocambor*, de á centavo apunte[12].

El rocambor fué una de las pequeñísimas innovaciones que habían tomado carta de ciudadanía, en las inveteradas costumbres del Sr. Alvarado. Sus antepasados jugaron *malilla*[13], y él creía que debía seguir jugándola, sin dejar de reconocer que estaba pasada de moda.

Al fin, la fuerza de las costumbres, y las exigencias de sus amigos, menos conservadores que él, condujéronle, hasta la aceptación del moderno rocambor, el cual, como todo lo que se aprende en edad en que el órgano de la *imitatividad*[14], parece haberse atrofiado en el cerebro, no llegó á conocerlo bien, á pesar de su decidida afición.

A las ocho de la noche llegaban sus amigos; (nunca más de tres o cuatro) todos diríase cortados en el mismo patrón, ó vaciados en el mismo molde: todos olían a rancio[15].

Poco antes de las ocho, principiaban á llegar, y el señor Alvarado, conocía los pasos de cada uno de ellos, desde que pisaban los primeros peldaños de las escaleras, y muchas veces desde que llegaban al patio de la casa.

---

10   *Asaz:* del latín ad *satis*, bastante, harto, muy.
11   Véase nota 16 de *Eleodora*.
12   Véanse notas 17, 18 y 19 de *Eleodora*.
13   Véase nota 20 de *Eleodora*.
14   De acuerdo con la frenología (Gall, Spurzheim y otros), son 38 los órganos que residen en el cerebro. De estos se han atribuido diez a los instintos, doce a los sentimientos o las facultades morales, catorce a las facultades perceptivas y dos a las reflectivas. El órgano de la imitatividad es del segundo tipo y consiste en la disposición a la mímica y a la pantomima.
15   *Rancio:* se dice de cosas antiguas o de personas apegadas a ellas.

A esta hora, él mismo en persona, se dirijía á la puerta que daba al corredor, y llamaba al mayordomo, para que colocara las dos mesas de rocambor.

Y aunque sabía con fijeza, que nunca llegaba á ocuparse más de una, su voz de mando pedía siempre: *las mesas y las cartas*.

Mientras los amigos tardaban en subir las escaleras, (la casa era en el segundo piso) el criado colocaba apresuradamente las dos mesas.

La señora Luisa esperaba á sus visitas correctamente aliñada[16] y casi siempre cuidaba de cambiar su vestido de lanilla sencilla por otro de seda de color oscuro.

Así que llegaban los amigos, después del saludo de estilo, siempre igual, nunca más ni menos afectuoso, ni más ni menos alegre, hablaban de los acontecimientos del día, dando la preferencia á los que más de cerca se relacionaban con las cuestiones políticas y gubernativas.

Muchas veces las primeras palabras que seguían á las del saludo, eran estas: —Y, ¿qué dice U. del nuevo Ministro?, –ó– ¿Con que tenemos crisis ministerial? Y entonces se comentaban menudamente los actos del Ministerio *en crisis* y las cualidades y méritos del que se decía debía reemplazarle.

En cuestiones de política, el señor Alvarado, era pesimista, y de ordinario veía todos los acontecimientos de color sombrío. Este país no lo compone ni Jesucristo que volviera al mundo –decía con profética entonación.

Como sucede con todas las personas de cierta edad, que tocan los límites de la ancianidad, él veía el presente cuajado[17] de inconvenientes, de abrojos[18], de abismos, de precipicios, que aparecíanle más inexplicable cuando converjía[19] la mirada hacia al pasado; hacia las primeras épocas de la República, cuando él entre sus contemporáneos, vió brillar con esos resplandores que el tiempo agranda, á los Luna Pizarro, á los Vijil, Mariátegui[20], y demás patricios, cuyas virtudes el tiempo no ha empequeñecido.

---

16   *Aliñada:* aseada, dispuesta.
17   *Cuajado:* lleno, poblado, recargado.
18   *Abrojos:* sufrimientos, dificultades, daños.
19   *Convergir:* aproximarse, dirigirse a un mismo punto.
20   Francisco Javier de Luna Pizarro (1780- 1855) sacerdote y político conservador. Fue Arzobispo de Lima y ejerció la presidencia del Perú por breves periodos en 1822 y 1833. Francisco de Paula González Vigil (1792- 1875), clérigo y político,

Ocupaba á la sazón la silla presidencial de la República, D. Manuel Pardo[21], el prohombre del Perú, según la opinión del señor Alvarado; aunque le inculpaba algunos pecadillos, que solo los comentaba *soto voce*[22] y entre sus íntimos.

Este amor casi fanático para el gran hombre del Estado, no le impidió ver muy claro la crisis financiera, iniciada bajo su gobierno y más aún bajo su palabra[23].

Decía que el Perú, era tan desgraciado, que hasta los hombres de talento *hacen* política adversa á la prosperidad del país, y en confirmación de estas ideas, citaba, hasta faltarle para contar hechos, los dedos de las manos, todas las combinaciones financieras y políticas que por aquella época, y con tan funestos resultados se llevaron á cabo — ¡Dios mío, si es capaz uno hasta de olvidarse de comer y dormir, pensando en estas cosas!...

Así exclamaba el señor Alvarado, al oír sonar las diez, en el gran reloj de campana colocado en la repisa de madera del comedor, sin haber hasta esa hora pensado ni él ni ninguno de sus amigos, en dar principio á su juego de naipes.

Al fin se colocaban al derredor de la querida mesa, y entre las invariables palabras de —juego —paso —juego más, se alternaban diálogos referentes al inagotable tema de la situación política del país.

Y los Ministros que caían, y los que debían ser nombrados, y las finanzas del gobierno siempre censurables, formaban el sabroso condimento del diario rocambor.

---

representante del liberalismo ilustrado dentro de la Iglesia. Famoso como orador en el Congreso donde repetidas veces fue senador y diputado. Francisco Javier Mariátegui y Tellería (1793- 1884), magistrado, político, diplomático y escritor liberal.

21   Todos estos datos acerca del contexto histórico y la política peruana no se encuentran en *Eleodora*. Manuel Pardo y Lavalle (1834- 1878): fundó el Partido Civilista en 1871 y con él llegó al poder en 1872 convirtiéndose en el primer gobierno civil del Perú. Su mandato se extendió hasta 1876 tiempo en que se intentó institucionalizar el país reorganizando la política económica y fiscal, las municipalidades, los registros, la educación, las fuerzas armadas y policiales.

22   *Soto voce*: latinismo, en voz baja.

23   El gobierno de Manuel Pardo sufrió graves problemas económicos y de política internacional generados por la debacle en el mercado internacional del guano de las islas. A consecuencia de ello, la Casa Dreyfus da por terminado el contrato de explotación y el gobierno se ve obligado a mirar hacia un nuevo recurso: el salitre, que se explotaba en las costas del sur por capitales ingleses. Sin embargo, las medidas de Pardo no prosperaron: la subida de los impuestos, la nacionalización, la política no armamentista y el tratado que se firma con Bolivia, fueron la antesala de la guerra que estallaría en 1879.

Y cuando acaeció aquel estupendo suceso tan largamente co-
mentado y antojadizamente interpretado, de una máquina ex-
plosiva que debía volar á don Manuel Pardo con toda su comitiva
en el tren de Chorrillos... Entonces, las discusiones tomaron el
más alto grado de color al que, entre amigos, es dable llegar. ¡Pues
no se les ocurría á los contertulios del señor Alvarado, que toda
aquella ridícula, y aparatosa trama era, no para asesinar al Jefe
del Estado, sino simplemente una combinación política, que entraba en los planes de algún Ministro candoroso![24]...

El señor Alvarado salía de quicio al oír poner en tela de juicio
la veracidad del suceso, combinado y llevado á término, por los
infames enemigos de su ídolo.

Y la famosa *Valiente* como heroína de aquel desaguisado, fué
por largo tiempo el tema de las conversaciones del aristócrata
señor Alvarado. Jamás quiso ni escuchar á los que le decían que
en el público se creía haber descubierto que la tal máquina in-
fernal, era un embuchado[25], que tenía muy complicado aderezo,
y obedecía á combinaciones harto intrincadas, pero él indignado
rechazaba esas malévolas interpretaciones. Era un apasionado á
macha martillo[26], que si reconocía algunas de las graves faltas, que
sus amigos le manifestaban, era porque podía inculparlas á los
Ministros. Cuando algún inexperto amigo, que no estaba al tanto
del apasionamiento y ceguera del aristócrata pardista, se sobrepasaba en sus juicios, él le salía al paso, y muy acaloradamente lo
colocaba en el justo punto de donde él creía que nadie debía salir
jamás.

Delante de la mesa de rocambor, presentábanse las ocasiones
únicas en el transcurso del día, en que el señor Alvarado, ama-

---

24 El gobierno de Manuel Pardo estuvo plagado de atentados y sublevaciones más
    o menos graves. Entre los primeros, dos fueron los más célebres: el producido el
    22 de agosto de 1874 cuando le dispararon sin éxito en el portal de Escribanos en
    el centro de Lima; y el segundo, el 16 de noviembre de 1878, tras su mandato,
    siendo Presidente del Senado, el sargento Melchor Montoya lo hiere de muerte
    en el momento en que Pardo se disponía a ingresar al Congreso. También es cé-
    lebre el levantamiento de Nicolás de Piérola, en 1874, al mando de la embarcación
    El Talismán, quien ingresando por las costas chilenas, se prepara para derrocar
    al gobierno. Fue sorprendido en Ilo, por el Huáscar al mando de Miguel Grau.
25 *Embuchado*: asunto o negocio revestido de una apariencia engañosa para ocultar
    algo de más gravedad e importancia que se quiere hacer pasar inadvertido.
26 *A macha martillo*: locución que sirve para explicar que algo está construido con
    más solidez que primor.

blemente deponía su siempre altivo y majestuoso continente, y la expresión aunque no áspera, sí muy severa.

Hasta llegó á aprender y emplear esa terminología humorística y vulgar, que los rocamboristas noveles tanto gastan, cuando quieren darse importancia de muy versados en el rocambor.

Sus amigos decían que era un tantico[27] puntilloso en el juego, y que muy fácilmente se le venía la mostaza á las narices[28], cuando le cortaban un *sol de oros* ó le daban codillo[29] con *tres matadores*, lo que dada su escasa versación en el juego, esto le acontecía con suma frecuencia.

Así que terminaba el juego, ajustábanse las cuentas, y cada cual pagaba religiosamente hasta la última ficha de su *caja*. Cuando el señor Alvarado llegaba á ganar tres ó cuatro soles de billetes, como se decía entonces para distinguirlos de los soles de plata, recojía sumamente complacido esta ganancia, no por el precio del dinero, sino más bien por ser prueba manifiesta de sus adelantos.

Sus amigos felicitábanlo, y él riendo aseguraba no ser esa ganancia, debida al favor de la suerte, sino debido á lo bien manejado que estuvo tal ó cual juego. Y luego comentaba aquel arrastre dado tan á tiempo ó alguna salida de triunfo que á su concepto desconcertó al jugador.

A las doce infaliblemente se pedían *las últimas*, y dejaban la mesa de rocambor para pasar al comedor á tomar una taza de chocolate.

Allí por tácito convenio, ó mejor, por natural intuición, no se hablaba de política, ni de ningún tema desagradable.

—La política de mi patria, es capaz de indigestar hasta una taza de chocolate –decía con amarga sonrisa el señor Alvarado.

Y muy seriotes, y un tantico hambrientos, sorbían su jícara[30] de chocolate del Cuzco, y entre sorbo y sorbo, hablaban de la amena variedad del juego, puesto ya tan en boga, y comparaban las ventajas del rocambor sobre las de la malilla, dando un voto

---

27 *Un tantico*: diminutivo de «un tanto», un poco.
28 *Se la venía la mostaza a las narices*: o «subírsele a alguien la mostaza a las narices», irritarse, enojarse.
29 *Dar codillo*: destruir o vencer a alguien.

de aprobación por aquel, y reconociendo como un progreso, el que estuviera boyante[31] el uno y completamente desterrada la otra.

No hay que decir, que en esta poca amena conversación, jamás tomaba parte Eleodora, y ni aún fijaba su atención, absorta como estaba casi siempre, en otro linaje de ideas, que su mente acariciaba.

Y así, mientras los esposos Alvarado jugaban á las cartas, hablaban de política y tomaban alegremente su taza de chocolate, olvidaban que allí, cerca de ellos, paseándose en los corredores, o vagando tristemente en las habitaciones, había un alma, un corazón, que con todas las exhuberancias juveniles, y todas las fantasías inocentes de la virgen, soñaba, esperaba, y deliraba sin hallar más á su alrededor, que los austeros semblantes de sus padres y de los amigos de éstos.

Sí, allí estaba Eleodora la joven pues, cuya fisonomía, habíase amoldado á la fría atmósfera que la rodeaba; pero cuya alma apasionada, echaba de menos los cálidos ambientes del amor.

Eleodora, que nunca estuvo en colegio, que guardaba su corazón virgen de toda impresión, encerrado en el pecho, sin haberse evaporado un solo átomo, como si fuera un vaso de esencias tapado, sellado, incógnito que un día debía al fin derramar todo su perfume; Eleodora vagaba cerca de allí, sintiendo todas las impresiones que del cerebro vienen al corazón, y aceleran sus palpitaciones, y en su exceso de vida, producen opresión al pecho, tristezas vagas ó inexplicables, risas de histérica impetuosidad. Eleodora sentía todo esto, sin darse cuenta de que su vida pudiera ser de otra suerte, sin pensar que vivía en una atmósfera que no era la que convenía á su alma de veinte años.

Para los amigos del señor Alvarado, Eleodora era sin disputa el tipo de la niña mimada y dichosa.

¡Pues qué! ¿No la veían considerada, siendo para sus padres objeto de fervorosa adoración?... Y luego vestía diariamente de seda, y se presentaba siempre con la sonrisa de la juventud en los

---

30   *Jícara:* vasija pequeña, generalmente de loza, que suele emplearse para beber chocolate.
31   *Boyante:* que tiene fortuna o felicidad creciente.

labios, y con su tocado elegante y su peinado sujeto con una cinta que remataba en una linda marimoña sobre la cabeza...

Y á mayor abundamiento, vivía en lujosa morada, con toda la servidumbre de una princesa... ¿Qué más podía ambicionar? ¿Qué podía faltarle á su completa dicha?...

Algunas veces Eleodora, con la vista perdida en el azul del cielo, que desde uno de los sillones del salón miraba, se entretenía en pensar que allí, en ese convoy[32] de nubes, que como ejército de soldados pasaban dejando ver por entre sus caprichosos intersticios, el vívido color del cielo; allí estaba la morada donde se encuentra el amor, ese amor á cuyo recuerdo sentía, que lánguido desmayo invadía todos sus miembros, y soñaba anonadarse en él, como un átomo caído en el hervidero de la vida universal, como una fuerza diminuta, absorbida por las grandes fuerzas del Universo.

Y mientras ella así pensaba, sus padres y los amigos de estos, tan lejos como de ellos de adivinar las secretas fermentaciones de la sangre que enciende la fantasía, oprimen el pecho y exaltan el sentimiento; miraban á Eleodora, bendiciendo al cielo de que tan apacible y sosegada, y exenta de todo peligro, fuera la niña pasando su juventud.

Cuando ella se miraba al espejo, su alma se recocijaba al contemplarse, y aunque jamás tuvo la vanidad de juzgarse hermosa, pensaba que su rostro juvenil con sus ojos de lánguido mirar, formarían un cuadro muy bello, al lado del de un joven con bigote negro y cabellera abundosa y crespa; y luego sonreía voluptuosamente y al fin concluía por exhalar hondo suspiro, pensando que no debía dar cabida á tales fantasías, que al fin y al cabo, eran pecados que debería confesarle al señor Manrique.

Y así Eleodora, dando pábulo[33] al natural anhelo del alma, fantaseaba tímidamente por los imaginarios edenes creados por su imaginación.

Para los viejos rocamboristas, Eleodora no pasaba de ser algo así como un bello adorno de los lujosos salones del señor Alvarado.

---

32 *Convoy*: séquito, acompañamiento.
33 Véase nota 116 de *Eleodora*.

Era tan elegante, tan simpática, tan alegre que... ¡Vamos! ¿Quién había de creer que á esa niña le faltaba algo, ni menos que, aquellos ricos y grandes salones habían de parecerle tristes é insoportables?

II

Excepción hecha de los viejos amigos rocamboristas nadie, en figura masculina y en propósito de visitar, llegaba á los salones de los esposos Alvarado.

Decía el señor que él jamás transigiría con esta clase de aristocracia al uso[34], sin más lustre que el despreciable brillo del oro, adquirido generalmente á costa de la honra y de la dignidad del individuo. Decía también que en la genealogía de algunas encopetadas familias limeñas no necesitaba ascender ni una generación para hallar las raíces, capaces de hacer avergonzar hasta á un mozo de cordel, y por no pecar de lenguaraz, callaba muchas cosas que él conocía de ciertas familias de esta sociedad.

Cuando hablaba de estas cuestiones, manifestaba vehemencia tal que fácilmente dejaba adivinar que estaban sostenidas por un fondo de intransigencia arraigada y tenaz.

Y con tales opiniones, que todos calificaban de extravagantes, pocos, muy pocos fueron los favorecidos con la amistad del aristócrata señor Alvarado.

La señora Luisa, que en prentensiones de nacimiento y alcurnia, no medía los puntos altísimos de su esposo, era lo que con justicia el vulgo llama *una santa*; y si los buenos merecen ese nombre, ella mejor que otros, debía llevarlo, no tanto por su exagerado e inconsciente misticismo, cuanto por sus bellas prendas morales.

Sus pingües y ubérrimas rentas, en lucientes soles de plata, permitíanle ser caritativa más allá de lo que son las que, con

---

34   Se usa la misma expresión en *Eleodora* para referirse a la aristocracia del dinero o a los nuevos ricos gracias a los negocios del guano, el tráfico de mano de obra del Asia, préstamos, entre otros tipos de negocios especulativos.

iguales sentimientos, deben sujetar la expansión de éstos a la abundancia de aquellas.

A las doce del día, recibía, en un pequeño saloncito (no el de rocambor), á crecido número de mujeres pobres, que iban á su casa, las unas á recibir alguna pequeña mesada, otras un extraordinario socorro, y todas un consuelo á su mísera condición.

A esta hora la casa tenía tanto movimiento como el despacho de un Ministro de Hacienda.

La señora Alvarado, no dejaba de comprender, que no todas las pedigüeñas eran verdaderamente pobres, sino más bien vagabundas que, aprovechándose de su proverbial caridad y de su genial bondad, iban allá seguras de no ser despedidas.

Esto la contristaba[35] algunas veces, porque pensaba que estas ociosas les quitaban el derecho á las verdaderas pobres, ¡pero qué hacer! ¿Quién va a tener valor de decirle a una joven de aspecto decente: U. es una farsante; U. no es verdaderamente necesitada, ¡salga U. de mi casa y no vuelva más!... Todo esto pensaba la señora Luisa que necesitaría decir á una de esas supuestas pobres, y prefería malgastar su dinero á pasar por el terrible trance de decir cosas tan duras.

Un acontecimiento más que otros llegó un día á persuadirla, que sus socorros y limosnas favorecían á muchas mujeres de mal vivir, y que por aditamento[36], esos beneficios no eran ni estimados ni agradecidos.

Sucedió que mientras esperaban su turno para entrar á recibir su limosna, algunas de las que se lamaban *pobres vergonzantes*[37], conversaban muy animadamente. La señora Luisa escuchó algunas palabras sospechosas y prestó atención: oyó que finalizando una conversación cuyo tema era un asunto amoroso, no de muy buenas trazas[38], sino de aquellos que revelan un comercio vergonzoso, dieron principio á otro tema con la siguiente conversación[39]:

—¿Estuviste ayer en los toros? –decíale una joven á otra; ambas de aspecto pobre, como todas las que allí venían.

---

35   *Contristar*: afligir, entristecer.
36   *Aditamento*: añadidura.
37   Véase nota 23 de *Eleodora*.
38   *Buenas trazas*: buena apariencia o figura de algo o alguien.
39   En *Eleodora*, el diálogo no es oído por la señora Luisa. También se ha añadido en este párrafo la infomación relativa a las mujeres que reciben de sus amantes favores económicos, un tema que se había desarrollado ampliamente en *Blanca Sol*.

La señora Alvarado prestó atención y continuó escuchando.

—No, ayer mamá amaneció sin un centavo.

—Pues mi mamá se acordó que hoy era día de limosnas, y llevamos á empeñar dos cucharas de plata que tenemos. La corrida estuvo magnífica. Yo fuí con mi traje nuevo; ahora me lo iba á poner, y mi mamá me dijo: «Niña, con ese traje no se va á pedir limosna». Ella siempre quiere que para venir aquí, me vista así, de adefesios[40]; ¡qué fastidio! ¡Cuándo no necesitaremos de pedir limosna!...

—Y luego, ¿para qué?, para recibir una *porquería*[41], que dice mi mamá que ni siquiera para la casa alcanza.

—¡Qué va á alcanzar para nada! Si todo no es más que vanidad, por que digan «la señora Alvarado da muchas limosnas»; mientras tanto, mis hermanos andan dentro de la casa sin zapatos, y ni siquiera al Colegio pueden ir, porque les falta todo.

—Sí, pero tú andas siempre bien vestida.

—¡Ah! Pero tú no sabes de dónde saco yo esos trajes, me los dá...

—Te los da el señor...

—¿Cómo lo sabes tú...?

—¡Vaya que no lo he de saber que tienes un amante! Y...

—¡Calla! No te vayan á oír.

La señora Alvarado, escuchó este diálogo y quedó pasmada con tales descubrimientos.

¡Conque daba limosnas á gentes que iban a toros y tenían un amante! Y ella que se imaginaba aliviar la miseria de alguna familia desgraciada! ¡Dios mío! ¡Qué corrompido está el mundo, ni aún los sentimientos más puros pueden ejercitarse sin ponerse al abrigo de los especuladores! —¿Qué le quedaba por hacer? Lo más natural era suspender sus dádivas y arrojar de su casa á esa gente inmoral y desleal: ni un día más consentiría en darles ese socorro que podía utilizarlo en favor de alguna verdadera necesitada.

Con esta resolución salió la señora Alvarado, con el fin de

---

40   Véase nota 40 de *Eleodora*.
41   Véase nota 24 de *Eleodora*.

hablar personalmente con las dos jóvenes, cuyas imprudentes palabras le habían revelado cosas que no debían permanecer más tiempo sin su reprobación.

Pero sucedió lo de siempre. Las chicas al saber que se les retiraría la mesada por malos informes sobre su conducta (la señora Alvarado no tuvo la suficiente entereza para decir que ella había escuchado tan estupenda verdad) jimotearon, juraron que eran verdaderas pobres, y una de ellas, la más aficionada al arte taurino, con mejores dotes artísticas que su compañera, cayó de rodillas invocando á la Virgen Santísima, en prueba de la veracidad de sus palabras.

La señora Alvarado estuvo á punto de llorar junto con la joven, la cual, pensando en que perdería esa entrada ganada á costa de tan poco trabajo, lloraba á lágrima viva.

Para consolar la pena y enjugar el llanto de las dos supuestas pobres, dioles á más de su correspondiente socorro, un pequeño regalo de cuatro soles á cada una; arrepintiéndose de haber sido la causa del llanto tristísimo de estas dos infelices, que caso de ser cierto que iban á toros y tenían un amante, bastante desgraciadas eran con vivir de limosna.

Y después de todo, nadie sino Dios debe juzgar las acciones humanas. Ella cumplía con sus deberes de buena cristiana, dando limosna al que se le presentaba con todo el aspecto de una pobre vergonzante. Si la casualidad le había presentado la ocasión de sorprender secretos que perjudicaban á esas pobres jóvenes, no debía de aprovecharlos en contra de ellas, esto le pareció poco digno y también muy anticristiano.

Todas estas reflexiones no tenían otro fin que disculpar entre su propia conciencia, su falta de energía para correjir abusos y fraudes, que bien comprendía eran inexcusables tratándose de obras de caridad.

Para la señora Alvarado, bastaba que una persona se le presentara con la *correa y el hábito*[42], y demás arreos[43] de la mujer exajeradamente mística, para quedar exenta de toda sospecha, y ase-

---

42   *Correa y hábito*: cinturón y prenda que usan los devotos de algún santo.
43   *Arreo*: atavío, adorno.

gurada en su conciencia de ser modelo de virtudes. Conservaba todo el candor de un alma no tocada por decepciones y experiencias duramente cosechadas en la vida.

Había viajado por Europa, pero de sus largos y lujosos viajes, poca ó ninguna experiencia sacó, y cuando hablaba de Francia é Italia, refería cosas nimias, referentes á los criados, y al mobiliario de las casas y nunca más ni menos. Solo si se entusiasmaba al hablar de la gruta de Lourdes, donde dejó gratos recuerdos por sus valiosos regalos á la Virgen, y su entusiasmo crecía, cuando recordaba su visita al Santo Padre. ¡Oh! Entonces ella se transfiguraba recordando cómo en recompensa de quinientas águilas de oro que ella le dió de limosna, él le concedió una bula para poder mandar decir misa en cualquier sitio ó lugar donde ella deseara que se oficiara; ítem más[44], permiso para comer carne hasta el día Viernes Santo é indulgencia plenaria para los pecados mortales de ella, de todos sus hijos y de su familia, con autorización plena á todos sus capellanes para perdonar hasta los pecados *reservados* á su Santidad, lo que á su concepto no había en el mundo dinero con qué pagar.

A las cuatro de la tarde, la señora de Alvarado recibía sus visitas, las que, aunque escasísimas eran asiduas y constantes. De ordinario iban á verla algunos sacerdotes, y también alguna gran señora que, al decir del Sr. Alvarado, podía lucir su abolengo junto con los rancios pergaminos[45] de la famila Alvarado, cuyo lustre jamás fué por ninguno de sus antepasados empañado.

Y en este ambiente aristocrático, y en este hogar por las virtudes de una madre santificado, creció la joven Eleodora hermosa, risueña, alegre, feliz, hasta el día que su corazón de veintidós[46] años comenzó a echar de menos algo, que sin darse ella misma cuenta de lo que podía ser, languideció como planta privada de los rayos del Sol.

Sin ser lo que llamamos una belleza, Eleodora tenía tipo simpático, de ojos expresivos y dulce mirar. Su cutis de ese blanco mate de la mujer limeña, estaba por negros y sedosos cabellos realzado.

Poseía, además, aire distinguido, maneras delicadas, y una

---

44   Véase nota 42 de *Eleodora*.
45   Véase nota 27 de *Eleodora*.
46   En el original, dice veintidós años, pero en otros pasajes de la novela se señala que la joven tiene veinte años, además, en el capítulo V se indica que ella está a punto de cumplir los veintiún años.

gracia y donaire, que dan á todo el conjunto el valioso atractivo, que es como misterioso talismán para conquistar simpatías.

De las mujeres como ella, es de las que se ha dicho que pueden llamarse bonitas sin poseer ninguna belleza.

Tenía lo que puede llamarse la inteligencia de corazón, la que en la mujer le proporciona mayores ventajas, que la verdadera inteligencia.

El señor Alvarado, había logrado mantener el alma de su hija exenta de toda impresión amorosa, debido á sus cálculos dirigidos á imbuirle la idea de que, todos los pretendientes á su mano no eran más que codiciosos que iban en pos[47] de su dinero.

Más de un desgraciado joven había salido desahuciado del supremo tribunal, donde el austero papá contestaba: *no ha lugar*; sin duda comprendiendo que más de medio millón de soles, que constituían la dote de la bella joven, con el aditamiento de sus cualidades personales, y su noble cuna, dábanle derecho á escoger algo bueno y muy bueno.

Eleodora había visto pasar ante sí a todos esos almibarados jovencitos, pensando que la miraban con ojos de hambre más que de amor.

—Estos quieren mi dinero –decía como su padre y desdeñaba á su joven pretendiente.

D. Cosme y su esposa bendecían á Dios por haberles concedido una hija que estaba muy lejos de parecerse á todas esas locuelas[48], que entregan su corazón al primero que las mira con lánguidos ojos.

Al fin, los esposos Alvarado sacaron en consecuencia que siendo Eleodora, joven de tan exquisitas prendas y acompañándola fortuna suficiente para asegurar su porvenir, lógico era que no pensara en casarse , en tanto que no se presentara un joven con todas las condiciones apetecibles.

Hacía algún tiempo que Eleodora oía, no solo con indiferencia sino también con disgusto, todo lo que se relacionara con proyectos de matrimonio dirigidos á inclinarla en este sentido.

---

47   *En pos*: detrás.
48   Véase nota 29 de *Eleodora*.

Solo sí, manifestaba mucha vehemencia al hablar de la intransigencia de sus padres en no permitir la entrada á ningún joven que quisiera visitar la casa.

Decía que no comprendía qué tema llevaba su papá en obligarla á vivir como si ella fuera monja, ó hubiera de aceptar la vida monástica. Si todas las niñas reciben en su casa visitas de jóvenes, ¿por qué ella no había de gozar de éste, que ella juzgaba, un beneficio?

Aprovechaba todas las ocasiones propicias para hablar de estas cosas, y ponía en las nubes, la felicidad de las que pueden recibir sus visitas, y gozar de la sociedad de amigas y amigos de su misma edad.

Desde esa época, principió también á manifestar gran empeño en no faltar á la misa de ocho de San Pedro.

A esta hora, el semblante de Eleodora se coloreaba, sus ojos brillaban con nuevo fulgor, y parecía poseída de febricitante[49] palpitación del pecho que aceleraba la circulación de su sangre.

Aunque, según costumbre, salía con su manta de vapor bordada y guarnecida de rico encaje español, que le cubría el talle y la cabeza, no por eso descuidaba su vestido y el esmero de su peinado.

Antes de salir miraba y remiraba su talante, procuraba que los prendidos de la manta no le formaran ningún pliegue, y había aprendido toda la coquetería con que la mujer limeña usa esta prenda de vestir, que tan desgarbada y sosa llevan las extranjeras[50].

El amor habíase infiltrado en el alma de Eleodora, sin darse cuenta de lo que pasaba; sin saber que aquellos estremecimientos, aquellas palpitaciones que sentía, eran las primeras vislumbres del incendio en que debía abrasarse.

¿Cómo sucedió aquello? ¡Ay! Ella no lo olvidaba jamás, y se complacía en recordarlo.

Fué una mañana que según costumbre salió para ir á misa de San Pedro; en la plazuela estaba él fumando un cigarrillo de

---

49   Véase nota 91 de *Eleodora*.
50   Véase la nota 62 de *Eleodora* sobre la saya y el manto. En este pasaje no solo se alude a su uso como una excepcionalidad limeña, sino que se añade el atributo de la coquetería. Podríamos complementar este párrafo con la anterior descripción de Eleodora donde el narrador alude al «tipo peruano» para decir que en *Las consecuencias* hay una preocupación por darle a la narración un color local.

papel, y al verla venir, se colocó cerca del sitio por donde debía pasar. Eleodora se ruborizó al encontrar un joven que la miraba con esa eléctrica mirada, á la que la mujer joven de virgen corazón, no podrá ser insensible jamás.

Después de muchos días de mirarla, se atrevió á saludarla. Ella se disgustó, casi se indignó, de ser tratada así, como una mujer vulgar, *como una cualquiera*. Pero luego aquellos ojos, fijos siempre en ella, domináronla con el prepotente dominio del magnetizador para el magnetizado.

La primera observación de Eleodora se dirijió á la figura de su enamorado: e*s muy buen mozo* —se dijo desde el primer día. Luego observó que tenía mirada muy penetrante, jamás recordaba haber visto otro hombre que mirara de ese modo.

Después notó que se vestía muy bien. En menos de quince días le vió cambiar seis ternos de casimir, todos de corte muy *chic,* que manifestaban la tijera del mejor sastre de Lima, según opinión de doña Serafina.

Algo hubiera dado Eleodora por tener amigas que le dieran noticia de este desconocido. ¿Quién podía ser *este hombre*, que sin más título que el de saber amar, se presentaba ante ella?...

Eleodora se esforzaba por recordar si le había visto antes en alguna parte. Al fin concluyó por convencerse que don Enrique era para ella *un desconocido*. Verdad también, que sus conocimientos en materia de personalidades de la sociedad limeña podían reducirse á cero.

Y luego. ¿Qué mejor carta de introducción que la distinguida expresión y la apostura altanera, casi fiera, de su enamorado?...

Pronto Eleodora lo bautizó con un nombre que es todo un poema en el vocabulario de la mujer que ama. Ella le dió el nombre de *él*.

Cuando un hombre alcanza el que la mujer que ama le dé el nombre de *él*, debe estar seguro de haber avanzado más de la mitad del camino que conduce a la felicidad. —*Él está allí.* —*Él me espera.* —*Él me ama.* Son modos de expresión, del amor, que principia diciendo *él es mi vida*, y concluye diciendo *él es mi universo*.

Al llegar á la esquina de la plazuela de San Pedro, su respiración se aceleraba, el pecho se le oprimía, el corazón parecía querer salirse de su sitio. Allí, en el lugar más visible, estaba esperándola *él*, el hombre que ella había empezado á amar con la vehemencia del primer amor: allí estaba Enrique Guido.

Este era un joven algo donjuanesco[51] por lo enamorado, *jaranista*[52] y jugador, tan jugador que al decir de sus conocidos, jugaba «el sol por salir».

Como hombre experimentado, y ducho en el arte de amar, no se dirigió como los otros pretendientes de Eleodora, al papá de ella, sino á una criada de confianza, que gozaba de buen predicamento en la familia Alvarado.

Enrique sabía por experiencia que una moneda de oro puesta en la mano de una de estas criadas las ablanda como cera puesta al sol.

Y doña Serafina con todas sus austeridades y sus pudibundos[53] melindres[54], principió á recibir esquelitas que sigilosamente entregaba á Eleodora.

Al principio, para tranquilizar su conciencia, se dijo a sí misma que Eleodora era una víctima de la tiranía paternal, que con las exigencias del señor Alvarado, jamás hallaría un marido que la sacara de ese estrecho y triste circuito del hogar paterno; y por ende, dedujo que estaba llamada á salvar á la joven de esta fatal opresión que sobre ella pesaba.

Después de la entrega de la primera esquela, trabose estrecha amistad y vínculos de gratitud unieron á la joven con la criada. Esta agotaba sus dotes oratorias para manifestar á cuántos sacrificios conduce el cariño, y á qué extremo puede llegar la verdadera amistad, y poniendo como ejemplo el caso presente, disertaba filosóficamente, sobre lo inverosímil y estupendo que ella había juzgado eso que había oído contar, de que fuera posible que una criada del fuste de ella, y más que todo de sus principios religiosos, se pusiera á llevar y traer cartitas de enamorados.

---

51   Véase nota 30 de *Eleodora*.
52   Véase nota 31 de *Eleodora*.
53   *Pudibundo*: de mucho pudor.
54   *Melindre*: delicadeza afectada y excesiva en palabras, acciones y ademanes.

—¡Oh! ¡Necesitaba verlo para creerlo!... ¡Con razón dicen que se quiere más a lo que se cría que á lo que se pare! —exclamaba doña Serafina, aludiendo á que ella llegó á la casa, cuando Eleodora contaba solo tres años.

Y aunque Eleodora en su niñez, jamás manifestó la menor simpatía ni cariño por esta criada, no obstante, como las jóvenes no se dan cuenta cabal de las impresiones de la infancia, ni menos de los sentimientos que en ella predominaron, Eleodora concluyó por persuadirse que doña Serafina tenía sólidas razones para servirla y sacrificar sus convicciones en favor de su amor por don Enrique.

Doña Serafina fué la que dió principio é inició las conversaciones sobre el enamorado de la plazuela de San Pedro. Ella en sus amistades y conocimientos, llegó á indagar, que se llamaba Enrique Guido, y lo más importante que le informaron fué lo referente á su posición social. Era, según al decir de las comadres de Serafina, un caballero de muchas campanillas[55], muy bien quisto[56] en la mejor sociedad de Lima, en la cual gozaba de reputación de acaudalado, muy galante, y muy codiciable, como que era uno de los mejores partidos. Solo sí, dijéronle, ser terrible por su reputación de *incasable*, reputación dada por algunas niñas que con miras conquistadoras se habían acercado á él esperando *atraparlo*.

—Conque incasable, ¿eh?... ¡Ya veremos! —exclamaba Serafina, dándose aires de triunfadora en esta atrevida empresa, en la cual se proponía formar una red, en la que de fijo, había de caer este *incasable* tan codiciado por sus muchas y superiores ventajas.

Pero es el caso que doña Serafina por haber acudido á gentes de su laya[57], que solo conocían á Enrique Guido de oídas decir, anduvo con papeles mojados[58] en sus pesquisas é indagaciones.

El Enrique Guido, que esperaba á Eleodora en la plazuela de San Pedro, era de todo en todo desemejante al que ella por sus datos conocía.

El caballero de muchas campanillas, bien quisto en sociedad, acaudalado y codiciable, había desaparecido, quedando en su

---

55 Véase nota 5 de *Eleodora*, aunque en aquella novela, la palabra se usa para calificar a Cosme Alvarado y no a Enrique Guido.
56 *Quisto*: querido.
57 *Laya*: calidad, especie, clase.
58 *Andarse con papeles mojados*: tener información de poca veracidad o errónea.

lugar otro, lleno de vicios y defectos, que afeaban no sólo su personalidad moral, sino que también, su figura de hombre buen mozo.

D. Enrique Guido era uno de esos botarates calaveras[59] para quienes el juego y el amor son pasatiempos necesarios, pues que viven, como dicen los franceses, *au jour le jour*[60], sin pensar en el mañana.

Su padre, comerciante al por menor, dejole en herencia un cuarto de millón de soles que el buen hombre había allegado á fuerza de trabajo honrado y mortificante economía.

Jamás conoció otra distracción que la de endilgar algunos chicoleos[61] á las muchachas bonitas que entraban á su tienda á comprarle cintas, sedas y algunos otros objetos de bisutería, que vendía ganando un cincuenta por ciento.

Cuando Enrique Guido se vió dueño de esa fortuna, después de haber pasado los primeros años de su vida sin llevar en su cartera más que algunas monedas de cobre, nunca más de diez centavos, y estos solo le llegaban los domingos, de suerte que el resto de la semana andaba con los bolsillos aplanchados[62]; careciendo de dinero para comprar golosinas y muchas veces hasta el pan para llevar al colegio. Cuando se vió, pues, con ese para él, inmenso caudal, diose á todos los placeres y se entregó á todos los vicios y disipaciones que dan fin con la fortuna, y más que con la fortuna, con la conciencia del hombre honrado.

Al principio sintió halagada su vanidad por haber logrado pisar, y más que eso, dominar en los salones de alta sociedad, donde él jamás pensó llegar por considerarse demasiado humilde, y asaz oscuro, para encumbrarse hasta donde él imaginaba que solo podrían llegar los verdaderos grandes señores. Y ebrio de triunfo y satisfecho de homenajes, organizaba ruidosos convites, y gastaba su dinero, con humos de gran señor y de gran conquistador; pero sintiose bien pronto hastiado, y á la sazón[63], había principiado á buscar en otra clase de placeres, aquello que en esa alta sociedad no encontra ya.

---

59   Véase notas 32 y 33 de *Eleodora*.
60   Véase nota 34 de *Eleodora*.
61   Véase nota 35 de *Eleodora*.
62   Véase nota 36 de *Eleodora*.
63   *A la sazón*: locución que significa, en aquel tiempo.

Más de una candorosa mamá considerábalo uno de los más brillantes partidos, y lo colmaba de atenciones y agasajos; ello contribuyó no poco á darle renombre y lustre en la sociedad más distinguida que él frecuentaba.

No obstante, hubo muchas otras señoras, sin duda muy dadas á estudios heráldicos, que arrugándole la nariz decían: —¡Qué tal altura a la que ha llegado el hijo de *ño vara corta*!

Ese apodo de *vara corta*, con que fué bautizado el padre de Enrique, sin duda por lo mucho que como comerciante escatimaba y cercenaba sus medidas, era como un sambenito[64] colgado al cuello del hijo a pesar de los años transcurridos después de la muerte de aquel.

Y luego aquel *ño*, abreviatura o degeneración del Don, que en otro tiempo solo llevaron como título de nobleza aquellos a quienes el Rey se lo acordaba, de donde proviene que el *ño* sea, no sólo abreviatura ó degeneración de la palabra, sino también del individuo.

Como un desquite, ó mas bien como un desagravio de aquel *ño* maldito con que fué bautizado el padre de Enrique, sus amigos, aun los más íntimos, dábanle en otra circunstancia el tratamiento de Don, que él aceptaba gustoso.

Don Enrique solía decir muy atinadamente, que había hombres que, aún siendo hijos de plebeyos, ya sea un cochero ó un lacayo, llevan en su porte ese sello distinguido que es el mejor título de nobleza. En cambio –agregaba– hay muchos que con grandes pretensiones de elevada alcurnia, diríase que llevan, cuando menos, el alma de un lacayo.

Y sus amigos, confesaban que don Enrique era uno de esos nobles de «nacimiento», uno de esos calaveras simpáticos, que han penetrado en la morada del vicio, no para revolcarse como otros calaveras vulgares, en el inmundo fango de las pasiones desordenadas, sino más bien para recoger y saborear de paso sus variadas y tumultuosas impresiones.

Gustaba que sus amigos le llamaran calavera incorrejible,

---

64   Véase nota 37 de *Eleodora*.

ladrón piratero[65], que se andaba á caza de la fruta del huerto ajeno.

Su carácter alegre, decididor y jovial, le valió la estima y distinción de cuantos lo conocieron.

Al fin sus vicios y calaveradas condujéronle hasta el extremo de perder el gusto por la buena sociedad, y se dió á vivir en compañía de tahúres[66] y jugadores. Entonces, comprendió que á pesar de sus nobles sentimientos, él iría arrastrado por esa vorágine irresistible del vicio por la cual, cada día más, se sentía atraído.

A medida que fué comprendiendo que el nivel de la estimación social, bajaba para él, y que su amistades y sus influencias iban decreciendo, su carácter á la par fué agriándose, y ya no reía ni charlaba con su amigos, comentando sus amorosas conquistas, que de más en más fueron siendo escazas, quedándole tan solo su pésima reputación de jugador y tahúr.

Como jamás se consagró á cultivar su fortuna, ni á colocar en buenos fundos[67] sus capitales, sucedió que sus gastos y continuas pérdidas, fueron mayores que las entradas, y el dinero sacado diariamente del capital, produjo el efecto de un desaguadero, que debía dejar en seco la gran fuente reunida sol á sol, como si se dijera, gota á gota por su buen padre. Don Enrique, no sabía qué resolución tomar; sin embargo, comprendía que aún se encontraba en esa situación en que el amor de una buena esposa, podía salvarlo. Esta idea lo llevó á fijar sus ojos en la hija de los esposos Alvarado, en esa inocente y espiritual Eleodora, á la que más que por sus virtudes, valorizaba por sus pingües rentas.

No obstante, hubiera preferido entrar al matrimonio por la puerta bendita del amor verdadero, comprendiendo, como comprendía, que ese sentimiento es la base de la felicidad doméstica; pero un hombre arruinado, que ha perdido todos sus caudales, y al que no le queda ya más que sus obligaciones contraídas con esa sociedad; en la que está comprometido á brillar y ser el primero, no puede casarse por razones de afecto sino de conveniencia.

Y después de estas reflexiones, dirijíase á la plazuela de San

---

65 *Piratear*: cometer acciones delictivas contra la propiedad.
66 *Tahúr*: que tiene vicio de jugar.
67 *Fundo*: propiedad, heredad o finca rústica.

Pedro, donde esperaba ver á Eleodora, á la que no amaba; pero sí necesitaba conquistar como un medio de rehabilitarse pecuniaria y socialmente.

III

Don Enrique continuaba esperando á Eleodora todos los días, en el mismo sitio, y contentándose con el apasionado saludo que muy ceremoniosamente le dirijía.

Generalmente, esa era la hora en que él se retiraba del Club de la Unión[68] donde había pasado la noche jugando; unos decían que sólo jugaba el aristocrático rocambor; otros aseguraban que allí había un tapete verde[69], en el que más de un padre de familia había perdido el pan de sus hijos.

Desde que principió á perseguir á la hija de los esposos Alvarado, don Enrique pensaba en cambiar de sitio donde poder jugar más ocultamente.

En este maldito Club —decía— cada socio es una trompeta, que sale á divulgar las cantidades que se pierden ó se ganan, casi siempre, poniendo un cero en cada una. Y para ocultarse mejor, había principiado á frecuentar otros lugares, aunque ignorados y ocultos, muy desdorosos[70] para un caballero como pretendía ser él.

Cuando pasaba la noche en una de esas orgías ó zambras[71] con gente de mal vivir, cuidaba de ir antes á su casa á lavarse y perfumarse, como si temiera, que esa atmósfera nauseabunda del burdel o del garito[72], hubiera dejado indeleble huella en sus vestidos y también en su semblante.

---

68   *Club de la Unión*: fundado el 10 de octubre de 1868 por un grupo de ciudadanos peruanos entre civiles y militares. Fue en su época, junto con el Club Nacional, uno de los más influyentes en la sociedad. Se encontró ubicado, hasta 1942, en la intersección de la calle Bodegones (actual jirón Carabaya) con Portal de Botoneros (jirón Huallaga). Actualmente se encuentra en la Plaza de Armas esquina con el jirón de la Unión.

69   Véase nota 39 de *Eleodora*.

70   *Desdoroso*: deslustrar, deslucir, mancillar la virtud, reputación o fama.

71   Véase nota 40 de *Eleodora*.

72   *Garito*: casa clandestina donde juegan los tahúres o fulleros.

Después, dirijíase á la plazuela de San Pedro, á su apostadero[73] á esperar «al ángel de sus amores», á la chica que había de devolverle lo que él diariamente perdía.

Cuando Eleodora venía, él estaba ya allí, cerca de su paso; cuando ella se aproximaba, él tiraba el tercero ó cuarto cigarrillo que había fumado, y la devoraba con su mirada de águila cargada de magnetismo.

Casi siempre estaba solo, y cuando algún amigo impertinente se le acercaba, procuraba cortar todas las conversaciones que entablaba, usando él las contestaciones de los monosílabos más cortantes y lacónicos.

Así que Eleodora llegaba, don Enrique procuraba componer su fisonomía, dando á su expresión el tinte de melancolía y pasión que necesitaba para inspirar la anhelada correspondencia.

Eleodora a su vez palidecía, temblaba, y le parecía que las fuerzas iban á flaquearle.

Mientras estaba distante, podía mirarle; pero así que se aproximaba á él, le era imposible sostener el fascinador dominio de su mirada, y bajaba los ojos como el criminal ante su juez.

Eleodora no faltaba por ninguna causa á la misa de ocho de San Pedro.

La señora Luisa, que en alcances de malicia jamás fue más allá de lo que sus ojos veían, estaba muy lejos de sospechar, que la devoción de su hija pudiera tener otra causa, que no fuera, ir á implorar la bendición del Todopoderoso en favor de los autores de su vida.

La señora Luisa padecía de unos dolores neurálgicos que, de preferencia, le acometían en un lado de la cara, y ésto le mortificaba tanto más cuanto que se veía privada de cumplir con sus deberes de buena cristiana.

Cuando la dolencia le arreciaba, permitía que su hija fuera á misa sola con doña Serafina. En este caso, don Enrique, aprovechaba la ocasión, y le seguía hasta el templo, procurando colocarse en un sitio desde donde pudiera mirarla todo el tiempo que durara la misa.

---

73 *Apostadero*: paraje o lugar donde hay persona o gente apostada.

Un día le acontenció á Eleodora que después de haber leído, pasando una tras otra las hojas de su libro de oraciones, se encontró con que el libro estaba de cabeza, y al fin de tanto rezar, no supo darse cuenta, si lo que había rezado era un rosario ó una misa.

Entonces no dejó de ocurrírsele el interrogarse con candorosa inocencia, ¿si sería este hombre Satanás, cuando así la perturbaba en sus oraciones? Y luego se dijo a sí misma, que no volvería á sucederle otra vez este temerario descuido, y cual si de un letargo volviera, arrodillose fervorosamente y le pidió á la Virgen que la guiara é iluminara su conciencia, si es que ese hombre pudiera ejercer alguna influencia maléfica en su alma.

Recorría en su memoria algunas vidas de santos, en que ella había visto patentemente, que el poder del Diablo era superior al de Dios, y sobrecogida de medroso recelo, no volvía ya el rostro para mirar al que bien podía ser un medio de los muchos de que se vale el Malo para perder á las almas justas.

Llevó su mano al pecho introduciéndola por debajo del corpiño, como si buscara algún objeto. Allí encontró algo que con el mayor esmero desprendió, y sacó para mirarlo: era *un detente*[74] primorosamente bordado.

Detente que el corazón de Jesús está conmigo: leyó estas palabras bordadas en seda roja al pie de un corazón, y volvió á releerlas como si ellas fueran infalibles conjuro contra aquel espíritu, que con tanto afán la perseguía.

Al salir del templo, don Enrique acercose á ella, y con voz ahogada y apenas perceptible díjole —¡Amor mío! ¡Amor mío!...

Eleodora, palideció, temió caer sin sentido y se apoyó en el brazo de Serafina.

D. Enrique vió la turbación de la joven y comprendió que llevaba mucho camino ganado.

Aquel día Eleodora no pudo tomar ni un bocado de alimento, se sentía verdaderamente enferma.

Mientras tanto don Enrique, que veía ya segura la conquista

---

74 *Detente*: recorte de tela con la imagen del Corazón de Jesús y la leyenda *Detente, bala*, que se usó en las guerras españolas de los siglos XIX y XX. Se lleva prendido en la ropa sobre el pecho.

de aquel corazón de veinte años, principió á informarse más detalladamente de la fortuna que ella llevaría en dote al matrimonio.

La hija del señor Alvarado era lo que puede llamarse un gran partido.

Muerta una tía, hermana de su padre, dejola en herencia extensa y valiosísima hacienda, situada en las cercanías de Lima; á más, varias fincas urbanas, constituyendo esta sola herencia, una dote de un millón de soles. Y si á esto se agregaban las esperanzas de herencia paterna, podía decir él, que no tan á humo de pajas[75] ardía su corazón.

---

75   Para este párrafo, véase notas 41 y 43 de *Eleodora*.

IV

Doña Serafina, la solterona con ribetes de beata zurcidora de voluntades, que había con su hipocresía alcanzado á inspirar suma confianza á los austeros padres de Eleodora, encontraba muy guapo y seductor á don Enrique.

Su virgen naturaleza se estremecía al acercarse á él, y sentía vago deleite al hablar de amor, aunque fuera refiriéndose á otra mujer.

Procuraba, cuando hablaba con él, alargar indefinidamente sus diálogos para gozar de la amable compañía de tan gallardo joven.

Cuando don Enrique la saludaba, dándole la mano, ella procuraba distraídamente retenérsela un momento, y por nada del mundo hubiera cambiado ese momento, pasado así cerca de él.

Desde que principió á tener tratos con don Enrique, cavilaba frecuentemente sobre la suerte aviesa de algunas mujeres condenadas á no conocer el amor, y de aquí deducía que Dios cometía algunas injusticias inexplicables.

Comparaba la desgracia de las mujeres que no han gozado del amor á la de los niños que van al limbo, cuando mueren sin ser bautizados. ¿Qué culpa tienen esas inocentes criaturas, ni qué culpa tienen las desdichadas que no han hallado un hombre que las ame? Meditaba con justo criterio, sobre lo estéril de la vida de un ser que no cumple su destino, y muere sin dejar tras sí, la huella de un hijo o de una familia...

Se preguntaba á sí misma cuál podría ser la causa de su eterna

é irremediable soltería, y no atinaba á explicársela satisfactoria-
mente; porque si bien ella reconocía no haber sido agraciada por
la naturaleza con el supremo don de la belleza, reconocía
también, que su físico no era repelente, y que en su juventud,
jamás vió ninguna manifestación que le diera á conocer que ella
había nacido con la negra estrella de las feas.

Al contrario, muchas pruebas tenía de haber sido simpática
para los hombres, aunque es cierto, que nunca aceptó ninguna
proposición si no venía por el camino derecho del matrimonio.
Tal vez si la causa verdadera de su soltería, no era otra, que su
exajerada honradez: el haber deseado ser pura y sin mancha, esperando que estas cualidades le conquistarían la estimación y
efecto de algún hombre de bien.

Y rememorando hechos, y sacando conclusiones, traía á
cuenta un acontecimiento notable acaecido en su juventud, y de
gran significación en apoyo de sus razonamientos y en contra de
su exajerada honradez.

Recordaba, que siendo aún muy joven, el esposo de la señora,
en cuya casa se había criado, llegó de la calle borracho, y sin más
ni más, de golpe y zumbido, se le coló en el cuarto donde ella, al
cuidado de uno de los hijos de la señora, dormía. Recordaba
también que habiéndose despertado asustada con la presencia
inesperada de un hombre, él la tranquilizó y hablole de amor,
ofreciéndole pagarle generosamente, si era buena y condescen-
diente con él. Ofreciole toda suerte de ventajas, y hasta le habló
de que ella en lo sucesivo sería la señora de la casa; díjole que él
la amaba, y le juró labrar su porvenir; pero ella entonces era una
inocente, y rechazó todos los ofrecimientos, horrorizada con la
idea de faltar á sus deberes de mujer honrada y también de criada
fiel; y llevó su rectitud hasta amenazar al señor con dar de voces
y pedir auxilio, caso de que él no saliera en el acto de la habitación... Y el señor salió indignado ofreciéndole vengarse.

En este punto de sus recuerdos se encolerizaba contra sí
misma. ¿Cómo pudo ser tan tonta?... ¡Qué mal conocía entonces

el mundo! ¡Y cuán caro había pagado su inocencia!... ¡Ah! Si volviera esa ocasión no se manejaría con esa rectitud...

¿Cuál fue el resultado de su conducta? Que el señor, encolerizado con su rechazo, le tomara rencor y le infiriera toda clase de insultos, malquistándola[76] con la misma señora á la que siempre le hablaba mal de ella. Y para que fuera más amarga su situación, y manifestarle mejor su inexperiencia, había principiado a proteger y á enamorar á otra criada de la casa, compañera de ella, y ésta, menos honrada, accedió á las pretensiones del señor, dando por resultado, que el día que se sintió con síntomas de embarazo, el señor se la llevó á vivir á la calle, y cuando hubo dado á luz, al hijo del adulterio y la infidencia, el señor le dió una buena dote y la casó con un criado antiguo de la casa.

Y doña Serafina rememorando todos estos acontecimientos, con honrada amargura, se decía á sí misma: —Y después de todo esto, ¿sea U. virtuosa y manéjese U. honradamente? ¡Vaya! ¡Cómo se conoce que yo he sido una muchacha muy inocentona!

Y después de esta amarga exclamación, pensaba que ya nada podía hacer para remediar su situación. ¿Quién va a enamorar á una mujer de cuarenta y cinco años? Nadie. Á no ser un viejo mayor que ella. ¡Uf! ¡Qué horror! Los viejos, pensaba doña Serafina, que solo pueden aceptarse cuando no se ha conocido jamás á un joven.

Entonces su pensamiento se volvía hacia don Enrique Guido.

¡Sería cosa graciosa que estuviera ella enamorada de tan elevado y cumplido caballero!

Lo cierto era, que cada día se recreaba más, y miraba con mayor afán, el hermoso y suave bigote, que le dejaba entrever los sonrosados y voluptuosos labios, donde ella se imaginaba ver palpitar los besos que otras mujeres saborearon en la boca de ese dichoso mancebo.

Para recibir la primera esquela, que debía llevarle á Eleodora, doña Serafina anduvo con mil repulgos[77] y melindres a pesar de sentir que se la colocaban en la mano, acompañada de dos monedas, que al rozarse, produjeron el sonido del oro.

---

76 *Malquistar*: indisponer o enemistar a alguien con otra u otras personas.
77 *Repulgo*: recelo o inquietud de conciencia que siente alguien sobre la bondad o necesidad de algún acto suyo.

Don Enrique usó de todas esas exquisiteces del hombre de mundo, que sabe que en los principios de una conquista, aunque ésta principie por una criada, están cimentados los fines, y éstos necesitaba él que fueran definitivos y favorables.

Serafina no atinaba á explicarse cuál podía ser la causa por que don Enrique no quería llevarla á su domicilio para hablar con más tranquilidad. Ella estaba que bebía los vientos[78] de curiosidad por conocer la morada de este gallardo joven. Muchas veces habíale dicho ella:

—¿Por qué no me da U. la dirección de su casa para ir yo á buscarlo cada vez que tenga una carta de Eleodora? Pero él muy astutamente había eludido la respuesta dejando á Serafina con su desesperante curiosidad.

Un día, esperando tocar un resorte decisivo le habló, y con exajerados remilgos y temores, manifestole que necesitaba esquivar la mirada de los transeúntes, entre los que bien podría haber alguno que al verla hablando con *un hombre*, no importaba quien, aunque fuera como él un gran señor, pudieran formar malos juicios y dudar del honor de ella, é imajinarse que la estaban enamorando. Y para decir todo esto, usó de mil excusas y requilorios[79].

Muchas, muchísimas ganas le dieron á don Enrique de estallar en una homérica risotada, al escuchar tales sandeces; pero temió ofender á la solterona, y se ajustó á sus exijencias, llevándola á ocultarse, una veces en las porterías de los conventos, ó en las estaciones de los ferrocarriles, en horas que no eran de salidas ó llegadas de los trenes; allí hablaban mano á mano, largo y tendido. Doña Serafina estaba que trinaba con esta insistencia de don Enrique de no llevarla á su casa. ¿Cuál sería la causa? ¿Si sería que tendría alguna ama de llaves que lo atisbaba y celaba los largos derechos adquiridos? O quizá, más bien, su casa estaría frecuentada por gran número de amigos, y señoras de gran tono, á quien él necesitaba ocultar sus trapicheos[80] con dueñas ó amas de llaves?...

A favor de esta segunda suposición, se inclinaba mejor que á

78　*Beber los vientos*: desear algo o a alguien con ansia y hacer cuanto es posible para conseguirlo.

79　*Requilorio*: formalidad e innecesario rodeo en que suele perderse el tiempo antes de hacer o decir lo que es obvio, fácil y sencillo.

80　*Trapichear:* ingeniarse, buscar trazas, no siempre lícitas, para el logro de algún objeto.

la primera, y en algunos momentos, se conformaba con su mala estrella que no le permitía conocer la lujosa morada de tan apuesto caballero.

Un día le aconteció que estando hablando en la portería del convento de Jesús María, acertó á pasar por la calle una amiga, antigua conocida suya, mujer virtuosa á carta cabal[81], y muy arreglada, aunque adolecía del mismo defecto de doña Serafina, es decir, como ella sentía el comején[82] de la curiosidad, y esta curiosidad se dirijía de preferencia á husmear debilidades ajenas, máxime, si estas se referían á personas de la *cofradía*[83]*,* que tuviera ganado el, á su concepto, honorífico dictado de *beata.*

Pues la tal amiga de doña Serafina, no se escandalizó poco cuando la vió hablando muy animada con un hombre con trazas de conquistador; y aunque ni por las mientes le pasó el sospechar que tratara de conquistarla á ella, dió muy luego en la cabeza misma del clavo, diciendo para su coleto: ¡Tate[84]! Ya está Serafina de alcahueta de la señorita Eleodora.

¡Si conocería la tal amiga á mi doña Serafina[85]!

Pero ella que no era lerda, despidiose luego de don Enrique, y fuese apresurada á darle alcance á su amiga, para así, como quien no quiere la cosa, referirle que ese caballero, con quien ella había estado hablando, era nada menos que un protector de las pobres monjitas de Jesús María[86]; un hacendado muy rico, que por las influencias de la señora Alvarado, había llegado á ser el más fuerte contribuyente entre los que protejían aquel convento.

Por supuesto que aquel bien urdido relato le conquistó simpatías, devolviéndole en el concepto de su amiga, la ya escasa estimación de que antes disfrutara.

---

81 *A carta cabal*: excelente en su clase.

82 *Comején:* nombre de diversas especies de termitas en América del Sur. En este caso, empleado de manera figurada por picor.

83 *Cofradía*: congregación o hermandad que forman algunos devotos, con autorización competente, para ejercitarse en obras de piedad.

84 *Tate*: interjección que significa cuidado, poco a poco.

85 El posesivo que el narrador utiliza para referirse al personaje forma parte del realismo que la autora profesaba: copiar tipos que representasen a las personas de carne y hueso, pero dejando en evidencia que se trata de un personaje literario, de un tipo social.

86 *Jesús María*: a inicios del siglo XVII pasó de capilla a monasterio de las Madres Clarisas Capuchinas. El nombre completo es monasterio de Jesús, María y José. Se encontraba entre las calles Urrutia y Jesús María, actualmente, Camaná y Moquegua.

V

Desde el primer día que doña Serafina principió á traer misivas amorosas de don Enrique para Eleodora, la más estrecha amistad y el más decidido afecto, parecía unir á la joven con su criada.

Cuando el Sr. Alvarado paró mientes[87] en las repentina é inusitada intimidad, asaltáronle mil sospechas y temores, que lo llevaron á largas cavilosidades[88] é interminables temores, concluyendo por: —La buena de doña Serafina puede ser una santa, pero yo diría que algo de amoríos habla con mi hija.

Hubiera querido interrogar á Eleodora, manifestarle sus temores; y llegar á una explicación, tanto más necesaria, cuanto que había notado también, suma frialdad y alejamiento en el trato diario de su hija para con sus padres. Pero, acostumbrado a la antigua y tradicional reserva, que él juzgaba necesaria, para mantener el natural respeto que debe existir entre padres é hijos, no halló recursos ni encontró cabida para hablar de cosas que juzgaba impropias é inadecuadas, partiendo de él para su hija.

Él estaba imbuido en las antiguas máximas, que tornaban al padre de familia en el amo severo, el señor de autoritario é ilimitado poder, é imaginaba que hablarle á su hija como el amigo, como el confidente de sus afectos é impresiones, sería como un amenguamiento de la majestad con que debía presentarse.

Él siempre había desaprobado la pésima costumbre, que suponía importada de Francia, con la cual, queda el padre de familia desposeído de toda su autoridad, y convertido en un mu-

---

87 Véase nota 44 de *Eleodora*.
88 Véase nota 45 de *Eleodora*.

chacho ni más ni menos que el primero que llegara á conquistar la confianza de su hija.

Y a pesar de todo su cariño y su anhelo por inquirir lo que pasaba, no quiso ni hubiera podido, hablarle á Eleodora en el lenguaje llano y franco de un amigo, de un verdadero padre amoroso[89].

Parecíale que hasta la palabra *amor*, dirijida por él como medio de indagación, era inmoral é impropia de su condición.

Comunicole sus temores á su esposa, manifestándole sus sospechas de que doña Serafina estuviera complicada en alguna conspiración amorosa, que robara la paz del corazón de su hija.

La señora Luisa rió alegremente de los nimios é infundados temores de su esposo.

Bastaba que estuviera de por medio persona tan religiosa como doña Serafina, para que ella juzgara esas sospechas, no solo ofensivas á la criada, sino más aún á nuestra santa religión, que purifica y ennoblece á todas las almas que á ella le rinden culto.

¡Cómo! ¡La mujer que cumple con el precepto de la misa todos los días, y frecuenta el santo sacramento de la confesión, y aposenta en su pecho al mismo Dios, puede cometer tales infamias!¡No, imposible!

Doña Serafina, estaba incólume de toda sospecha, juzgándola incapaz de convertirse en zurcidora de voluntades, en despreciable encubridora de los amores de su hija.

A juzgar de tal suerte, hubiera sido á su concepto, una herejía más propia de un maldiciente y escéptico, que de ella, que jamás tuvo motivos para dudar de su ama de llaves.

El señor Alvarado no quedó tranquilo ni satisfecho con las explicaciones dadas por su esposa, sin más apariencias de verdad, que los aires de mujer piadosa con que doña Serafina se presentaba ante ellos.

—Si yo pudiera escucharlas cuando hablan solas, se disiparían mis dudas –, se dijo a sí mismo, surjiendo en su mente esta idea.

Y dicho y hecho. A la noche siguiente que doña Serafina, sentada

---

89   Esta digresión, aunque mucho más breve, acerca de la diferencia entre padres autoritarios y padres amorosos, se hizo también en *Eleodora,* pero al inicio de la novela.

en un sillón en el dormitorio de Eleodora, se entretenía en tejer unas *mallas* muy elegantes, mientras Eleodora, tendida sobre su cama con la indolencia de una mujer enamorada, besaba apasionadamente una esquela, que le había entregado doña Serafina, el señor Alvarado viniendo de puntillas, habíase colocado con el oído pegado al ojo de la cerradura de la puerta que daba al pasadizo interior.

Doña Serafina tejía con suma destreza, parecía hablar de algo que ya por ser tema gastado, no prestaba grande atención a la conversación. De cuando en cuando, suspendía su tejido para tomar el pañuelo y limpiarse las narices, por estar, decía, con uno de esos catarros de padre y señor mío[90], que solo á ella le daban.

Después de dos estornudos, que la obligaron a cubrirse toda la cara con el pañuelo, se volvió donde Eleodora para preguntarle:

—¿Qué me decías, hija?, si este maldito catarro no me deja ni hablar.

—Le decía á U. que estoy resuelta á casarme con él suceda lo que suceda.

—¿Y si tu padre no lo consintiera?

—Tendría que consentirlo.

—Bien sabes lo que es tu padre de testarudo.

—Es que si yo no soy la esposa de D. Enrique no lo seré de ningún otro. Se lo juro á usted, doña Serafina.

—¿Y qué harías caso que el Sr. Alvarado no diera su consentimiento?

—Se lo pediría de rodillas, lloraría, suplicaría, diría que me moría; pero si así no lo alcanzaba, me casaría de todos modos.

Y Eleodora pronunció estas palabras con tono tan resuelto, que el señor Alvarado, que oculto tras la puerta las escuchaba, sintió un dolor agudo en su corazón, como si esas palabras hubieran tenido puntas aceradas, que le taladraban y destrozaban todas las fibras más sensibles.

Doña Serafina tosió varias veces como para darse tiempo á meditar la contestación más adecuada á tan seria resolución.

—¿Y lo has pensado bien? –dijo después de un momento.

---

90   *De padre y señor mío*: muy fuerte o grave.

—Sí, lo he pensado y estoy resuelta.

Doña Serafina, soltó la labor y se puso de pié mirando á Eleodora, que inmóvil y con el semblante iluminado por la esperanza, miraba el techo de la habitación.

—Pues bien, es preciso que sepas que tú puedes casarte con el que tú quieras. Dentro de pocos meses cumplirás los veintiún años, y entonces nadie podrá impedírtelo; además puedes contar con la gran herencia que tu tía, la señora Josefa, te legó, la que te será entregada al día siguiente de tu matrimonio.

—¿Y sabrá D. Enrique que soy tan rica?

—¡Imposible que pueda saberlo! Si el Sr. Alvarado ha vivido siempre diciendo á todo el mundo que necesitaba siete reales y medio para completar un peso.

—¡Así es que él me ama sin saber que soy riquísima! —exclamaba alborozada Eleodora.

—Es claro.

—¿Sabe usted lo que me dice en esta carta? —y Eleodora mostró la carta que llevaba en la mano.

—¿Qué te dice?

—Que si papá no nos da su consentimiento, él está resuelto á todo. ¿Qué querrá decir con esto?

—Sin duda estará resuelto á sacarte de la casa.

—¡Ay Dios mío! Por nada haría yo eso.

—Sí, ahora no convendría de ningún modo, esperemos á conocerle más, apenas si sabemos que se llama Enrique Guido.

—¡Qué lindo nombre! ¿No es verdad?

—Aunque se llamara Sinforoso, te parecería á ti lindo.

—Cierto que, ¡le amo tanto!

—No necesitas decírmelo.

—¡Que triste estaba esta mañana! ¿Se fijó usted en él, doña Serafina?

—¡Vaya, que no me había de fijar! Pero dime, tú, ¿cómo ves eso, si cuando pasas cerca de él pareces una ajusticiada que no mira sino al suelo?

—¡Oh!¡Es que lo veo con los ojos del alma!

—Lo que es él te mira con unos ojazos ¡Jesús! Ave María, si me dan miedo; parecen los ojos del gato que mira al ratón.

—¡Calle usted! ¡Qué comparación tan vulgar! ¡Mire usted! Esta mañana no más, sin ir más lejos, tenía los ojos encendidos, húmedos, como si hubiese llorado; y luego, esa expresión tan triste que tenía... ¡Pobrecito, debe sufrir mucho!...

—Cierto, esta mañana estaba muy triste; se conoce que te quiere mucho.

—¿Y ha notado usted qué religioso es?

—Sí, esta mañana oyó su misa con mucha devoción. ¡Dios lo conserve en su santa gracia!...

Cada uno de estos conceptos producían el efecto de un encendido dardo lanzado al corazón del señor Alvarado.

Demasiado conocía al belitre[91] aquel, compañero de tunos[92] y tahúres, para dejar de comprender que los ojos encendidos y húmedos, no eran por haber llorado de amor, como creía su hija, sino el resultado de largas y continuas veladas, en las casas de juego o en las de prostitución[93].

Y la misa aquella, que tan buena idea le diera de su religiosidad, de fijo que sería como la célebre misa que el rey hugonote oyó, diciendo: —Bien vale París una misa[94]. Del mismo modo se imajinaba el señor Alvarado, que debía haber dicho don Enrique, —Bien vale esta muchacha una misa.

Largo charlaron sobre el mismo tema Eleodora y su criada.

Cuando el señor Alvarado, se retiró del sitio en que pudo sorprender tan importantes revelaciones, temblaba de rabia é indignación.

Se dirijió donde su esposa, y pudiendo apenas relatar lo que acababa de escuchar, le informó del inminente peligro que amenazaba á su hija.

La señora Luisa estaba a punto de perder el juicio. ¡Cómo! ¡Doña Serafina! ¡La mujer más religiosa que ella había conocido podía cometer tan estupendas culpas!...

---

91 *Belitre*: pícaro, ruin y de viles costumbres.
92 *Tuno*: pícaro, tunante.
93 Primera alusión directa a estas casas que en *Eleodora* nunca se nombraban.
94 Véase nota 48 de *Eleodora*. En este párrafo no es el narrador quien opina, sino el señor Alvarado, hecho que lo convierte en un personaje más perspicaz que en la primera novela.

Siguió un largo interrogatorio dirijido á la aclaración de toda la conversación de doña Serafina con su hija.

¿No sería un error de concepto, la causa de que le atribuyeran propósitos y acciones indignas de tan católica mujer? Se inclinaba más a creer que su esposo, en un momento de desconfianza y duda, había oído, ó mejor interpretado palabras inocentes, que no podían tener el significado que él pretendía darles.

Entre la angustia del peligro que corría su hija, y la decepción respecto á la moralidad de doña Serafina, no sabría decir, cuál de estas impresiones la conquistaba más[95].

¡Sería preciso en adelante no fiarse ya de nadie en el mundo!

Si la mujer de vida intachable y de religiosidad severa y estricta, no era digna de confianza y estimación, ¿a quién debería ella creer y estimar?

Se retiró á su dormitorio, decía que á orar; pero en realidad fue á llorar.

Su carácter bondadoso y confiado la llevaba á mirar con horror la tempestad, que parecía amenazar, si es que su esposo pedía á doña Serafina explicaciones de sus palabras.

El señor Alvarado, aunque sintió ímpetus de ir y sacar por los cabellos á esa vieja, beata y canalla, dominó su indignación, y como hombre prudente, quiso consultar con la almohada, las medidas que debía tomar; puesto que, no se trataba solo de la ama de llaves, sino más aún del porvenir de la que, para él, era el ser más querido que en el mundo existía.

Se retiró á su alcoba y se acostó.

La resolución de su hija, caso que él no le concediera su consentimiento para realizar su matrimonio; esas palabras que le manifestaron hasta qué punto estaba Eleodora apasionada de Enrique Guido, repetíalas mil veces, y cada vez más, iban tomando dimensiones colosales hasta el punto de parecerle que ellas solas tomaban forma, y por inexplicable asociación de ideas, imaginábase ver á Enrique Guido, repitiendo como dijo Eleodora: *me casaría de todos modos*. Es decir, que su hija, como había dicho, im-

---

95   El señor Alvarado comparte detalladamente con su esposa la información acerca de los amoríos de su hija, además, el narrador busca ridiculizar la religiosidad de Luisa mediante esta reacción de sorpresa.

ploraría, de rodillas su consentimiento, suplicaría, lloraría; pero si así no lo alcanzaba, se casaría *de todos modos*. Y al repetir por la centésima vez estas palabras, sentía que la sangre le golpeaba furiosamente en las arterias del cerebro, y que la fiebre invadía todos sus miembros.

Se arrepentía de no haber abierto de un puntapié la puerta, y allí mismo, en presencia de Eleodora, haber escarmentado á esa canalla mujer. Estas cosas, decía, deben hacerse así, sin dejar pasar ni un segundo, para que el castigo sea seguido á la culpa. ¿Quién le aseguraba si al día siguiente no amanecía él enfermo é incapacitado de aplicar el condigno[96] castigo?...

La noche le pareció eterna; procuró dormirse y tranquilizar el ajitado espíritu; era imposible.

El insomnio con todas sus consecuencias se había apoderado de él, y excitaba todo su sistema nervioso y recrudecía sus angustias.

Se sentó en la cama, y fumó algunos cigarrillos, permaneció sentado y con la luz encendida, pareciéndole, que así se calmaba considerablemente su malestar físico y moral.

Con el primer rayo de luz, dejó el lecho; tenía los ojos encendidos, los labios secos y el cerebro entontecido, como cuando se sienten los primeros síntomas de grave enfermedad.

Hubiera querido ir sin más dilación donde doña Serafina, para arrojarla de su casa como á un perro, moliéndole antes los lomos; pero él era un hombre muy ajustado á las conveniencias y prescripciones de la más estricta moral, que imponen la inviolabilidad del dormitorio de una mujer aunque esta sea una criada, y se llegue como iría él, á molerle los huesos á doña Serafina.

Dominando su natural impaciencia, sentose en el diván cerca del lecho. Recostado apoyó el codo en el respaldo y quedó sumido en honda meditación.

La luz entraba apenas por una ventana, y la habitación parecíale, que impregnada de las dolorosas impresiones que lo habían ajitado, conservaba las lúgubres sombras de la noche.

---

96   *Condigno*: dicho de una cosa que corresponde a otra o se sigue naturalmente de
     ella; como el premio a la virtud, y la pena al delito.

Una pregunta presentábasele con insistencia en su espíritu. ¿Cómo diablos había conocido Eleodora á ese tuno, á ese tahúr, que era osado de enamorar y pretender la mano de su hija, de la hija de él, Cosme de Alvarado, el más ilustre y acaudalado caballero de cuantos calienta el sol, en esta tres veces coronada Ciudad de los Reyes[97]?...

Luego pensó, arrasándosele en lágrimas los ojos, que Eleodora, su única hija, el ser más amado de su corazón, la alegría de su casa, podía ir á parar quizá sin poderlo evitar, en poder de ese miserable, que sin duda no buscaba más que la fortuna, que como dote aportaría ella al matrimonio.

Su hija adorada, ¡esposa de Enrique Guido! Al hacer esta exclamación, toda su sangre se encendió como si fuego circulara por sus venas.

El señor Alvarado, sabía que el pretendiente de su hija, era el hijo de *ño vara corta*, el frecuentador de garitos y casas de juego, el libertino, que después de haber frecuentado la buena sociedad, aunque nunca la que estaba á la altura de la alcurnia de Eleodora, había descendido, prefiriendo oscurecerse y entregarse á vicios degradantes.

Permitir que Eleodora se imajinara, que ese hombre podía ser su esposo, sería criminal, ni aun tratándose de una hora, de un minuto.

Pronto, pronto, el castigo para doña Serafina y la prohibición, y también la reclusión más absoluta, para ella, que tan incautamente procedía.

Una esperanza le consolaba. De la conversación de doña Serafina con Eleodora, había podido deducir claramente, que ninguna de las dos conocía qué clase de pajarraco era ese Enrique Guido, á quien tan fácilmente habían dado buena acojida. Esperaba que su hija retrocediera espantada cuando supiera que había fijado sus ojos en un villano mal nacido, y á más, envilecido con vicios degradantes.

A las siete de la mañana, salió de su dormitorio; y se dirigió

---

97   Véase nota 15 de *Eleodora*.

al de doña Serafina; esta acababa de dejar la cama y se vestía precipitadamente, para darse tiempo de llenar algunos quehaceres, antes de salir á la misa de ocho, que para ella era de obligación.

Al tocar con los nudillos de la mano la puerta del cuarto de la solterona, recordó que no había pensado lo que debía decirle y bajo qué pretexto convenía despedirla de la casa.

Retrocedió de su propósito el que solo había pensado llevar adelante, desconfiando de la energía de su esposa.

Por el momento lo que más urjía era impedir que Eleodora saliera con doña Serafina á la misa de ocho. Para ello fué necesario toda una serie de acontecimientos todos nimios y ridículos para arribar á un rompimiento con doña Serafina, á la cual al fin, el señor Alvarado, estallando como polvorín al que se le pone fuego, concluyó por romper con todos los miramientos debidos al sexo y á la edad de la solterona, y terminó, aplicándole tan soberana paliza, que salió á la calle desgreñada, coja del pié derecho, y amenazando al señor Alvarado con acusarlo criminalmente por el crimen de *lesiones graves* (este término recordaba haberlo oído en igual situación á un abogado de nota).

A continuación, y formando la escena segunda del drama que principiaba con la expulsión de doña Serafina, fué llamada Eleodora, que ya estaba poniéndose los polvos para salir á su deseada misa.

El señor Alvarado, hombre de la antigua escuela, no supo á pesar de su paternal y acendrado[98] cariño, hablarle á su hija como padre ó como amigo, y adoptó la medida más inadecuada e inconducente en este caso.

Habló de su antigua y rancia nobleza, comparándola con la oscura condición de los hijos de esos advenedizos; habló de su inmensa fortuna, que con ella podía comprar á más de uno de esos pobretes, que por haber tenido cuatro reales se atrevían á entrar á los salones de la gente decente.

Dijo, que la expulsión de doña Serafina, era sólo por temor á que pudiera prestarse á entrar en connivencias[99] con alguno de

---

98   *Acendrado*: dicho de una cualidad o de una conducta, puras y sin mancha ni defecto.

99   *Connivencia*: disimulo o tolerancia en el superior acerca de las transgresiones que cometen sus subordinados contra las reglas o las leyes bajo las cuales viven.

esos hambrientos, que esperan adquirir fortuna por medio de un enlace que les dé la posesión de un capital como el suyo.

Y después de severas amonestaciones, que pasaron hasta á amenazas, se le ordenó á Eleodora, que viviera en apartada vivienda interior, esto como si se le dijera, encerrada bajo siete llaves.

El señor Alvarado, creyó impedir así las ocasiones de que fuera alguien, so pretexto de pedir limosna, llevando misivas amorosas, enviadas por el indigno pretendiente de su noble hija.

La clausura y las órdenes prohibitorias, extendiéronse hasta restinjirle toda salida, y vedarle, con furibundas amenazas, hasta la misa obligada, y jamás olvidada, de los domingos y días de guardar.

Eleodora protestó, lloró, rogó, prometió no salir más en adelante, sino con su madre; pero todo fue en vano. El señor Alvarado estuvo inflexible, teniendo en consideración, que el alejamiento de la vista de aquel canalla, sería el más eficaz remedio contra esa que él consideró pasajera impresión.

Entonces, profunda reacción operose en el alma de Eleodora. Su padre había adoptado las medidas menos apropiadas para alcanzar sus propósitos de alejarla del hombre que ella tanto amaba.

Al siguiente día, comprendió que su amor hasta entonces dulce, sentimental, resignado, había tomado las proporciones de un incendio, al que una mano imprudente, hubiera venido á remover todas las materias combustibles tornándolo inextinguible.

Pensaba que ella, que tanto amaba á sus padres, hubiera sido capaz de cualquier sacrificio, si ellos le hubieran hablado con menos acritud y con más razón.

Principió á meditar á cuál arbitrio recurriría para llegar á comunicarse con don Enrique, resuelta a avasallar cuantos inconvenientes se le presentaran con tal de alcanzar su propósito.

Justamente don Enrique, combinaba con doña Serafina, todo un plan de campaña con este mismo fin.

Después que la antigua ama de llaves fuera expulsada, no sin que ella hubiese puesto el grito en el cielo, invocando el testimonio de toda la Corte Celestial en prueba de su inocencia; después que hubo salido deshecha en lágrimas, sin atinar á comprender, qué enemigo malo pudo forjar tales calumnias, en completa oposición con su vida toda y sus místicas creencias; después de haber jurado por la Santísima hostia sagrada que ella era inocente de la acusación del señor Alvarado, dirijiose á casa de una amiga para esperar hablar con don Enrique, e informarle de los acontecimientos recientemente acaecidos.

Llevaba la grata esperanza de ser recompensada quedando al servicio de él; de un hombre soltero, que probablemente derrocharía el dinero como todos los de su condición.

Y no solo esta esperanza halagaba su vanidad, otra más íntima, más dulce, como gusanillo que insensiblemente se escurre, se había enroscado en su corazón... ¡Quién sabe! ¿Y por qué no? ¡Un soltero viviendo en la misma casa!...

Ya ella no sería tan cándida como aquella noche de marras[100], cuando amenazó dar de voces, si el señor no salía de su habitación...

Ahora, si una noche don Enrique llegaba un poquito chispo[101], ya sabía lo que había de hacer... ¡Ay! ¡Todo no dependía sino de que él la llevara á vivir á su casa!...

Un hombre soltero y rico como don Enrique, bien podía tener una ama de llaves como ella. Y discurría cuán satisfactorio le sería, llegar á tener valimiento[102] y autoridad cerca de él, y por la amabilidad y agasajo con que hasta entonces la hubo siempre tratado, deducía que era hombre accesible y de fácil intimidad.

¡Oh! Pasearse, mandar, disponer en una casa donde no hubiera más mujer que ella, suponía que había de ser la suprema dicha de la ama de llaves.

Las mujeres son inaguantables como amas de casa, todo quieren saberlo, todo lo andan averiguando, y la señora Luisa, no era de las menos fastidiosas; solo su paciencia, y la esperanza de

---

100   *De marras*: que es conocido sobradamente.
101   *Chispo*: achispado, bebido.
102   *Valimiento*: amparo, favor, protección o defensa.

que Dios había de premiar sus penalidades, la pudieron sostener
tan largo tiempo soportando, el orgullo del señor Alvarado y las
canceras[103] de su mujer.

¡Qué distinto debía ser todo en casa de don Enrique! ¡Allá sí
que sería verdadera ama de llaves!... En la casa del señor Alvarado no había tenido más que el título. La señora intervenía
hasta en el menor gasto, quejándose siempre de despilfarros, y
queriendo economizar hasta los reales de níquel, porque decía
que eso le hacía falta á los pobres que socorría.

¡Bonito modo de socorrer á los necesitados escatimando hasta
la comida á los de su propia familia!

Pero es el caso que si doña Serafina fantaseaba, imajinándose
poder darse aires de ama de llaves de gran fuste; era partiendo del
falso supuesto que don Enrique habitaría algún suntuoso palacio,
digno de tan gallardo mancebo, y de su porte siempre altivo y or-
gulloso.

La inocente solterona quedose pues pasmada cuando don Enrique, accediendo al fin con darle las señas de su casa, no por com-
placerla, sino por temor de que llegara á noticia del señor Alvarado, sus connivencias con doña Serafina, lo que bien podía
serle perjudicial, se dió con que vivía en unos altillos[104], com-
puestos de dos habitaciones, pobremente amuebladas, sin más
servicio que un viejo criado, que desempeñaba todos los oficios
de la casa, desde el de portero, hasta el de cocinero; esto cuando
su amo llegaba á las cuatro de la mañana, y necesitaba allí, en la
misma habitación, prepararle huevos fritos ó *churrasco*[105].

Todos estos detalles vino ella á conocerlos referidos por el
criado de don Enrique, que muy contristado se quejaba de la pe-
rruna vida que su amo llevaba, y conocedor de la íntima amistad
de su amo con doña Serafina (esta hizo alardes de ser algo más
que amiga de él), esperaba que ella lo aconsejara é impulsara por
el buen camino.

Pero, ¡Dios mío! ¡Es posible que un hombre pueda darse
humos de gran señor, y andar tan estirado por las calles, metiendo

---

103 *Cancerar*: mortificar, castigar, reprender.
104 *Altillo*: habitacion situada en la parte más alta de la casa, y por lo general, aislada.
105 *Churrasco*: carne asada a la plancha o parrilla.

ruido con los tacones, y retorciéndose los bigotes, con aires de perdonavidas, cuando vive en un cuchitril[106] como aquel! La primera vez que fué á la casa creyó estar soñando, ó tal vez había equivocado las señas de la casa; pero no, estaba bien segura; —calle de la Recoleta, número 50[107], sí, estaba muy cierta, «la entrada es por la calle», había dicho él.

Y ella que se figuraba encontrarse con unas escaleras de mármol mejores que las de la casa del señor Alvarado, y dá con unas escaleras de madera vieja, empinadas, de tramos angostos, que apenas pudo subir... ¿Y las habitaciones? Uf, ¡qué decepción! Dos cuartitos empapelados, el uno con papel que fué azul, y era casi blanco, el otro con un papel colorado muy feo. Un ropero, un catre de madera deslustrado de una sola plaza (en esto fijó ella su atención), dos sillas de bejuco y una mesa, y todo ordinario, mal tenido, las habitaciones sin cortinas, sin un solo mueble de adorno. ¡Mejor puestas tenía ella sus habitaciones!...

Cuando doña Serafina salió de allí, después de haber conversado largamente con Juan del género de vida que don Enrique llevaba, pensó no volver más á la casa horrorizada de tanta bajeza y ruindad; pero reflexionó, que su porvenir estaba íntimamente ligado al de Eleodora, por consiguiente, juzgó necesario el matrimonio de ésta con don Enrique, el que sin duda casado con tan noble y encantadora joven, debía de correjir su vida y ser un buen esposo.

En cuanto á aquella impresión amorosa que los encantos de don Enrique produjeron en el corazón de la solterona, ni vestijios le quedaron, tan honda fué la decepción sufrida después de haber conocido los detalles de la vida de su ídolo.

Si le parecía haber visto el reverso, ¡pero qué reverso!, de una estatua magnífica que ella imajinara ser de oro macizo, y resultara menos que de cobre, de barro puro.

Por muchos días estuvo indecisa, sobre si tomaría o no tomaría parte en el plan de robarse á Eleodora, que muy sijilosamente comunicole don Enrique. Al fin decidiose á prestar su

---

106 *Cuchitril*: habitación estrecha y desaseada.
107 La calle de la Recoleta (cuadra 9 del jirón Camaná) se encontraba a la espalda de la calle Belén (en la misma manzana) donde habitaba el mismo personaje en *Eleodora*.

apoyo en cuanto fuera necesario, puesto se trataba de un rapto con el santo fin de llegar al matrimonio.

¡Qué hacer! No era posible abandonar á esa pobre niña, víctima de la tiranía de sus padres; y luego don Enrique, habíale jurado por un puñado de cruces, que una vez casado con Eleodora, él sería todo un caballero, más serio y juicioso que el mismo señor Alvarado.

VI

Don Enrique, sentado, jugando distraídamente con su bastón, miraba á doña Serafina, que recostada familiarmente, con el codo apoyado en la mesa, hablaba con Juan. Todos tres, discutían amigablemente sobre la forma y modo cómo conseguirían hacer llegar una esquela á manos de la señorita Eleodora.

Juan hablaba de seducir á la nueva ama de llaves que había entrado á reemplazar á doña Serafina, pero ésta arguyó, que aquélla era una inglesa intransijente, que iría á delatarlos al señor Alvarado. Doña Serafina aseguraba que esa mujer no debía tener manejos limpios jamás, y esta deducción la encontraba muy lógica puesto que según le habían asegurado, no profesaba la religión católica, y por ende debía ser una hereje que entraría por toda suerte de bajezas, con tal de adular á sus amos, y pelechar[108] un poco de dinero.

Fué pues, de opinión, que en tanto se descubra si era ó no católica, convenía no aventurarse con ella atendido á que esas inglesas *judías* son muy capaces de vender al mismo Nuestro Señor Jesucristo. Y como medio muy aceptable, propuso sobornar al mayordomo de la casa, comprometiéndose ella á llevar á cabo esa empresa.

En fuerza de la necesidad, don Enrique vino á caer en la cuenta que su buen Juan, podría escalando paredes, llegar al interior de la casa habitada por Eleodora. Para conocer la topografía y las vecindades colindantes con ese edificio, dió importantes datos doña Serafina.

Juan dijo conocer á un criado amigo suyo que estaba alquilado

---

108   *Pelechar*: comenzar a medrar, a mejorar la fortuna o a recobrar la salud.

en una casa que quedaba precisamente á la espalda de la del señor Alvarado. Doña Serafina descubrió, que atravesando una serie de habitaciones, vendría Juan á caer en la azotea de la casa. Y Juan rió con gran satisfacción, agregando que eso de caminar por paredes, aunque fueran muy elevadas, ó tejados muy movedizos, era para él cosa de papilla[109]. ¡Ojalá todo fuera como eso!

Juan se propuso hacer aquella misma noche una visita de exploración de vecindades...

Don Enrique sonriose, y dándole unas palmaditas en el hombro díjole: no olvides que esa chica es el objeto de mis más ardientes amores.

Juan sonrió satisfecho de la confidencia, y encareció la prudencia que necesitaba emplear para no ser sorprendido.

Para que no se fuera de mano vacía, llevaría una tarjeta, que debía entregar á la señorita Eleodora, si es que daba con ella.

Serafina había tomado muchos informes y sabía que Eleodora había cambiado de dormitorio, y para llegar donde ella, no se necesitaba más que atravesar un corredor y llegar á un pasadizo, adonde quedaba una de las puertas de la alcoba de Eleodora.

A las nueve de la noche, fué Juan á casa de su amigo, del que debía facilitarle la entrada para ir á los techos hasta la casa de la recluida amante.

Media hora después, regresó á avisar que todo estaba expedito, y que en lugar de llevar una tarjeta que nada decía, valía más llevarle una carta.

Don Enrique escribió una de esas esquelas lacónicas, pero que dicen más que todo un poema de amor.

Juan partió y don Enrique, después de mirar el reloj, salió para ir donde sus compañeros de juego que debían estarle ya esperando.

El buen criado cumplió á maravilla su delicada comisión, y al siguiente día, estaba anheloso de ver despertarse a su amo para darle cuenta de sus buenos servicios.

A las diez entreabrió la puerta que don Enrique acostumbraba

---

109   Cosa de papilla: muy fácil.

dejar sin llave. Con gran pena, vió Juan que don Enrique dormía profundamente, y se asombró del poco interés que manifestaba en el asunto en que, según decía, se le iba la felicidad de su porvenir.

Para colmar los asombros de Juan, aquel día don Enrique se despertó más tarde que de ordinario.

Y entre bostezos y pandiculaciones[110] escuchó con escaso interés la animada relación de Juan.

Don Enrique como todos los hombres dominado por uno de esos vicios que, á consecuencia de continuas veladas y violentas impresiones, concluyen por removerles los malos humores, y agriarles el carácter, despertábase malhumorado, indolente, bilioso; solo después de haber tomado algún alimento, que llegaba al estómago, sosegando la superabundancia de bilis, volvía á su natural estado y recobraba la habitual jovialidad.

El despertar llegaba siempre para él, acompañado del amargo recuerdo de la noche; de la reacción que en el organismo se opera, después de haber trasnochado, abusando del juego, del licor, y quizá también del amor. Juan que ignoraba esos fenómenos fisiológicos, no acababa de maravillarse al ver la frialdad con que don Enrique recibió la nueva, que él alborozado le comunicó diciéndole:

—¡Hablé con la señorita Eleodora!

—¡Sí! Y qué dijo... á... áaa (aquí un largo bostezo)...

—Muy poco ha hablado, ¡pero Jesús! ¡Ha llorado, se ha reído! Si parecía que se iba a volver loca.

Don Enrique con la boca cerrada hizo un ujúm y desperezándose, y frotándose la cara para disipar su mal humor, agregó:

—Cuéntame eso, cómo fué.

—Yo señor, en mi vida he visto una niña más rara, si por poco me abraza a mí, quien sabe pensando que yo era U.

Don Enrique apenas sonrió con la candorosa interpretación que Juan daba á las expansiones de su amada.

—Pero en fin, recibió la carta y nadie te ha sorprendido, ¿no es cierto?

—La recibió, y me hizo jurarle que todititas las noches, sin

---

110 *Pandiculación*: acción y efecto de estirarse o desperezarse.

faltar una, he de ir yo á llevarle noticias de U. ¡Como que no sabe los peligros que uno pasa escalando techos de casas ajenas!

—Ya irás esta noche llevándole otra carta. Lo que es ahora, tráeme mi café que estoy con dolor de cabeza.

Juan se retiró para ir á traer el café; y mientras aprensaba el café en la cafetera, y ponía á hervir el agua en el anafe[111], discurría, que el señor no amaba como merecía á la señorita Eleodora, ella sí que sabía amar: —Ya se ve, los blancos son siempre más acalorados en el amor, que nosotros –se decía Juan á sí mismo, recordando que él jamás vió á una mujer tan enamorada como manifestaba estarlo Eleodora. ¡Pobre señorita! Aunque fuera descalabrándose he de ir todos los días á hablarle de mi amo.

Mientras don Enrique tomaba el café, Juan cepillaba la ropa con que debía levantarse, abismado en la más honda meditación, discurría filosóficamente sobre aquella situación de Eleodora, que de tan extraña y honda manera había impresionado.

Y ajitando nerviosamente el cepillo con el que arrancaba algunos átomos de polvo de los pantalones de su amo, no cesaba de reflexionar sobre aquello que le traía preocupado y pensativo.

¡Qué dulce, qué delicioso debe ser –pensaba– verse amado así, por una mujer tan hermosa, tan joven y apasionada como se le había presentado Eleodora!... Qué cosa tan inexplicable aquella, de que una mujer que él veía tan alto, casi como una diosa, se humillara, llorara, se rebajara hasta decir, como le había dicho á él Eleodora, que ella querría vivir al lado de don Enrique para cuidarlo, servirlo y ser enteramente su esclava. ¡Eleodora esclava de don Enrique! Esto le parecía a Juan, uno de esos contrasentidos, ¡el más estupendo que había encontrado en su vida!

Y luego pasaba á comparar la vida del uno con la de la otra; parecíale estar comparando el mal con el bien, la virtud con el vicio; y aunque sin darse cuenta muy claramente de sus ideas, renunciaba á explicarse este misterio, que solo Dios podría descifrar.

Aquel día lo pasó Juan meditabundo, dolorosamente impresionado por el triste contraste que le presentaron, la pasión, la

---

111 *Anafe*: hornillo generalmente portátil.

pureza, el amor de Eleodora, al lado de la indiferencia, el desamor y la ingratitud del amante.

Todos sus quehaceres fueron en el resto del día, ó retardados ó mal desempeñados; y anhelaba que llegara la noche para volver como le había prometido á Eleodora.

Juan cumplió su propósito, y todas las noches, protejido por ese su amigo que le facilitaba la entrada por una casa vecina, iba á llevar las cartas de don Enrique.

Eleodora le esperaba anhelosa y apasionada, y más de una vez quiso poner como premio de sus servicios una moneda de oro, entre las callosas manos de Juan; pero éste la rechazaba enérjicamente, diciendo, que si se empeñaba en pagarle, no volvería más, y que él se consideraba bien pagado con las demostraciones de cariño que de ella recibía.

Repetidas veces, don Enrique, en sus apasionadas cartas, indujo á la incauta joven para que fugara de la casa paterna y viniera á *unirse con los sagrados lazos del himeneo.*

Eleodora comprendiendo cuán horrible sería el dolor que con tal proceder causaría á sus padres, habíale con insistencia contestado: —No, jamás le daré este pesar á mis padres, que tan pocos días les resta ya de vida.

Don Enrique insistía asegurando que aquel rechazo lo consideraba él como signo de falta de amor.

Eleodora lloraba y escribía á su amante rogándole que tuviera paciencia, que ella esperaba que el tiempo ablandara á sus padres. En último caso, decía, que ella estaba resuelta á esperar hasta que Dios quisiera recojérselos.

Con estas contrariedades, don Enrique entregose con mayor furor á sus vicios.

No teniendo ya la obligación de ir á esperar á Eleodora á la Plazuela de San Pedro, sus orgías alargáronse y sus horas de juego fueron interminables.

Sus últimas monedas habían pasado por sobre aquel tapete verde que para él tenía irresistible atracción.

El hastío de la vida, consecuencia de los vicios, se apoderaba rápidamente de su ánimo. De las amorosas cartas de Eleodora ya no leía sino el principio y el fin.

Las suyas, muy lacónicas, principiaban siempre con estas palabras: «Mis ocupaciones son cada día mayores; anhelo labrarme una alta posición social que me lleve á ser digno de tí».

Otras veces, tomaba el tono enfático de la pasión, y reconocedor del arte de conmover el corazón, escribía una de esas cartas llenas de fuego, que, si no hacían arder el papel, hacían arder el alma de la inocente joven. Lo menos que le decía era: «Si tú no tienes compasión de mí, pronto esta pasión dará fin con mi vida. Mi revólver está al alcance de mi mano».

Eleodora devoraba estas cartas, inoculando en su alma, día tras día, el corrosivo veneno del amor más inmenso y desgraciado que abrigarse puede en el corazón de una joven.

Y cuando la fiebre de la pasión encendía su sangre, y el insomnio excitaba su cerebro, ella, recostada en los almohadones del lecho, leía, y releía esas cartas, y luego oprimiéndolas contra su corazón, esperaba dormirse para soñar con don Enrique.

Eleodora, estaba poseída de la pasión amorosa con todos sus juveniles sueños y delirios, y gozaba pensando que ni un solo latido de su pecho, ni un solo pensamiento de su vida, dejaban de pertenecerle á *él*.

Sus padres, al verla reanimarse y recobrar su pasada lozanía y belleza, supusieron que el amor había sido para ella, como un mal pensamiento que pronto se había disipado; y ya consideraban salvado el peligro que ellos con tanto terror miraron.

Por su parte Eleodora, como la esperanza había renacido en su corazón, aparecía tranquila y satisfecha, sin pretender que se suspendiera la reclusión a la cual había sido condenada.

VII

D. Enrique había tocado al último extremo á que puede llegar un jugador: como si dijéramos, al fondo del abismo.

Cuando no jugaba meditaba; pensaba que había sido perseguido por la mala suerte, no sólo en el juego, sino más aún, en ese otro juego de la lotería de la vida, en el que, la experiencia le había demostrado, que hay azar y suerte tan caprichosos e inexplicables como las que salen sobre un tapete verde. Sólo sí, que en el primero se ha establecido con la tiranía de las leyes del honor, que las deudas se paguen antes de las veinticuatro horas; en el otro juego, solo paga el que quiere seguir jugando.

Y don Enrique, como buen jugador, después de tal raciocinio, planteábase este problema: si un jugador, al que le vá mal en el juego, puede dejar de jugar, ¿por qué un desgraciado á quien le vá mal en la vida, no ha de poder cesar de vivir? Al jugador que se aferra á los dados, á pesar de su mala suerte, debe llamársele vicioso, así como al desgraciado que se aferra á la vida debe llamársele cobarde.

Y aunque encontraba lógicas é incuestionables las razones que tenía para suicidarse, pensaba que no sería él, el que había de escribir un libro entero, para probar el derecho que tiene un hombre de quitarse la vida.

Si él tuviera que dar cuenta á alguien de su conducta, le diría, que dejaba la vida, con el mismo derecho que se deja una mesa de juego. Si en ésta se pierde la fortuna, en la vida había perdido él, lo que vale más que la fortuna; la felicidad. Y así como nadie podía obligarlo á seguir jugando, nadie podía tampoco obligarlo á seguir viviendo.

Día á día, estas ideas iban arraigándose en su espíritu, y después de algunas horas pasadas alrededor de la mesa de juego, volvía á su habitación, resuelto á poner fin á su vida.

Como para sostener las veladas, sin cojer un resfriado, necesitaba tomar sendas copas de coñac y de aguardiente, el alcohol principiaba á producir sus efectos, y en las mañanas, le acometían accesos de tos y vómitos, que cada día se le presentaban más largos. Y luego el pulso principió á ponérsele temblón, y los ojos encendidos.

¡Bonita traza para enamorar á una muchacha con más de un millón de soles de dote!...

Cinco meses habían transcurrido, desde el día en que Eleodora fué encerrada y secuestrada por sus padres. Principiaba hasta á olvidarse del amor de Eleodora. Las amorosas cartas de ella, quedábanse sobre el velador, dos y tres días sin abrirlas, con gran asombro de Juan, que no alcanzaba á explicarse tan ingrato olvido. Al fin llegaba un día que, habiéndole favorecido la suerte de los dados, y hallándose en buena disposición de ánimo, por haber comido y dormido mejor que otros días, las abría, leíalas, y luego las tiraba con suma indiferencia, sin cuidarse ni aún de guardarlas.

Había llegado á ese estado de enervamiento[112] moral y de completa indolencia producido por el abuso de los placeres, y la desazón natural de un organismo sobreexitado de continuo por las violentas impresiones del juego, y la fatiga del diario trasnochar.

Juan, que apenado, presenciaba esta progresión creciente de los vicios, y el disgusto de su amo, trataba de hablarle de Eleodora, y de su exaltado amor, asombrándose de ver tanta indiferencia en pago de tan apasionado afecto.

Desde que don Enrique tomó la resolución de suicidarse como último recurso para librarse de sus propios vicios, cuidaba

---

112 *Enervar*: debilitar, quitar las fuerzas.

bien poco de saber lo que le decía Eleodora, ni aún con referencia á su prometido enlace: —No me voy á llevar su dinero á la otra vida –decía con profunda indiferencia y desamor. Otras veces, pensaba darse á la bebida y pasar los días y las noches borracho. Así al menos no se daría cuenta de esa situación, acosado por sus acreedores y más acosado aún por esa maldita pasión que le dominaba y le arrastraba á su pesar. ¡Qué diablos! Cuando se nace con una estrella tan desventurada, vale más poner punto final, y no pensar en unir tan aviesa suerte á la de una mujer, aunque ésta se llame Eleodora Alvarado.

Hacía tiempo, que no quería dar las señas de su casa á ningún amigo. A pesar del cinismo con que hablaba de ese su vicio que le había llevado toda su fortuna, se avergonzaba de que le vieran viviendo en unos altillos sucios, destartalados, y más propios de un pobre colegial abandonado de su padres, que de él, que por largo tiempo vivió en elegante y lujosa casa bien amueblada y mejor servida.

Una noche, el zapatero que le surtía de calzado alborotó á la vecindad diciendo que le debía cien soles, y que estaba resuelto á demandarlo judicialmente; así al menos aunque no le pagara, se daría el gusto de hacer ver que se daba tono de gran señor, cuando debía hasta los zapatos.

Semejantes escenas lo conmovían en tanto que duraban y sufría los apremios, pero así que pasaban, quedábase muy tranquilo, asegurando, que por tales bergantes[113], no perdería el apetito ni menos el sueño. Esos insolentes habían de pagar bien caro su impertinencia y el castigo que le aplicaría sería el no ver jamás su dinero.

Así iba él pensando á trancas y barrancas[114] y convenciéndose cada día con mayores raciocinios que sus males no tendrían remedio, sino con la muerte; y pensaba en el suicidio como la única puerta de salida que podía hallar en lo porvenir.

En medio de todos estos percances, lo que él más olvidado tenía era á Eleodora.

---

113 *Bergante*: pícaro, sinvergüenza.
114 *A trancas y barrancas*: pasando por sobre todos los obstáculos.

Juan sí que fué fino y leal con ella. Ni una sola noche, dejó de ir escalando paredes á darle noticias de su amo.

Muchas veces habíase propuesto, en consideración á los peligros que ella corría de ser descubierta, el no ir sino cada tres días; mas, así que llegaba la hora en que calculaba que Eleodora le estaría esperando, «el cuerpo no se le estaba tranquilo», y se decía: —Pobrecita niña, no debo corresponderle yo «también» con ingratitud. Y luego recordaba cómo Eleodora corría hacia él, y con cuánta ternura le estrechaba las manos diciéndole: Juan, tú eres mi único consuelo y mi única esperanza, y al repetirse él estas palabras, sentía el generoso impulso que lo arrastraba, á su pesar, hacia la desgraciada joven á quien creía que debía prestarle consuelo.

Cuando ella lo interrogaba sobre la causa por que don Enrique no le escribía, recurría á alguna bien urdida mentirilla. Siempre el señor había estado de prisa, ó algún amigo había llegado á tiempo que don Enrique iba á escribir. Otras veces, decíale que don Enrique temía una sorpresa, y prefería que su buen Juan fuera carta viva; y en efecto lo era. El fiel criado hablaba á Eleodora del amor de su amo sin dejarle sospechar la tibieza á que éste había llegado; verdad que Eleodora se encontraba en ese estado de ceguera, propia de las grandes pasiones.

Juan fué sijiloso, prudente; es que él era de esos hombres, vaciados en el molde de los buenos sirvientes. Pertenecía á la raza africana; pero si su cara era negra, podía decir que tenía el alma blanca como la de los ángeles.

Entre Eleodora y Juan llegó á establecerse esa intimidad respetuosa y leal, de una parte, bondadosa y franca, de la otra, que tan cordial torna ese género de relaciones.

Cada noche, Eleodora hablaba á Juan de sus penas, de sus esperanzas, y angustias concluyendo siempre por preguntarle si creía que don Enrique la amaba á ella del mismo modo que ella lo amaba á él. Juan contestaba siempre sin trepidar, que él estaba convencido que ambos se amaban con locura.

Grande influencia ejercía en el ánimo de Juan, para desempeñar su papel, su vanidad halagada con el cariño de Eleodora.

Jamás ninguna «señorita» le había tomado las manos con igual cariño, ni le había llamado «mi querido Juan», con igual ternura.

Este estímulo de la vanidad, halagada por el cariño de «una señorita», fué al principio suficiente impulso para llevar á Juan, diariamente al lado de Eleodora; pero muy luego, y sin darse de ello cuenta, nació otro, que tuvo mayor incentivo y más poderosa atracción. Es que había principiado á sentir, ese despertamiento voluptuoso[115], ese, no sé qué, que no puede llamársele amor, puesto que no aspira á la posesión del ser amado; pero que como él tiene voluptuosidades deliciosas y anhelos sin fin. Especie de fluido magnético, ó mejor, fluido amoroso, que infaliblemente se desarrolla, en el trato íntimo de dos personas de distinto sexo, máxime si hablan de amor, aunque éste sea inspirado por un tercero.

Juan había sentido por Eleodora, el mismo interés que Serafina sintiera por don Enrique.

Ninguno de ellos comprendía que el amor es contajioso, sin que sea parte á impedirlo, el que abismos sociales insalvables separen al hombre y á la mujer.

Lo que menos se imajinaba Juan era que él pudiera estar enamorado de Eleodora. Si alguna persona le hubiera «revelado este secreto» de fijo que él hubiera rechazado indignado tal suposición.

¡Cómo!... Él, ¡un pobre negro! ¡Y de una señorita tan alta!... No. ¡Imposible!

Y luego don Enrique, su querido amo, estaba de por medio; y Juan se consideraba incapaz de una deslealtad.

Seguro de decir la más pura verdad, hubiera jurado mil veces, que lo que él sentía por la joven era la más noble y desinteresada compasión.

Algunas veces le acontecía sentir tan cerca de su cuerpo al de

---

115 *Voluptuoso*: dado a los placeres o deleites sensuales.

Eleodora que se estremecía y se retiraba asustado. Era que ella, en el temor de que su madre la encontrara después de las diez aún levantada, se desnudaba y acostaba, y cuando Juan llegaba, se ponía bata y zapatillas y corría á recibirlo.

Juan sentía el calor de aquel cuerpo recién salido de la cama y se imajinaba percibir vahos que le producían vértigos. Su temperamento africano y sus treinta y dos años, recién cumplidos, eran fatales en su condición de *tercero* y obligado espectador de la pasión de Eleodora.

Es cierto que en el corazón de Juan, existía ese respeto que raya en veneración; el que, en las razas inferiores, parece haberse arraigado, como si estuviese adherido á cada uno de los glóbulos de la sangre del individuo; y este respeto era la salvaguardia de la joven.

Juan comprendía y valorizaba que Eleodora pertenecía á una raza superior. Su naturaleza oprimida y amoldada por el servilismo heredado de sus padres, que más desgraciados que él, fueron esclavos, no le permitió ni un momento atreverse á tocar con su mano, la orla del vestido de Eleodora. Y si saboreaba deliciosamente en sus recuerdos algunos momentos de voluptuosas sensaciones, era sin darse cuenta de sus impresiones; sin imajinarse que aquello podría traducirse en amenguamiento de su lealtad, ni menos de la dignidad de la señorita Eleodora.

De ordinario ella salía á recibirlo al corredor. Solo cuando le traía alguna esquela, volvía á entrar á su habitación para leerla á la luz del quinqué[116], Juan permanecía respetuosamente de pié en la puerta de la habitación mirando complacido á la joven.

Una noche, sucedió que habiendo sentido pasos creyeron ambos no tener tiempo para huir y Eleodora con un movimiento instintivo empujó á Juan dentro de la habitación, diciéndole: — escóndete detrás de la cama.

Juan, con suma viveza, se escurrió en el espacio que había entre la pared y la cuja de madera, cuyos cortinajes bajaban hasta el suelo. Pegando las asentaderas en el calcañar[117] del pié, vino á

---

116 *Quinqué*: lámpara de mesa alimentada con petróleo y provista de un tubo de cristal que resguarda la llama.
117 *Calcañar*: parte posterior de la planta del pie.

quedar de cuclillas, y sin pensarlo, aconteciole que su cara vino á quedar sobre los cobertores del lecho. Aquí sí, que Juan no fué dueño de sí mismo, y con sonrisa llena de sensualidad, é introduciendo las manos entre las ropas de cama, pegó allí su abultada boca y las besó apasionadamente.

Eleodora lo sacó muy luego de aquel delicioso escondite.

—No es nada, Juan. Sal de allí y vamos á sentarnos en la banquita del corredor.

—¡Qué buen susto nos hemos pegado señorita! —dijo Juan, saliendo y procurando disimular la alteración de su voz y el temblor de sus manos, reveladores de sus sensaciones.

—Mejor estamos aquí —dijo ella.

Y Eleodora y Juan fueron á sentarse en un pequeño banco de madera, que oculto, quedaba en un recodo del comedor.

Eleodora hablaba con Juan como con un amigo íntimo. Le refería lo que había hecho en el día, le decía que cada día perdía más el apetito, y lo que era el sueño, no se diga.

—Las noches —decía— me las paso de claro en claro, pensando en mis desgracias.

Juan escuchábala sin atinar más que á contemplarla, fascinado con la juventud y la gracia de la joven. De buena gana hubiera asegurado, que cuando él conversaba con Eleodora, perdía tan completamente la sensibilidad material de todo su cuerpo, que bien hubieran podido coserle la ropa sobre la piel, sin que él sintiera cosa.

Y lo más raro era que, ¡esto jamás le había acontecido con ninguna otra mujer!...

Y durante esta estática contemplación, los ojos de Juan brillaban en la oscuridad como dos ascuas encendidas, y el calor de su temperatura ordinaria le iba subiendo, que cuando se retiraba de allí, le parecía que tenía una fragua al lado de cada mejilla, tan encendidas las llevaba.

VIII

Don Enrique acababa de oír que un reloj de vecindad daba las siete de la noche. Estaba en su habitación y tenía el semblante de un hombre que ha tomado una resolución definitiva. Mirándose en el espejo, de aquel ropero de luna partida, y con la expresión del hombre que se despide de sí mismo, dijo: —Triste es morir á mi edad.

Acababa de separarse de sus amigos asegurándoles que no podría reunirse con ellos en la noche. La verdad era, que, como todo hombre que lidia con sus propias contrariedades é infortunios, deseaba estar solo.

Cinco noches llevaba de no dormir, y cinco días sin comer casi; y la vigilia y abstinencia habíanle producido tal oscurecimiento en sus ideas que diríase que en su cerebro había completo desbarajuste.

De lo que sí estaba bien seguro, era de su resolución de quitarse la vida, como único recurso para cancelar sus deudas contraídas en el juego, y en otros gastos que no había podido pagar; y con la angustia que esta idea le producía, decíase á sí mismo:

—Después de todo, quién sabe si yo hubiera sido un hombre honrado sin la compañía de los malos amigos que me han perdido... ¡Ah! ¡Ya es tarde para estas reflexiones!...

Y después de esta exclamación, dejó la silla en que estaba sentado, y con el semblante triste y el aire meditabundo, principió á pasearse á largos pasos en su habitación, alumbrada sólo por la tenue luz de una bujía, algo opaca, como si retratara el estado de ánimo de un hombre á quién su conciencia habíale condenado á muerte.

Un revólver de cinco tiros se veía sobre la mesa. Don Enrique tomó el revólver como si fuera á llevarlo á la frente; luego volvió á dejarlo.

Acercó la silla con el pié, y más como quién se deja caer que como quién se sienta, apoyó ambos codos en la mesa, y ocultando el rostro entre las manos, sin sentir las violentas palpitaciones de sus sienes, meditaba reflexionando sobre su situación.

Por más que para él fuera triste de vivir la vida, pensaba que el dejarla es más doloroso de lo que él se había imaginado.

En ese momento recordó á Eleodora. Una idea feliz surjió en su cerebro.

Ya que voy á morir como verdadero jugador, bien podía hacerle creer á ella que moría como verdadero amante.

¿Qué le costaría escribir una carta en que le dijera que moría por su amor? Así al menos le evitaría á ella la amarga decepción de haber amado á un desgraciado jugador, que, como los de peor especie, moría desbaratadamente[118] levantándose la tapa de los sesos.

Después de meditar un momento, acercose á la mesa que le servía de escritorio y de lavabo, por haber todos estos muebles desaparecido para ir á parar á casa del agiotista; tomó la pluma con pulso nervioso y algo trémulo, escribió una carta muy lacónica, que concluía con estas palabras: «Son las siete de la noche. Á las once que recibas ésta, habré dejado de existir. Consagra un recuerdo á tu más apasionado amante».

Sonriose recordando que había leído muchas novelas, en las que, como él acababa de escribir, describían amantes que se quitaban verdaderamente la vida por una mujer. ¡Tontos!... Exclamó con un movimiento despreciativo de cabeza.

La carta para Eleodora lo llevó á meditar sobre el amor de esta simpática y codiciable *chica*.

Hablando consigo mismo se decía: —¡Pobre Eleodora!... ¡No soy digno de su amor! Si yo la hubiera conocido cuando tuve veinte años, ¡qué idilio amoroso tan bello le hubiéramos legado al mundo!... ¡Ella podía haber sido el ángel de mi redención! Y

118   *Desbaratado*: de mala vida, conducta o gobierno.

luego pensaba que al presente ni todo el oro, ni todas las virtudes con que estaba dotada la hermosa joven, podrían llegar á prestarle encanto á una existencia que le era insufrible.

Con esa carta esperaba él hacerle un beneficio; porque si bien era cierto que su pesar sería más intenso, al menos le quedaría la fe en el amor; conservaría la dulce ilusión de creer que los afectos verdaderos existen; y que, todavía había hombres que se quitaban la vida por el amor á una mujer.

Le dejaba cuando menos la esperanza de encontrar otro hombre que la amara como ella creía haber sido amada.

Después de estas reflexiones, tocó la campanilla y apareció Juan con su semblante alegre y satisfecho.

—¿Qué dice mi amo?

—Esta noche es más urgente que nunca que entregues esta carta á la señorita.

—Ya sabe mi amo que no hago más que obedecerle.

—¿Dime, Juan, no podrías entregar esta carta algo más tarde de lo ordinario? Á las once, por ejemplo.

—Imposible me parece eso; porque es necesario que sepa mi amo, que para llevar esas cartas á la señorita, tengo que hacer un viaje, como si dijéramos por los aires; subo paredes, bajo paredes, y luego tengo que andar como más de diez varas por una parecita angostita que dá á un corral[119]. Si hubiera usted visto la otra noche, casi me tumban como á un pollo; figúrese *usté* que á una vieja de los diablos se le ocurrió gritar: ¡ladrones!, ¡ladrones! Y un blanco maldito salió y *pim-pam*, me aflojó[120] un par de tiros; pero yo les hice el quite[121], tendiéndome de barriga sobre la pirca[122], y después me arrastré hasta que me escondí. ¡Ay, mi amo! ¡Si no fuera que desde chiquito estoy acostumbrado á estas pellejerías[123] de correr por techos para ir á robar fruta, esa noche yo no la cuento más!...

Si no fuera por la señorita Eleodora que tanto lo ama á U. y tan buena es conmigo, cuándo iba yo á pasar esos peligros. ¡Ay,

---

119 Para esta frase, véase notas 57 y 58 de *Eleodora*.
120 Véase nota 59 de *Eleodora*.
121 Véase nota 60 de *Eleodora*.
122 *Pirca*: (Perú), pared de piedra en seco. Esta palabra de origen quechua reemplaza a «pared» utilizada en *Eleodora*.
123 Véase nota 61 de *Eleodora*.

señor! Si viera usted cómo con sus manos suavecitas me agarra las mías, y me dice: Juan prométeme volver mañana, mira que yo no tengo más consuelo que tú, y cuando hablo contigo se me alegra el alma. ¡Ay, señor! Desde que me dice estas cosas, me corren culebritas por todo el cuerpo, y sería capaz de pasar por encima de una fogata con tal de ir á consolar á la señorita Eleodora.

A pesar de estar profundamente abstraído, don Enrique escuchó la animada relación de Juan, no sin asombrarse cuánto influjo había llegado á ejercer Eleodora sobre el ánimo del criado.

—Gracias, Juan; mucho tengo que agradecerte tus buenos servicios; ya te los recompensaré todos juntos.

—Sí, señor, yo creo que volverán para los dos los buenos tiempos, cuando U. me daba los montones de plata para que yo corriera con los gastos de la lavandera y la costurera, y todos los otros gastos que U. no quería entenderse. Lo que ahora, ¡qué distinto! Ahora U., mi amo, ni siquiera viene á esta casa, y por eso está aquí todo mal cuidado, y... luego las cosas van desapareciendo, y la casa que era tan grande, vea U. á lo que se ha *reducido* y después...

D. Enrique paseó con expresión dolorosa la vista por su destartalada y mal amueblada habitación y contestó:

—Deja, Juan; todo está en la casa como el alma de tu amo, dado á los veinte mil demonios.

Juan miró con amargura á su amo, quiso hablar algo que parecía llevar oculto en su corazón, pero ahogó sus palabras, y haciendo un significativo movimiento de cabeza, como si señalara á la casa de Eleodora.

—Si usted quisiera todo podía componerse, la señorita Leodora[124] (Juan le suprimía la E á Eleodora) es tan rica y lo ama tanto... tanto... á *usté* que...

Don Enrique sonriose, contristado al recuerdo de Eleodora, y quiso cortar la conversación.

—Te recomiendo mucho que esta noche á las once, y no antes, fíjate bien en esta recomendación, entregues mi carta sin falta ninguna.

---

124   En *Las consecuencias* se hacen mucho más evidentes las particularidades del habla de Juan.

—Pierda cuidado, mi amo —y Juan haciendo una venia como para retirarse.

—Oye, te recomiendo también mucho que á cualquiera persona que venga á buscarme digas que no estoy aquí, ¿eh?

—¿Y si viniera el *señó* Adolfo o el *señó* Ricardo?

—Para nadie estoy aquí, tenlo muy presente.

Juan salió y D. Enrique se llevó una mano á la frente como al que le ocurre una idea.

—¡Qué barbaridad iba yo á hacer! Muy posible hubiera sido que al pobre Juan lo inculparan de mi muerte; es necesario que yo escriba una carta para el Intendente de Policía.

Y escribió cuatro letras declarando que él era el único autor de su muerte.

¡Cuántas tramitaciones para pasar de este mundo al otro!...

Luego con sonrisa de frío escepticismo, pensaba que después de todo, si es cierto que había otra vida, preciso era darse prisa para resolver el problema. ¡Qué le restaba por hacer en el mundo! Cuando se ha perdido el último sol de plata, y la última ilusión de oro, no queda más que contestar á la última tirada de dado, con la detonación de un revólver, que nos lleva de un sólo paso á la otra vida. Los hombres desgraciados, decía, merecen que se rían de ellos. ¡Como si no hubiera para escapar de la desgracia, la ancha puerta de la muerte!... Sólo los tontos ó los cobardes merecen disculpa por sus desventuras. ¡Y pensar que la mitad del género humano es desgraciado!... ¡Tontos! ¡Es que muy pocos tienen el valor que tendré yo!...

Levantose para ir á cerrar la puerta, y dándole otro jiro á su pensamiento, recordó que algún amigo, compañero de juego, podría venir á interrumpirlo, y en precaución convendría correr la llave de la cerradura. Mañana será forzoso que rompan esta chapa, se decía, torciendo la llave, é imajinándose el efecto que produciría su cadáver, tendido en el suelo y con el cráneo atravesado por una bala.

En ese momento tomaba las dos hojas de la puerta para cerrarlas; y con gran asombro sintió que dos manos blancas y diminutas se apoyaban en sus hombros como si alguien tratara de darle una sorpresa.

Con la escasa luz que se escapaba de la habitación, era fácil ver á una mujer de aire vulgar y expresión insolente. Traía la manta puesta al uso del país, pero algo echada atrás. A primera vista se conocía que era mujer de aquellas de vida alegre[125] de las muchas que don Enrique conocía y trataba.

Él detúvola con ademán bien pronunciado como si quisiera impedirle que pasara adelante; pero ella, haciendo un pequeño esfuerzo, penetró en la habitación, empujando con su cuerpo á don Enrique y hablando al mismo tiempo:

—Caballero, decía, cuando dé usted orden para que no pase nadie, no olvide usted hacer una excepción para su querida Pepita[126]

—¡Tú aquí! Dijo don Enrique sin poder ocultar el disgusto que aquella intempestiva visita le causaba.

—¿Te extraña mucho? ¡Como tú me has dicho que siempre estás solo!... y...

—Cierto, pero... no te esperaba.

—¡Parece que estás de mal humor!

Pepita, tomó una silla para sentarse cerca de la mesa y vió el revólver que estaba allí.

—Ya comprendo, se trata de algún desafío y señaló con la mano el revólver.

Don Enrique tomó otra silla y se sentó cerca de ella preocupado y sin contestar á su pregunta.

—Dime la verdad, Enrique, ¿se trata de algún desafío?

—Sí, de un desafío á muerte.

Pepita con aire natural continuó hablando.

—¿Con quién te bates, querido?

—Con mi mayor enemigo.

—Dime su nombre que quiero conocerlo.

—Me bato contra mí mismo.

---

125 Véase nota 63 de *Eleodora*.
126 En *Eleodora,* de nombre Rosita.

—¡Cómo! ¡Estás loco!

—¡Tal vez! –y don Enrique sonreía con amarga expresión.

Pepita le miraba con interés y afecto.

—Estás descontento de ti mismo, ¿no es cierto?

—De mí y del mundo entero.

—Pues mira, voy á darte un consejo; las mujeres tenemos intuiciones asombrosas.

—Te advierto que estoy de prisa, y que por interesante que sea tu consejo, si has de emplear mucho tiempo en dármelo, te lo dispenso para que hagas mejor uso de él.

—Calla, ingrato; te debo mucho para que no te dé algo, aunque sea contra tu voluntad.

—Si aludes al dinero que te he regalado, renuncio al retorno; y me doy por bien pagado.

—Pues bien, óyeme, aunque tú no quieras; tú vives descontento, porque nunca has gozado del amor de una mujer.

Don Enrique, a pesar de su enfado, soltó una risotada, y Pepita, algo cortada,[127] rectificó:

—O más bien, te diré, porque nunca has amado.

—¡Pshs! –exclamó, riendo él– ¿no sabes que si el amor matara como los pepinos, yo hubiera muerto de hartazgo amoroso?

—Hartazgo de amores, sí, pero no de amor.

Y Pepita haciendo esta observación, pareciole á don Enrique, un filósofo con faldas.

—¿Y qué quieres decirme con eso?

—Que si tú, en lugar de darme tu dinero me hubieras dado tu amor, no estarías hoy con un revólver sobre la mesa.

Don Enrique miró con cierta extrañeza á la joven, la cual, a pesar de sus pretensiones de querida de don Enrique, él jamás la consideró sino como una de tantas á quien él pagaba y olvidaba luego.

—¡Bah! Lo que hay de curioso aquí es que tú, comerciante al por menor del amor, vengas á hablarme y á enaltecer otro amor, que no es el que tú vendes, ni el que tú comercias.

---

127 *Cortado*: turbado, falto de palabras.

—¿Te extraña eso?

—Sí, por cierto, desprecias tu propia mercadería.

—Mira Enrique, te voy á poner un ejemplo; pero no te rías de mí...

—Habla, parece que hoy estás en vena[128]...

—¿Dime?... –Pepita se detuvo como si no supiera cómo expresar su idea– ¡Ah! Sí, ya sé la comparación que voy á ponerte. Dime, ¿quién conoce mejor el precio de un brillante: el que se ve obligado á vender falsos por verdaderos, ó el que no tiene necesidad de este recurso?

—Estás algo enigmática –dijo él, riendo.

—¿Quieres que descifremos ese enigma?

Y Pepita, poniéndose de pié, miraba cariñosamente y con interés á don Enrique.

—¡Pues qué! ¿Pretendes acaso probarme hoy que tú me quieres verdaderamente?...

—¿Para qué había de decírtelo, si tú no habías de creerlo?

Don Enrique miró á Pepita con la mirada fría, indolente del hombre que ha gastado su corazón y su virilidad en fáciles y múltiples amores; su mal humor y su disgusto se habían disipado algo, no tenía ya tanta prisa para suicidarse. Con expresión franca y jovial continuó su conversación:

—Bien sabes que hace tiempo que prefiero pagar el amor con la cartera á pagarlo con el corazón; por pobre que me encuentre, creo que siempre hallaré más en mi cartera que en mi corazón.

Pepita miró con sus grandes ojos negros á don Enrique sintiéndose herida al encontrar aquella expresión de indolencia é indiferentismo[129] que se dibujaba en su rostro, y luego contestó:

—Mira, Enrique, lo que pasa entre nosotros es prueba de que ustedes, los hombres, son más corrompidos que nosotras, las mujeres.

Y al pronunciar la palabra *nosotras,* tomó ella tal expresión de amargura, que don Enrique pensó, que quizá se encerraba allí toda la historia de su vida.

---

128 *Estar en vena*: estar inspirado para componer versos o para llevar a cabo alguna empresa.

129 *Indiferentismo*: actitud que mira con indiferencia los sucesos, o no adopta ni combate doctrina alguna, especialmente en materia religiosa.

—Puede ser, no pretendo justificar á mi sexo.

Pepita se acercó á don Enrique y colocándole familiarmente la mano en el hombro, le dijo:

—No olvides, Enrique, que por prostituida que esté una mujer, siempre lleva en su alma un rinconcito en que rinde culto al amor verdadero.

—¿Y en ese rinconcito quieres colocarme a mí? —preguntó él con todo de burla.

—Tú lo sabes bien.

—Te advierto que no gusto vivir arrinconado —contestó riendo él.

—Y en prueba de que te hablo la verdad, te diré, Enrique, que aunque sé que estás arruinado y que no tienes ni un cristo en la cartera, venía a convidarte para que cenáramos juntos.

—¡Oh! No; imposible, no puedo.

—Sí, irás, yo te lo ruego.

—Y yo te ruego que no exijas de mí este sacrificio.

—No admito excusas. Irás de todos modos; mira, estarán allá Berta, Leonor, Luisa, no la de abajo del Puente[130] que ya sé que no te gusta, sino la de mi comparsa; también me han ofrecido ir Alfonso y Ricardo; con que, ¿irás sin falta? ¡Eh! Señor romántico, deje ese aire de poeta hambriento que mal le viene, y vaya á mi casa á tomar una copa de champaña.

Don Enrique no contestó á la granizada de palabras de Pepita. Ella siguió diciendo:

—Ya conozco la causa de tus penas; ya sé que estás arruinado; que has jugado con mala suerte, y tal vez mañana no tienes con qué pagar el hotel; pero eso no impide que aplaces tus planes hasta mañana; ¡quién sabe si una tirada de dado te puede todavía salvar! ¡Cuántas veces los jugadores se desquitan, cuando ya han vendido hasta las sábanas de la cama!

—¡Calla, no me hables de desquite; esa palabra ha sido mi ruina!

---

130 *Abajo del Puente*: es el nombre que en la época se le daba al actual distrito del Rímac ubicado en la orilla opuesta del río a donde ocurren los principales acontecimientos de la novela. Gozó de esplendor, como lugar de paseo y recreo de la clase alta limeña durante buena parte del periodo colonial y las primeras décadas de la república; sin embargo, hacia mediados del siglo XIX comenzó a acentuarse su carácter popular. Se encuentran allí: la Alameda de los Descalzos, el Paseo de Aguas, la Plaza de Toros de Acho, entre otras célebres construcciones.

—Pues bien, prométeme ir esta noche, y en pleno congreso, resolveremos lo que debes hacer.

Esta noche habrá muchos jugadores nuevos; y se jugará *monte*[131] con los dados. Esa *pinta* maldita en la que tú has perdido tu fortuna es necesario que la proscribamos. Mira, esta noche va á estar de montero[132] el señor Ministro... No me acuerdo su nombre; pero no es Ministro de aquí, sino de Europa. Dicen que tiene millones y que gusta mucho el apostar fuerte, porque él está acostumbrado á jugar como juegan por allá, para ganar ó perder una fortuna en una noche. Ya ves, la cosa promete estar de no perderse.

Y Pepita con suma desenvoltura, acercándose á don Enrique, y asiéndole cariñosamente la mano derecha, se la sacudió con intención, diciéndole: —Conque hasta la noche, ¿no es así?

—Adiós –contestole secamente él, viéndola alejarse y cerrar tras sí la puerta.

Sacó su reloj, que aunque era de plata, viejo y de pésima calidad, señalaba la hora, reemplazándole á un rico cronómetro que había vendido por la tercera parte del precio.

—¡Media hora defraudada á la muerte!– dijo– ¡No debo olvidarme que mañana necesito pagar cuatro mil soles y no tengo ni un centavo!...

Y para afianzarse en su resolución, pensó en todos sus acreedores... En el juego que le dominaba, en su reputación perdida en sociedad... Y luego tantas y tantas desgracias que ya le habían colmado la medida del sufrimiento...

Don Enrique tomó con aire resuelto el revólver, y se dirigió á un ropero, el que sin duda por estar con el espejo partido en dos, se había librado de ser, como los demás muebles, vendido al agiotista[133]; pero vió que la puerta estaba junta y fué á cerrarla nuevamente cuidando de torcer la llave.

En ese momento, percibió un lijero ruido producido en la ha-

---

131 *Monte*: juego de envite y azar, en el cual la persona que talla saca de la baraja dos naipes por abajo y forma el albur, otros dos por arriba con que hace el gallo, y apuntadas a estas cartas las cantidades que se juegan, se vuelve la baraja y se va descubriendo naipe por naipe hasta que sale alguno de número igual a otro de los que están apuntados, el cual, de este modo, gana sobre su pareja.

132 Véase nota 90 de *Eleodora*.

133 Véase nota 56 de *Eleodora*.

bitación contigua. ¿Quién podía ser? Allí solo había una puerta que comunicaba con el pasadizo, y cuya llave guardaba Juan para entrar en las mañanas. Pensó ir á inspeccionar esa salida, pero, ¿no podía ser el aire la causa de aquel ruido semejante al de una puerta que se abre?

Nuevamente su resolución de suicidarse debilitose en su ánimo.

Pues, señor, cualquiera diría que había un espíritu encargado de velarlo para interrumpirle en el momento preciso en que debía llevar su revólver á la frente.

Principió á pasearse por la habitación.

De súbito, como si fuerzas irresistibles le atrajeran, tomó de nuevo el revólver, y con la más firme resolución, dijo: —¡Concluyamos!... Y dirigiéndose al ropero, se colocó frente al espejo.

¿Pero qué demonios pasaba en la habitación contigua?... Si ya no solo era el ruido semejante al de una puerta que se abre, sino también el susurro de dos personas que hablaban allí.

—¡Vaya! Pues esto parece cosa de fantasmagoría— decía don Enrique, sin acabar de cerciorarse de que efectivamente hablaban en el cuarto contiguo ¿Quién podía estar allí?...

No debió ser muy firme su resolución, pues que, en vez de descargar el revólver, como pensaba, quedose mirando hacia el lado por donde venía aquel ruido.

Oyó la voz de Juan que hablaba con otra persona, como si entablara un pequeño altercado: al fin pudo escuchar estas palabras

—Entre, entre U., señorita.

—¡He! ¡Otra señorita!..., pensó don Enrique, recordando disgustado la visita que acababa de recibir y temiendo que otra, de la catadura de Pepita, viniera con su presencia á interrumpirlo.

Pero antes que don Enrique descubra á la persona que hablaba con Juan en la habitación contigua, será necesario saber lo que ha hecho Eleodora, á la que Juan debía llevar la carta aquella, en la que don Enrique anunciábale su resolución de quitarse la vida.

IX

Juan salió del cuarto de su amo, resuelto como siempre a cumplir sus órdenes; y por consiguiente á no entregar aquella carta sino á la hora que don Enrique le había indicado.

Iba contento, pensando en que aquella noche Eleodora lo cumplimentaría por sus buenos servicios, y más afectuosamente que otras veces, le tomaría las manos para manifestarle su agradecimiento y comprometerlo para que no le escasearan sus visitas.

Ni por todo el oro del mundo hubiera él cambiado su cometido de ir, cada noche, á consolar á la señorita Eleodora.

Principió á reflexionar que todas las mujeres con quien él había tenido *tratos*[134] le habían olido muy mal; unas á cebollas ó á ajos, otras (las amas de leche) á ese vinagrillo que él creía debía ser inseparable de las nodrizas; solo Eleodora olía, no sabía él á qué cosa, de buena gana hubiera jurado que olía á *gloria*, es decir, á la gloria del cielo; porque le inspiraba el deseo de arrodillarse y adorarla, como solo á María Santísima había él adorado.

Cuando iba á casa de Eleodora, ó más bien á la del criado, que le franqueaba el paso por la casa contigua á la de ella, jamás se detenía á saludar á ningún amigo, gente de color como él. ¿Cómo había de querer darle la mano á un cualquiera, expuesto á que le emporcaran las manos, que él se las jabonaba y lavaba como para que ella pudiera tocarlas?

Aquella noche que debía llevar la carta de don Enrique, Juan se fué derechamente donde su amigo.

---

134   *Tener tratos*: trato carnal, relación sexual.

—Hoy no iré á mi visita hasta las once, y como son las ocho y media, tenemos más de dos horas para hablar de lo que tú quieras.

—Pues hoy necesitas ir más temprano que nunca.

—¡Oh! No. Es que llevo una carta que no debo entregar hasta las once.

—Pues has la intención á que hoy se quede sin carta tu querida señorita.

—¿Cómo, qué sucede? –preguntó Juan alarmado.

—Sucede que la señorita me ha ordenado, con amenaza de expulsión, que cierre la puerta del callejón á las nueve; porque dice que han sentido pasos y están temiendo que sean ladrones que vienen temprano á inspeccionar el camino para preparar el golpe.

—¡Santo Padre! ¿Y qué haré en este caso? –exclamó Juan alarmado.

—La cosa es muy sencilla. Dices que son las ocho y media, pues lárgate *aurita*[135] mismo, que yo te prometo no cerrar la puerta hasta que tú hayas regresado.

Juan atortolado[136] no llegaba á acertar cómo saldría de esta inesperada situación. ¡Si más bien su amo quería que la carta fuera entregada á las once!

Su amigo estuvo inflexible; y para disuadirlo le observaba que eso de entregar la carta, más o menos tarde, no eran más que caprichos de enamorados. Qué más tiene decir á las nueve que á las once lo que ya está escrito, y no es más que: ¡te quiero, te amo, te adoro, te idolatro!...

Juan estaba en la decisión más difícil de resolver que se le había presentado en su vida.

Con el tono más suplicante que le fue dable emplear, y tomando entre las suyas las manos de su amigo, pidiole que por esa noche le dejara la puerta abierta hasta las once, asegurando que esa sería la última vez que viniera á molestarlo.

Su amigo estuvo *erre* con *erre*[137], empeñado en convencerlo de

---

135   En lugar de ahorita, diminutivo de ahora.
136   *Atortolado*: confundido, aturdido, acobardado.
137   *Estar erre con erre*: porfiadamente, tercamente.

lo innecesario de esa demora en atención á lo serio del peligro. ¡Cuando menos creerían sus amos que él estaba de acuerdo con los ladrones!... ¡Oh! La cosa era muy seria y las exijencias de Juan muy fuera de lo racional y lójico.

Por fin, después de discutir largamente el asunto, Juan alcanzó el que le permitiera esperar media hora y la carta sería entregada á las nueve. ¡Peor sería no entregarla!— pensaba Juan.

Por dicha de él, en ese momento pasó por la calle una *cholita*[138] salerosa, que venía á rondar á su amigo, y éste al verla olvidó el asunto principal, y se fué en pós de la chica; y Juan se quedó rogando á toda la Corte Celestial, que su amigo perdiera tiempo y gastara saliva, mientras él se daba trazas de cumplir, sino del todo cuando menos á medias, las órdenes de don Enrique.

No pasó mucho tiempo sin que el amigo volviera á exijirle el cumplimiento de lo convenido.

Después de emprender su peligroso viaje, en que ponía en práctica sus conocimientos y su experiencia de equilibrista, Juan llegó á las nueve y cuarto á la casa de Eleodora.

Las habitaciones de ella quedaban retiradas de las principales que ocupaban sus padres; y este alejamiento obedecía á medidas de seguridad, para evitar que las distintas personas que llegaban á la casa, á pedir limosna, pudieran comunicarse con la joven, y serle portadoras de misivas amorosas de su indigno pretendiente.

Esta situación de sus habitaciones facilitaba grandemente para que, una vez Juan en la casa, le fuera fácil llegar hasta ella.

Juan se dirijió de puntillas al cuarto de Eleodora. La puerta estaba entornada y la habitación alumbrada, lo que era prueba de estar ella esperándolo.

Pero Juan era hombre cauto, y no se aventuró á tocar ni á penetrar en la habitación. Acercándose cautelosamente, apoyó las manos en las rodillas, inclinó el cuerpo, tendió el oído y permaneció en acecho un momento.

Con el oído fino de los de su raza, que participa algo del sabueso[139], oyó la respiración tranquila de Eleodora, y un ligero

---

138   Véase nota 26 de *Eleodora*. Aunque aquí el diminutivo con que está empleada la palabra disminuye su carga negativa.
139   Véase nota 68 de *Eleodora*.

suspiro que le dió á comprender que estaba sola y despierta. Entonces, levantó el cuerpo y la sonrisa franca y complacida asomó á sus labios.

Sacó su pañuelo, se enjugó la frente humedecida por el sudor del viaje y de las emociones, más que por la temperatura del mes de junio.

Eleodora esperaba en ese momento á Juan recostada en un canapé, mirando un reloj de sobremesa, contando mentalmente los minutos que faltaban para que llegara Juan trayéndole noticias o quizá alguna carta de su amante.

Aquella noche, más que otras, había pensado en su triste condición de «*amante desgraciada*».

¡Cuándo terminaría esta situación tan horriblemente tirante y tan cruelmente martirizadora!... No veía un solo incidente que le prestara la menor esperanza de mejoría con relación á su amor, y al logro de las pretensiones matrimoniales de don Enrique.

Cierto que él, como único medio de solución, le proponía una fuga; un rapto que la llevaría de un solo paso, de su domicilio al del señor cura, que había de bendecir su unión; pero rechazaba horrorizada este recurso, indigno de ser tenido en cuenta por ella; por la hija de don Cosme de Alvarado, el más conspicuo noble señor de esta sociedad limeña.

Eleodora pensaba que, ni aún como supremo recurso, podía ella considerar esta vulgar salida, solo de gente del pueblo ó de una criada apaleada por sus patrones.

Recordaba las poquísimas fugas que por casualidad habían llegado á su noticia, y consideraba que ninguna de las *fugadas*, estuvo en su coalición, ni desde tan elevada escala social había otra descendido; y si alguna encontraba en su concepto disculpa, ella se creía exceptuada de las atenuaciones que para otra aceptaba.

No, jamás, antes muerta, que causarle á sus padres el pesar de dar un paso que podía llevarlos á la tumba cubiertos de vergüenza y dolor.

Y á medida que se afianzaba en esta resolución, sufría más

pensando que al fin tan larga ausencia había de disipar, del alma de su amante, el recuerdo de su amor.

Y encerrada, oculta y solitaria iría creciendo su pena y marchitándose su belleza.

Cinco meses habían transcurrido desde el día fatal, en que la casualidad puso en descubierto sus amores, sus planes y designios. Desde ese día, Eleodora no volvió á salir de su habitación, negándose á toda comunicación con el resto de su familia.

Su madre la visitaba por la mañana para darle los buenos días, y en la noche, á las diez, antes de acostarse venía á despedirse de ella.

En cuanto al señor Alvardo, aunque amaba tiernamente á su hija, creía su deber mantenerse severo, con el ceño enjestado y guardando toda la gravedad de padre ofendido, contentándose con pasar por delante de la habitación de su hija; y so pretexto de llamar al sirviente, miraba al soslayo, y sin que ella lo notara, procurando pasar por segunda vez cuando la primera no había visto lo suficiente á la hija que tanto amaba.

Después de haber atisbado largo rato, escuchando lo que en la habitación pasaba, Juan rascó con la uña la puerta del cuarto de Eleodora: ésta era la seña convenida.

De un salto dejó el diván en que estaba recostada, y vino hacia á la puerta, y tomándole por una mano, díjole:

—Querido Juan. ¡No te esperaba todavía!

—¡Ay! Mi amita es que ésta será la última vez que venga.

—¡Oh! No me lo digas, Juan; ¡tú eres mi único consuelo!

—Será preciso conformarse, porque todo se ha puesto mal, señorita.

—¿Qué hay?, ¿qué sucede? Ven... Y Eleodora tiró á Juan por un brazo, y le obligó á entrar en la habitación. Juan miró á la pálida luz de la bujía, el semblante de la joven y sonrió enternecido.

—Hay, que yo no vendré más donde U...

—¿Pero cuál es la causa? Háblame.

Y Juan refirió á Eleodora cómo ese amigo suyo, debía cerrar la puerta muy temprano antes que oscureciera, y la familia iba á poner guardianes en el techo, por haber sentido pasos, y temer un asalto de ladrones; y para dulcificar tan amargas nuevas, Juan participó que era portador de una carta que solo debía entregarle á las once de la noche.

Eleodora temiendo algún intempestivo ó imprevisto viaje de don Enrique, tomó con precipitación la carta y acercándose á la luz, leyó las lacónicas palabras con que don Enrique le anunciaba su determinación de quitarse la vida.

Desde las primeras palabras, Eleodora se puso lívida como una muerta; cuando concluyó de leer la carta, temblaba como acometida del baile de San Vito[140]; algunos sollozos como ronquidos salían de su pecho, y le habló á Juan:

—Juan, dime, ¿qué hay? Don Enrique vá á suicidarse; ¿qué te ha dicho?, ¿qué hacía? ¡Habla! ¡Habla!...

Eleodora pronunció estas palabras con tal desorden y precipitación que, al pronto, Juan no se dió cuenta de lo que quería decirle, y con aire azorado[141] y palabra balbuciente, decía:

—¡Cómo! ¿Qué quiere usted decirme?

—Que don Enrique va á quitarse la vida, vá á matarse, ¿no me comprendes, Juan?

—¿Cierto? ¡Dios mío! Ya caigo; con razón tenía la cara con un modo, que yo nunca le he visto; y después el revólver estaba sobre la mesa. ¡Virgen de la Candelaria[142]!

—Juan, corramos, tal vez sea tiempo todavía.

—Sí, él me encargó mucho que no trajera esta carta sino á las once; y esa debe ser la hora que pensaría que ya él estaría muerto.

—Vamos, Juan.

Y Eleodora, echándose una manta sobre los hombros, sin fijarse cómo caía, asió á Juan por la mano y le empujó hacia afuera, con fuerza tal, que él no pudo resistir el impulso de la joven, y seguía caminando y hablando.

—Pero, mi amita, decía, es el caso que usted no conoce las pa-

---

140   Manía de bailar.
141   Véase nota 69 de *Eleodora*.
142   Véase nota 70 de *Eleodora*.

redes tan altas que tenemos que pasar, ¡ay! ¡Si usted viera cómo yo apenitas puedo caminar!...

—No temas, Juan; ¡qué no podré yo por salvarle la vida!

Y Eleodora con la vista extraviada, y como arrastrada por una fuerza irresistible, salió llevando á Juan de la mano, sin pensar que salía de la casa paterna.

Con ayuda de una escalera de mano, salvaron fácilmente la cerca de madera que circunvalaba la azotea de la casa.

Al avanzar más allá de lo que ella reconocía que estaba fuera de la zona paterna, sintió desfallecido todo su cuerpo, sin saber cómo, resbaló, dió un paso en falso, y cayó arrodillada.

—¡Dios mío! ¡Si no tuviera la intención de volver inmediatamente, hubiera creído, que algo como una mano oculta ó una fuerza invisible la hubiera querido detener allí! Pero no, ¿acaso ella iba de fuga? Aquello debía ser puramente casual. Y como si quisiera confirmarse en su propósito dijo en alta voz: —Antes que nadie note mi asusencia, yo estaré aquí de vuelta.

Pero, en seguida, ocurriole pensar que tal vez este proyecto de regresar inmediatamente, pudiera tener algún obstáculo insalvable que frustrara todos sus planes; deber suyo era, pues, asegurar su regreso que sería su salvación.

En el momento de pasar el circuito de los muros de la casa paterna, detúvose y dirigiéndose a Juan, le interrogó:

—Dime, ¿crees que pudiera presentarse alguna dificultad para poder regresar inmediatamente?

—¡Regresar! —repitió Juan con tono de duda— ¡con que yo todavía no creo que la señorita logre salir á la calle!

—Pero bien; en el supuesto que alcance á salir, ¿creés que pudiera volver luego como necesito?

—Imposible, mi amita: si apenas he conseguido de ese mi amigo, el que me espera con la puerta abierta hasta que yo vuelva. Tenía orden de su señora de cerrarla antes que oscureciera.

—¡Cómo! —exclamó asustada Eleodora;— ¿qué dices, Juan? ¿No podré regresar una vez que haya salido?

—¡Imposible, imposible! —dijo él, apoyando las palabras con la más enérjica acción.

—¡Dios mío, yo no puedo dar un paso más! Y Eleodora dejose caer, cual si las fuerzas le faltaran y rompió á llorar amargamente.

Juan, de pié delante de ella, la contemplaba con el semblante conmovido y meditabundo sobre lo que debía hacer. Las lágrimas de Eleodora parecían que le derretían el corazón.

La noche era fría, lóbrega, lluviosa; Juan tendió una mirada por el espacio y se rascaba el cuello, como si quisiera excitar así su lerda intelijencia para sujerirle un recurso.

El aleteo de un ave nocturna que se posaba sobre el alero de un techo le distrajo de su meditación; le produjo grande miedo; esas aves son siempre de mal agüero, y Juan que se creía muy hombre para ponerse delante de la boca de un cañón, se acobardó con la presencia de un cernícalo.

Después de un momento, Eleodora entre suspiros y sollozos, decía: —Juan, yo no puedo ir á salvarlo, vuélveme á mi casa. Y se puso de pié en actitud de partir.

—Pero, ¿cómo haremos? ¡Ay! ¡Señorita! Si el señor le dice que vá á darse un balazo, de seguro que lo cumple; él nunca ha dicho nada que no lo haya cumplido.

—Juan, todo lo que yo te puedo asegurar es, que si muere esta noche, yo le seguiré mañana.

—Vamos, señorita Eleodora, quizá lleguemos á tiempo; el corazón me dice que él no ha muerto todavía; vamos, yo se lo pido, sí, señorita; vamos, vamos...

Y Juan, llorando, cayó de rodillas delante de Eleodora.

Aquel cuadro, en medio de las soledades de la noche y sobre los techos, medio oculto por las siluetas de un alto mirador, que proyectaba sus sombras sobre esta rara pareja, tenía un tinte fantástico que ninguno de los dos actores podía notar.

—¡No, no debo de ir! —y Eleodora dió dos pasos en dirección á la casa.

Juan volvió á ponerse de pié, y mirando con interés á la joven, se limpiaba con el reverso de la mano las lágrimas que humedecían sus mejillas.

—Yo, señorita, decía, yo soy un pobre negro que no se puede comparar con los blancos; pero así y todo, le digo á U. que yo por salvarle la vida á un hombre sería capaz, no sólo de saltar abismos y caminar cincuenta leguas en un día; sino también correr el peligro de mi vida; mientras que U., que sólo tiene que atravesar la pequeña distancia que nos separa de la calle, para ir á salvar la vida de mi amo, que tanto la quiera á U., no se resuelve U., yo no sé por qué escrúpulos ó temores, que no valen lo que debía valer para U. la vida de un hombre bueno.

En este momento Juan tuvo la elocuencia de sus buenos sentimientos; su gratitud y cariño hablaron más alto que aquel voluptuoso afecto, que apenas esbozado en su alma, debía acallarse ante situaciones solemnes y desgraciadas.

Aquel rudo, pero filantrópico raciocinio de Juan, impresionó á Eleodora, y para prestarse mayor aliento se decía á ella misma: que salir para salvarle la vida á un hombre, lejos de ser una falta era deber ineludible que, caso de no cumplirlo, su conciencia le acusaría más tarde. Segura estaba que don Enrique no se había suicidado todavía; su presencia evitaría, pues, tan espantosa catástrofe. No, no salía huida; iba sólo á cumplir un deber de humanidad, que tratándose del hombre que la amaba, era más que nunca sagrado.

Después de estas reflexiones, se dirijió á Juan:

—Vamos, Juan, y que se cumpla el destino que me arrastra; —él tendió su negra y ruda mano, y con el mayor respeto, dijo:

—Sí, vamos; quizá sea todavía tiempo de impedir su muerte.

Eleodora apoyose en la mano del fiel criado, y atravesó el tejado que se cimbraba[143] y crujía bajo las pisadas de estos dos misteriosos viajeros.

Faltaba lo más peligroso y difícil para Eleodora; una pared de media vara de ancho y de grande elevación, cuya base parecía perderse en un abismo sin fondo, de donde no salía ruido alguno.

Al llegar á ese sitio, la más densa oscuridad los envolvía; por

---

143 Véase nota 72 de *Eleodora*.

haber dejado atrás todas las tenues claridades, que desde la próxima calle llegaban á esas alturas.

Eleodora, al poner el pie en el muro, sintió un horrible estremecimiento de terror, y cerró los ojos como si temiera que aquel abismo la atrajera.

También Juan, que tan sereno lo había tantas veces atravesado, tembló, pensando en el peligro que corría la joven; procuró dominarse y hablaba con voz tranquila.

—No tema usted nada. Esta es una pared que viene á dar á un corral, es muy alta; pero no mucho; yo la he visto las noches de luna, y más que todo; yo camino aquí, como usted en un salón; agárrese usted bien fuerte de mi mano, en estos casos, no hay más que no tener miedo; el miedo le afloja á uno las piernas; por eso yo cuando estoy en un peligro, me pongo á pensar en las cosas que me gustan más, y así se me quita el susto.

Eleodora no contestó palabra; pero queriendo aprovechar el consejo de Juan, trajo á su memoria el recuerdo del peligro que corría la vida de su amante; y principió á caminar guiada por Juan, que avanzaba de costado dando pasos menudos y guiándola, como esos lazarillos que conducen á los ciegos.

Cuando hubieron concluido de atravesar la alta pared, se detuvieron un momento, y Juan dió mentalmente gracias á la Virgen del Carmen que era la de su devoción.

Juan contempló un momento á la joven. Hubiera querido, a pesar de su susto, haber podido alargar aquel momento en que él se sintió como la providencia de ella. Hubiera bastado que á él le flaqueara un instante una de sus fornidas piernas, para que ambos hubieran ido á dar al precipicio. Y para realzar sus servicios, decía, que aunque fuera la mitad más angosta esa pared, él no sentiría pisca de miedo. Con estas piernas (aquí se golpeó con la mano el muslo derecho) un hombre puede caminar así, hasta el fin del mundo.

Eleodora sin contestar á las vanidosas palabras de Juan, se asió á una de sus manos, y dijo: —sigamos.

Entraron en un techo sólido, que manifestaba su buena construcción; y Juan en voz muy baja, apenas perceptible, hablaba acercando su boca al oído de Eleodora.

—Aquí ya no hay peligro; éste es un techo que es necesario que pasemos como si fueramos moscas, para no hacer ruido con los pies; aquí es donde han sentido pasos, y la señora ha hecho tanto alboroto que ni sé qué parece... y todo... por nada.

Juan asentaba la planta de su pie con tal suavidad, que ni el oído más fino, hubiera percibido el ruido de sus pisadas. Eleodora procuraba imitarlo, pisando lo más suavemente que le era posible. Con iguales peligros y temores atravesaron dos tejados más.

Al fin, llegaron al sitio donde era necesario descender, valiéndose de una mala escalera de mano, cuyos listones transversales estaban mal encajados y desclavados de los que les servían de apoyo.

Eleodora miró la escalera, que felizmente estaba lijeramente alumbrada, y retrocedió asegurando que ella jamás en su vida, había bajado ni subido por una escalera como esa; pero era necesario no perder tiempo, y resueltamente siguió á Juan, el que, haciendo uso de sus pulsos y de su ajilidad bajola casi cargada. Al tomarla por el talle, tuvo necesidad de oprimirla para resistir su peso, y sintió que el turjente[144] seno de Eleodora se rozaba contra el vigoroso pecho de él, y al asirse ella del cuello de él, acercó tanto su rostro, que él sintió los párpados de ella y el cosquilleo de sus pestañas como el aletear de una mariposa. Con su respiración de fragua[145], Juan le quemaba á Eleodora la mejilla que ella no cuidaba de alejar.

Al bajarla del muro á la escalera, Juan cuidó que las faldas no le quedaran prendidas y las sujetó con una mano.

Ni la más leve sospecha abrigaba Eleodora de las emociones que ajitaban en ese momento al buen criado de su amante.

Así que Eleodora llegó al término de su dificultoso viaje, llamó al amigo de Juan; y quitándose un anillo de oro, con un pequeño brillante que llevaba puesto, se lo entrego á Juan diciéndole

---

144 *Turgente*: abultado, elevado.
145 *Fragua*: fogón en el que se caldean los metales para forjarlos.

que ese anillo, que costaba cincuenta soles, se lo entregara a su amigo, si encontraba la puerta abierta á las once, que sería lo más tarde que ella creía regresar.

El criado miró codicioso el anillo, y sonriendo con sorna, dijo:

—Señorita, yo sé servir á los que pagan bien, y no tenga cuidado por la puerta: yo me llevaré la llave y la esperaré á U. en la esquina, á bien que el pulpero es mi amigo y conversaremos hasta que U. regrese.

—Gracias, no tardaré más de una hora —dijo ella, con el tono de las más profunda convicción, y salió de prisa, seguida de Juan que apenas lograba emparejar el paso con ella.

Luego que Eleodora se vió en la calle, tiró la manta sobre los ojos y subió el embozo[146] hasta la boca.

Juan y Eleodora no tardaron sino quince minutos en llegar, desde la calle de Plateros de San Pedro hasta la de Recoleta[147], donde vivía don Enrique. Ambos caminaban en silencio, solamente que cuando era necesario doblar una esquina, Juan decíale muy quedo: —Por aquí, señorita.

Cuando llegaron á la casa, Juan se detuvo. La puerta de la calle estaba cerrada, y como si esto hubiera estado previsto, él se apresuró á sacar una llave, y abriendo la puerta pequeña del postigo, se volvió donde ella para indicarle que podía pasar. En ese momento un transeúnte que acertó á pasar, detúvose á mirarlos.

Eleodora se estremeció imajinándose que podía ser un conocido que iba á sujetarla para ir á acusarla donde sus padres.

Con un movimiento nervioso, casi como quien huye, Eleodora se metió dentro del patio de la casa, Juan entró tras ella y cerró de un golpe la puerta.

La más densa oscuridad envolvíalos aquí[148].

—¡Ay! ¡Juan, qué miedo tengo!... decía Eleodora extendiendo ambos brazos, como si se hallara delante de un abismo.

—No tenga U. cuidado, ya estamos en la casa, contestole él, asiéndola respetuosamente por una mano que casualmente le había tocado á él en el brazo derecho.

---

146   Véase nota 74 de *Eleodora*.

147   Es la misma distancia que se indica en *Eleodora,* ya que la calle Recoleta se ubica exactamente detrás de la calle Belén, dirección referida en la anterior novela.

148   Otro de los momentos de profunda intimidad entre Eleodora y Juan propiciado por la oscuridad. Así como la escena de la huida de la casa paterna, esta tampoco se encuentra en *Eleodora*.

Atravesaron el zaguán hasta el sitio en que los pies de Juan tropezaron con las escaleras.

—Suba U., señorita. Agárrese U. del pasamano.

Y Juan guiando á Eleodora, principió á subir los tramos de la escalera: ella subía, pisando muy suavemente y temblando, ajitada por desconocido terror.

Al llegar al corredor alto, Juan con instintiva cautela, díjole: —Será mejor que el señor no nos sienta llegar.— Si es que vive, pensó Eleodora.

Y sacando una llave, abrió con sumo cuidado una puerta diciendo, —Yo siempre cargo esta llave para poder entrar cuando el señor está todavía en la cama.

A pesar de las precauciones de Juan, la puerta chilló al abrirse.

Una vez en la habitación; Juan y Eleodora entablaron un animado diálogo: él tratando de convencerla que debía entrar y ella sin atreverse á adelantarse hasta donde estaba su amante.

Este diálogo fué el que don Enrique escuchó en el momento que, con el revólver en la mano, iba á llevarlo á la frente resuelto á suicidarse.

Don Enrique interrumpido en tan solemne momento, se vió obligado á dejar el revólver sobre la mesa, y tomando el candelero, dirijiose á la alcoba para descubrir á la que así, tan inesperada como inoportunamente, llegaba.

Juan, movido por generoso impulso quiso evitarle á Eleodora la desagradable impresión de una sorpresa, y adelantándose con aire asaz cortado y confuso, destacose del fondo oscuro de la habitación, y señalando la puerta, dijo:

—Allí está, no quiere entrar.

—¡Cómo! ¿Quién? ¡Habla! —Y don Enrique casi adivinando la sorpresa que le esperaba, detúvose indeciso y desconcertado.

En este momento, apareció en el umbral Eleodora tan pálida y demudada, que al pronto, él no alcanzó á reconocerla.

—Don Enrique, es que yo he venido para impedir...

No pudo articular una palabra más.

—¡Eleodora! —exclamó él, abriéndole los brazos.

Ella retrocedió asustada de esta actitud demasiado familiar é inesperada.

Este recibimiento un tanto novelesco, dejola cortada y sin saber qué hacer, no solo por hallarse en presencia de un hombre con el que jamás había hablado, y cuyo timbre de voz era el de un desconocido; sino más aún, por haber ella venido sin más impulso, sin otro móvil, que el de salvarle la vida.

Don Enrique, atrayéndola amorosamente, díjole: —Ven querida mía.

Y como si sólo en ese momento volviera ella del estupor y la angustia que la había llevado hasta caer en los brazos de su amante, cubriose el rostro ruborizada y prorrumpió á llorar con largos sollozos.

Don Enrique la condujo, asiéndola por la cintura, hasta el único sillón que había en la habitación, y después de colocarla respetuosamente, —Eres mi ángel salvador, díjole, enternecido.

Eleodora continuaba llorando.

—Pero dime, amada mía, ¿qué misterio hay en tu inesperada aparición? Juan no debía entregarte mi carta sino á las once, y aún no son más que las nueve y media.

Eleodora levantó su rostro inundado de lágrimas, y miró á Juan, que desde la puerta contemplaba compunjido y anheloso, ese cuadro bellísimo y á la vez martirizador para él.

Don Enrique dirijiéndose á Juan, preguntole:

—Dime Juan, ¿qué es lo que ha pasado?

—Mi amo, le diré la verdad; yo entregué, contra la orden de U., la carta á las nueve; perdone mi amo, pero yo creo que no le pesará porque...

—¡Anda! ¡Tú también has querido ser mi Providencia!...

Juan hizo un signo de afirmación con la cabeza y don Enrique lo despidió con un ademán de la mano, manifestándole que su presencia era ya innecesaria.

El buen criado se alejó, no sin rechinar los dientes, pensando que el tener la cara negra cuando se tiene el corazón «como el de los blancos, es una gran desgracia»[149].

¡Casi estuvo a punto de arrepentirse de todo lo que había hecho!...

Dirijiose á su cuarto, situado en la parte baja de la casa.

Solo en ese momento pudo comprender que lo que sentía, eran celos, y con la mayor angustia se preguntaba: ¿será posible que esté yo enamorado de la señorita Eleodora?...

Cuando calculó que serían las once se acostó, resuelto á no volver más á preocuparse de cosas que no harían más que mortificarlo.

Juan aceptó como un mal irremediable, y ya consumado, el que Eleodora le perteneciera en cuerpo y alma á su amo, y juró hacer cuanto estuviera en su mano para no volver á acordarse de sus amorosas impresiones.

Le quedaría al menos la satisfacción de haber contribuido á la felicidad de ambos jóvenes.

---

149   La teoría racial que dividía y valoraba a las personas en virtud del color de su piel es evidente en la novela. Se llama a la negra, «raza inferior»; sin embargo, en la cercanía de este sirviente con la protagonista, en la intimidad que llegan a tener y en reflexiones como esta, se exponen ligeros cuestionamientos a dicha ideología.

X

Cuando don Enrique se vió solo con Eleodora, juzgó necesario arrodillarse á sus piés como un amante de novela, para endilgarla[150] tomando el vocabulario de frases campanudas[151] y empenachadas[152], que por experiencia, conocía eran de maravilloso efecto en tales circunstancias.

Pero la realidad, con sus bruscas resoluciones, frustra de ordinario todas las escenas melodramáticas preparadas con mejor tino.

Así fué que cuando él, muy apasionadamente, le dijo: —Ya no nos separemos más, vida mía; ella, como si estas palabras la hubieran vuelto á la realidad, demostrándole su situación, púsose de pié y, desasiéndose suavemente de los brazos del joven, díjole:

—Déjeme U. volver á mi casa.

—¿Me tienes miedo? –preguntole él sonriendo, al ver el rubor y el temor pintado en el rostro de ella.

—¡Miedo! No; es que quiero volverme antes que mi padre note mi ausencia; me mataría si supiera que he dejado por un momento mi casa.

—El corazón me dice que si ahora te alejas de mí, te perderé para siempre.

Eleodora quedó pensativa por un momento, y no sabiendo qué decir, observó:

—Yo no debo desobedecer á papá.

—Querida Eleodora, si tú me amas, arreglaremos todo de tal manera que tu padre no tendrá nada que reprocharte.

---

150 *Endilgar*: dirigir, adosar, facilitar.
151 *Campanudo*:dicho de un lenguaje hinchado y retumbante.
152 *Empenechado*: excesivamente adornado.

—¿De qué modo? —preguntó candorosamente ella.

Don Enrique manifestó á Eleodora, cómo al día siguiente, con la primera luz del día, iría á ver al cura de la parroquia, y sin más dilaciones, pedirle su bendición; mientras tanto, jurábale por un puñado de cruces que él no se atrevería á tocar ni la orla de su vestido.

Pero Eleodora, que en un momento de extravío, había dejado el hogar paterno; veía ahora y valorizaba toda la gravedad de su acción, y sólo deseaba regresar inmediatamente antes de que su padre notara su ausencia.

—Por lo que más quiera U. en el mundo, déjeme volver, se lo ruego.

—Imposible, de aquí no saldrás sino para ir á la iglesia.

Estrechándola en sus brazos y dando á sus palabras expresión de broma, agregó: —Estás presa en la cadena de mi amor; de aquí no saldrás ya jamás.

Eleodora reclinó su frente en el hombro de don Enrique, y él, acercando su cabeza le dijo al oído: —¡Con que quieres irte, y dejarme, sin pensar que puedo tomar de nuevo mi revólver y concluir con esta existencia que tú no quieres conservar!...

—¡Oh! No, no hará U. eso. ¿No es verdad?

—Si te vás, te juro que lo haré.

Eleodora sentía que esta cruel amenaza, quitábale la enerjía que tanto necesitaba para desprenderse de aquellos amorosos brazos, que tan apasionadamente la estrechaban.

Abandonar á su amante, dejándolo con un revólver, ¡que solo la casualidad había podido impedir que él lo dirijiera á su frente para cortar su existencia!... ¡Oh! Esto juzgó que era más de lo que humanamente puede exijirse; más de lo que ella en su excepcional situación podía practicar. Por fin llegó á discurrir que hay sacrificios que ni el mismo Dios puede imponerle á un ser tan abatido y débil como se encontraba ella.

Don Enrique había vuelto á repetirle al oído:

—Si te vas, te juro que me suicidaré.

¡Ah! No, ¡imposible abandonarlo! Quien le aseguraba si al salir de la habitación, ó al bajar las escaleras; no oiría la detonación de un tiro. Que la obligaría á regresar, y quedarse allí, al lado del cadáver de su amante; del hombre que había preferido la muerte, á perderla á ella.

¡Oh! No. ¡Imposible!... Y Eleodora se apresuró á preguntar:

—¿Podremos casarnos, mañana temprano, con la primera luz del día?

—Sí, amada mía, mañana antes de salir el sol, serás mi esposa.

Eleodora no contestó una sola palabra; pero como obedeciendo á una idea, separó muy suavemente la silla, como si instintivamente quisiera alejar todo peligro.

Ambos quedaron en silencio reflexionando...

A don Enrique interesábale más asegurar el matrimonio que la posesión de la joven; puesto que, aquel era la adquisición de codiciable fortuna, en tanto que lo segundo, no halagaba su corazón, gastado y pervertido en fáciles y múltiples amores; reflexionó pues, que no debía perder ni un segundo, ya que tenía que habérselas con el padre de Eleodora, que él conocía por su fama, bien sentada en la sociedad de Lima, donde era considerado como el más austero y terrible de los hombres.

Necesitaba ponerse á salvo de las iras del señor Alvarado; y para aplacar la tempestad y evitarse todos los peligros de apresamiento y demás medidas que, prevalido de sus influencias sociales, pudiera él poner en juego; no había otro recurso que el matrimonio inmediato sin pérdida ni de un segundo.

Ajitado por estas ideas; todavía su espíritu divagó en la indecisión de si convendría mejor llevar á la joven á casa de un amigo, hasta arreglar las diligencias y trámites necesarios para la dispensa de un matrimonio, ó si, arreglándolo todo procedería inmediatamente, aunque para ello tuviera que dejarla á ella allá, interín[153] iba él á estos arreglos. Lo primero le presentó el inconveniente de no contar con una casa de entera confianza para depositar á su amada, cosa asaz comprometida, tratándose de hombre de tantos

---

153   Véase nota 77 de *Eleodora*.

bemoles como el señor Alvarado; y luego, aquello era dar lugar
á que llovieran las dificultades y peligros, los que, para el logro
de sus propósitos, podían ser insalvables abismos. Resolviose pues,
por la medida más atrevida, pero más rápida.

Después de largo silencio que dió lugar á estas reflexiones,
acercose de nuevo á ella, y tomándole cariñosamente las manos,
díjole:

—Querida, yo querría que el día de mañana nos encontrara
ya casados.

—¿Y qué podríamos hacer para ello?

—Si tú me permitieras salir un momento, yo espero poder
arreglarlo todo esta noche misma.

—Tengo miedo de quedarme sola.

—No temas nada, mi bella Eleodora.

—¿Volverás luego? —preguntó deseando complacer á su
amante.

—Es cuestión de una media hora.

Eleodora sintiose indecisa; pero se trataba de no perder
tiempo. Era necesario aprovechar hasta aquellos instantes que in-
debidamente estaban juntos sin haber recibido la bendición de un
sacerdote; y juzgó que deber suyo era, hacer el pequeño sacrificio
de quedarse media hora sola. La aprovecharía pensando en su
futura felicidad.

—¿No demorarás más de media hora? —preguntó.

—Estoy seguro de volver quizá antes.

—Entonces vé pronto.

Don Enrique, después de nuevas protestas y de arrodillarse
para jurarle que no tardaría sino el tiempo necesario para ver
modos de allanar las dificultades para un próximo matrimonio,
salió despidiéndose cariñosamente de ella.

Las once y media de la noche eran, cuando salió don Enrique
seguro de cumplir su promesa de regresar antes de media hora.
Era necesario adelantarse á los acontecimientos que debían sobrevenirle, y esperaba á esa hora, la más segura para hablar con

sus amigos, poder preparar un plan de campaña, dándole á cada uno de sus compañeros una comisión que podrían desempeñar desde luego, ó en las primeras horas del día siguiente.

Don Enrique comprendía que hay situaciones en la vida, en las que el transcurso del tiempo es cuestión de vida ó muerte, si no se le aprovecha debidamente.

Con gran inquietud, dejó sola á Eleodora; ¡pero qué hacer! No había otro medio: se rifaba el porvenir de ambos y no debía perder un segundo.

Cuando Eleodora se vió sola, apoderose de ella indecible terror, y muy pronto principió á arrepentirse de haber consentido en dejarlo partir.

Parecíale ver á su padre indignado, furioso, en el momento que notara su fuga; y se imajinaba verlo venir hacia ella, para increparle su conducta por todas razones inexcusable, y oíale lanzar sobre ella una maldición de eterna ignominia[154].

¡Pero qué hacer ya! Era imposible pensar en el regreso á su casa; la puerta por donde podía entrar estaría cerrada, y además, Juan no debía estar ya allí para acompañarla.

En medio de estas aflictivas ideas, otra, aún más dolorosa, acudió á su mente.

¿No sería don Enrique un mal hombre que no la amaba y solo trataba de perderla?

Con esa intuición natural de la mujer creyó descubrir algo de ficticio, de cómicamente artificial, en el tono y la expresión cariñosa de su amante.

En ese momento, un sudor helado como el de los moribundos, inundó su frente.

A la amarillenta claridad de la bujía, principió á examinar aquel cuarto, casi desmantelado y algo en desorden, donde no se veía el esmero ni el buen gusto del hombre metódico y ordenado. Aquel ropero de espejo partido, y las sillas de madera deslustradas, y puestas allí como dos dientes en la boca de un viejo; luego, la mesa de pino burdo, con algunos papeles inordenados[155],

---

154 Véase nota 127 de *Eleodora*.

esparcidos sobre el tablero; y aquella cama más propia de un estudiante de colegio gratuito, que de un hombre de los humos de don Enrique: todo pareciole tener aspecto revelador de algo muy desfavorable á su situación.

Movida por un sentimiento de terror, púsose de pié; a pesar que parecía atacada de los temblores perláticos[156] de un paralítico, dirijiose á la puerta pensando dar voces. ¡Tal vez si Juan estaría allí!... Al atravesar la habitación, miró al espejo del ropero, y por una de esas alucinaciones del miedo, creyó verse muy distante, y confusamente delineado su cuerpo; restregose los ojos, como para aclarar su vista, y miró con fijeza: su figura fue aclarándose gradualmente, luego se vió revestida de un largo sudario que le arrastraba por el suelo. Esta visión le produjo ofuscamiento de la inteligencia y grande aceleración de las palpitaciones del corazón. Miró fijamente para aclarar ó desvanecer aquella odiosa visión. En su semblante pareciole distinguir manchas rojas, como de sangre; temblorosa, espantada, con la mirada lúcida, dió dos pasos hacia adelante como atraída por esa horrible fascinación; entonces, aun más aterrorizada, vió que su figura se multiplicaba, repitiéndose hasta lo infinito, hasta que de súbito desapareció su imagen y vió la de don Enrique con el semblante demudado y la expresión horrible del crimen...

Su vista se nubló, el corazón latía con violencia tal que la ensordecía; estaba fuera de sí; buscó un punto de apoyo, y al no encontrarlo, se tambaleó, exhaló un grito angustiado, y cayó privada de sentido con la misma pesadez que si hubiera caído muerta.

Un ronquido, primero, bronco y apresurado, y luego, más lento y sibilante[157], acompañó la caída de Eleodora.

---

155 *Inordenado*: desordenado.
156 *Perlático*: que padece perlesía, debilidad muscular acompañada de temblor.
157 *Sibilante*: dicho de un fonema que, siendo fricativo o africado y articulándose en la zona dentoalveolar o palatal, se percibe en su emisión una especie de silbido.

XI

¿Qué hacía mientras tanto don Enrique? Después que dejó su morada con la sana intención de ir á solicitar el apoyo de sus amigos, en favor de sus propósitos de inmediato matrimonio, salió á la calle y se detuvo á reflexionar, y con marcada resolución decía: —Si yo dejara esta noche escapar la presa y perder esta oportunidad, sería un imbécil que merecería que me exhibieran en la plaza pública.

Siguió caminando á toda prisa. De vez en cuando frotábase alborozado las manos. ¡Un millón de soles! ¡Vaya! No era para andarse lerdo, esperando hora tras hora, cuando el padre podía caerles al cuello, y llevarse á la chica, y enclaustrarla y quién sabe cuántas cosas más... A fé de Enrique Guido, se juraba á sí mismo, que de amante ó de marido, él se quedaría aquella noche con el millón de soles de Eleodora.

De la calle de la Recoleta donde él vivía, se dirijió á la de Piedra[158]. Allí encontraría á un amigo el que, esperaba, podría prestarle apoyo en tan difícil lance.

Llegó, tocó, llamó, preguntó...

Desgraciadamente, su amigo no estaba en casa.

Renegando de su mala estrella, dirijiose al Club de la Unión; allí estaría con seguridad.

Caminaba tan á prisa, que los perros vagabundos, que después de las diez de la noche transitan por las calles, daban ladridos, alarmados con este transeúnte que iba casi á todo correr.

De cuatro saltos subió las escaleras del Club. Sus amigos vi-

---

158   Actual calle 3 del jirón Callao.

nieron á saludarlo; él por toda contestación preguntó: —Está aquí Rodolfo y Ricardo B.

Al saber que tampoco estaban allí, quiso salir; algunos amigos intentaron detenerle. Uno le habló de un banquete al que él debía asisitir, otro de la próxima quiebra del Sr...

Don Enrique los dejó á todos con la palabra en la boca. Pues bueno estaba él para ponerse á escuchar historietas insulsas, ¡cuando con la suya tenía de sobra para andar ahogado!...

Pensó renunciar á sus proyectos de arreglos de matrimonio, puesto que no daba con ningún amigo que le prestara su apoyo; pero á la luz de uno de los faroles de la calle, miró el reloj.

Un cuarto de hora solamente había empleado en todas sus indagaciones. Contaba pues con otros quince minutos disponibles.

Un recuerdo vino en ese momento como á iluminar su ofuscada inteligencia. Recordó que Pepita le había asegurado que Alfonso y Ricardo estarían aquella noche en su casa, donde según el decir de Pepita, se jugaría monte; y el montero sería un Ministro, un millonario, que quería que aquella noche se cruzaran apuestas fuertísimas.

De fijo que Alfonso y Ricardo estarían allá. En cuanto al juego más o menos fuerte que hubiera, qué podía importarle ni interesarle en la situación excepcionalísima en que se encontraba. Él no iría más que á buscar á sus amigos para darles á cada cual una comisión y regresarse luego donde Eleodora. Pensando así, tomó dirección á la calle Belaochaga[159]. Iba reflexionando en lo mal que conocemos nuestro corazón. Pocos momentos solo habían transcurrido, desde aquel en que él se imaginaba que sólo la muerte podría dar fin á sus males; persuadido como estuvo, que ni el amor ni los escudos de Eleodora, serían suficientes á disipar la negrura de sus penas... y ahora que todo había cambiado, ahora que se consideraba en vísperas de ser rico, muy rico, el corazón le daba brincos de alegría; y ni todos los tapetes juntos, señalándole el azar, serían suficientes para llevarlo á las puertas de la muerte... ¡Qué locura la que iba á cometer! Lo que más necesitaba ahora

---

159   Actual calle 5 del jirón Arica.

era hacer el más firme propósito de no volver jamás á tomar los dados en la mano. ¡Oh! Respecto á esto, estaba bien seguro de no quebrantar sus propósitos. ¡Vaya! ¡Ya vería qué marido ejemplar sería él para Eleodora!...

En este punto de sus reflexiones, llegó á la casa número 60 de la calle Belaochaga.

La puerta de calle estaba cerrada; sacó una llave, abrió y entró sin llamar, como á su propia casa. Delante de la mampara del salón, se detuvo dando golpes como de contraseña.

Una mujer joven y hermosa, pero de tipo vulgar, salió á abrirle. Era una de las que Pepita había llamado á la comparsa.

Don Enrique saludó con familiaridad, y manifestando su prisa, preguntó:

—¿Están aquí mis compañeros de juego?

—Sí, están jugando, dijo una de las mujeres que estaban en el salón.

Todas corrieron donde él, como para impedirle el paso. Una de ellas, Teodora, la mejor vestida, lo tomó de la mano, diciéndole; —Ya sé que U. solo quiere á Pepita; pero esa no es razón para que sea U. tan...

Don Enrique dejó á Teodora con la palabra en la boca. Haciendo un movimiento de codos con desusada brusquedad, rechazó los halagos de la joven y siguió adelante como el que conoce el derrotero que debía seguir para llegar donde los que estaban jugando.

Teodora miró encolerizada á don Enrique, y levantando la voz, como para ser oída, a pesar de la prisa con que él se alejaba, dijo:

—Estos jugadores viciosos son como los burros: contestan con una patada á un cariño.

Don Enrique oyó el insulto, echó un verbo acompañado de rabiosa interjección; y siguió su camino alzándose de hombros. Atravesó varias habitaciones, subió una escalera; en el fondo de larga azotea, vió la luz de extensa habitación, que escapándose por las ventanillas de la puerta, herméticamente cerrada, revelaba cuán cautelosamente se escondían los que allí estaban.

Fácil era adivinar que esos hombres huían de la vigilancia de la policía, la que, aunque de ordinario hace la vista gorda, de vez en cuando comete alguna alcaldada[160], para hacer ver que persigue á los jugadores, por más que ellos aseguren que esa vista gorda de la policía, la pagan con buenos dineros.

Como á la entrada del salón; don Enrique dió allí algunos toques de contraseña; y la puerta le fué abierta inmediatamente.

La pesada y densa atmósfera que allí se respiraba, no le produjo desagradable impresión, como que estaba acostumbrado á ella; más bien sintió íntimo regocijo, al ver aquella mesa con tapete verde, en el que estaban escritas estas dos letras A. y S., iniciales de *azar* y *suerte*.

Veíanse en ese recinto, extrañas y repugnantes fisonomías. Radiantes de gozo unas, pero sin la expresión simpática que imprime la dicha serena del alma; no era la irradiación de una luz, sino los resplandores de una hoguera; otras siniestras, demudadas, cadavéricas, con el cutis apergaminado y los ojos enrojecidos por las continuas veladas. Los unos, con ademán desesperado, mesábanse los cabellos murmurando palabras entrecortadas y llenas de hiel; otros, retorcíanse con furia los bigotes mirando ceñudos aquella mesa, que tal vez acababa de tragarse el pan de su familia.

Intejecciones de rabia, y exclamaciones de placer, confundíanse en vagos murmullos asemejándose á una catarata que cayera en un abismo.

De pronto, oíase alguna voz que después de una exclamación decía: «O el diablo me lleva esta noche, o yo me saco el clavo de ayer[161]».

Y para sacarse el clavo, doblaba las apuestas y acrecía el jurar y el maldecir.

Don Enrique, recordó que Pepita le había dicho que esa noche esperaban que se atravesaran apuestas fuertísimas. Efectivamente, el dinero se movía pasando de un lado á otro, una veces apilado en filas, otras veces, como á granel en un solo montón.

El que pagaba y recojía las ganancias, desempeñando el

---

160   Véase nota 82 de *Eleodora*.
161   *Sacarse el clavo*: desquitarse, resarcir.

puesto de *montero*, debía ser algún personaje acaudalado, que según el decir de Pepita, jugaba como para ganar ó perder una fortuna en una sola noche. La fisonomía de este *nuevo* no le fué desconocida; pero no supo darse cuenta de su verdadero nombre.

Qué lástima que él no pudiera ni pensar en hacer una parada. La mesa era capaz de dar mil tentaciones, cubierta casi con montones de soles de plata, que iban y venían produciendo ruido metálico y tentador.

Don Enrique vió á Pepita, la joven aquella que fué á convidarlo á cenar; pasó cerca de ella finjiendo no haberla reparado. No quería ver ni oír nada que pudiera quitarle su tiempo, tan precioso en esos momentos; pareciéndole cada minuto transcurrido un siglo perdido para llegar al fin que se proponía.

Pepita estaba en medio de los jugadores, como una cantinera en medio de sus soldados; bebiendo, charlando, riendo; pero sin tomar parte en las fuertes apuestas que á su vista se cruzaban.

Pepita conocía instintivamente esa gran máxima que dice: «Entre mujeres jugadoras, los hombres son castos; porque la jugadora no pertenece al sexo femenino sino por sus vestidos». Y Pepita quería tener más que los vestidos, las seducciones de Mesalina, unidas á los artificios de Cleopatra[162].

Hacía tiempo que la casa de Pepita era el punto de reunión de los jugadores, es decir, de los que gustaban comprar el amor con las buenas tiradas de dado.

De ordinario, el juego concluía con una espléndida cena costeada por los mismos que allí concurrían.

Muchas veces acontecía, con gran pena de Pepita y demás mujeres de la comparsa, que la cena se quedara preparada, sin que llegaran á ir á la mesa, ya sea por ensañamiento en el juego, ya por haber alguno perdido gruesas sumas que necesitaba desquitarse, ó bien por otra cualquiera causa.

Pepita no se separaba del lado de los jugadores; y de vez en cuando, algún favorecido de la suerte, tirábale un puñado de monedas, que ella recibía muchas veces en el aire, y guardando el

---

162 Véanse notas 85 y 86 de *Eleodora*.

dinero contestaba: —Gracias, ya falta poco. Se refería, con estas palabras, al dinero que recojía para la cena. Por supuesto que aquel poco que faltaba nunca acababa de llenarse. Próxima á todos los favorecidos por la suerte se colocaba Pepita, y así, las dádivas acompañadas de estas palabras: —Toma para la cena, eran seguidas de las que ella les dirijía de felicitación y plácemes.

Don Enrique dirigiose á un grupo que, retirado de la mesa de juego, estaba en íntima charla, y tocando el hombro de un joven de simpática figura llamó: —Ricardo, ven; te necesito con urjencia.

—¡Eh! ¿Necesitas dinero? –preguntó él algo disgustado.

—No, necesito pedirte un servicio, ven, te lo ruego.

—¡Ya comprendo! Vienes al desquite.

—¡Calla, no pronuncies esa palabra! –y don Enrique hablaba con honda amargura.

—Te asusta la palabra, pero no el hecho –decía riendo Ricardo y alejándose de sus otros amigos para atender la súplica de don Enrique.

—Por ser así –dijo este– he llegado hasta el extremo de llevar mi revólver á la frente, resuelto á quitarme la vida.

Ricardo miró á su amigo con incredulidad.

—¡Bah! Así somos los jugadores, llevamos el revólver muchas veces á la frente, pero cuando pensamos que en el otro mundo no se juega, nos arrepentimos de dejar este seductor tapete verde, donde tantas y tan variadas emociones recogemos.

—No hablemos más de esto, yo solo he venido á hacerte una pregunta.

—¿Cuál?

—¿Podrías arreglar un matrimonio para mañana á las ocho?

—¿Para quién y contra quién?... Preguntó riendo su amigo.

—Para mí y vengo á que me digas, ¿puedes o no puedes?

—¡Demonios! ¡Jamás he visto tanta prisa para casarse! Ante todo, dime: ¿tienes mil soles contantes y sonantes?

—¡Calla! Bien sabes que no tengo en este momento ni un Cristo.

—Pués, hijito mío, si no tienes dinero para ir á la curia[163], y antes de decir lo que quieres no dices cuánto pagas, máxime, si se trata de un matrimonio así, como si dijéramos exabrupto[164], te expones á que te den un feroz portazo que te pueden romper tus lindas narices.

—Pero, ¿qué puedo hacer?

—Ven, le dijo Ricardo, acercándole á la mesa de juego. Apunta cien soles á la suerte, yo estoy esta noche en suerte; ya he pagado lo que perdí anoche.

Don Enrique sacó su reloj, y vió que aún le sobraban y tenía disponibles siete minutos de la media hora que le concedió Eleodora. En siete minutos bien se pueden ganar mil soles. Antes de resolverse por esta prueba, dirijió una mirada á todos los jugadores presentes para ver si alguno podía prestarle dinero. Todos eran más que amigos, acreedores suyos; y comprendió que si él fuera á decirles en ese lugar, que necesitaba solo quinientos soles para casarse con una mujer riquísima, que le traía dinero suficiente para pagarles á todos, habían de reírse en sus barbas, considerando esta afirmación como una de las tantas tretas ó argucias que emplean los jugadores descamisados[165] y trampistas[166].

Esos soles de plata que rodaban produciendo argentinos sonidos, y eran tirados y recojidos por manos nerviosas, y que, á semejanza de ciertas masas, que crecen de volumen á medida que se les frota y remueve; así iban aumentándose á medida que crecía el juego y arreciaban las apuestas; esos montones de monedas poseen irresistible atracción y poderoso imán, cuando se necesita con imperiosísima necesidad, solo unas cuantas de ellas, menos de la décima parte de las que allí veía don Enrique, invitándolo á tomarlas.

Felizmente contaba con siete minutos disponibles. En siete minutos bien podía ganar mil soles, que era todo lo que necesitaba. Tanto más fácil le sería esto, cuanto que esta noche podía hacer apuestas dobles, lo que le favorecía grandemente sus deseos.

---

163 Véase nota 88 de *Eleodora*.
164 Véase nota 89 de *Eleodora*.
165 *Descamisado*: muy pobre, desarrapado.
166 *Trampista:* equivalente a tramposo, que hace trampas en el juego.

Don Enrique estaba cerca de la mesa y su amigo Ricardo había vuelto á repetirle: apunta cien soles, probemos la suerte.

¡*Probar la suerte*! Estas palabras tienen para los jugadores imán irresistible. Y para justificar ante su conciencia lo que podía llamarse la perpetración ó reincidencia de una grave falta, imajinose su situación casado con Eleodora; y sin tener al día siguiente un real para poner el agua caliente para el té. Necesitaba pues dinero, no solo para allanar las dispensas de su matrimonio, sino también para subvenir á los gastos de los primeros días de su nuevo hogar. Esto después de prepararle una casa, sino digna, cuando menos habitable para la rica heredera de la acaudalada familia Alvarado. ¡Oh! Después de estas reflexiones no le quedaba otro recurso, ni más arbitrio que seguir el consejo de su amigo: ¡*probar la suerte*!...

—Ven, apuntemos —dijo como si sólo se decidiera en fuerza de la necesidad.

Y tomando, de sobre una mesa, un puñado de fichas de metal amarillo, que representaban cinco soles de plata cada una, valor convenido, contó veinte que colocó en el lado que estaba la letra S., inicial de *suerte*.

El privilegio de usar fichas en los apuntes sólo lo disfrutaban los jugadores de alto rango, muy conocidos y garantizados, que pagaban sus deudas antes de las veinticuatro horas. Don Enrique hacía tiempo que su falta de puntualidad en los pagos, lo había conducido hasta el punto de que, a pesar de su caballerosidad en el juego, sus compañeros lo miraban con malos ojos, cuando por no tener dinero en los bolsillos, usaba de las fichas de la casa.

Don Enrique ganó esta primera apuesta, y sin trepidar, hizo la segunda.

Después de algunas tiradas hechas por el gurrupié[167] de la mesa, que con fisonomía estúpida é indiferente, tiraba los dados, sin prestar atención en las miradas ansiosas, fijas en sus manos; después de que don Enrique se hubo prometido á sí mismo no hacer ya una tercera apuesta, saliera feliz ó adversa

---

167 *Gurrupié*: del francés *croupier*. La castellanización moderna es «crupier». Persona contratada en los casinos para dirigir el juego, repartir las cartas, controlar las apuestas, etc.

aquella que acababa de poner á la suerte, varias voces sordas exclamaron á una: —¡suerte! Don Enrique recojió el dinero y dejó las fichas.

Recojida esta segunda ganancia, era locura no probar la tercera. Quizá sí estaba en uno de esos momentos muy extraordinarios en que los dados parecen movidos por una mano invisible á favor de la buena suerte de algún jugador.

Sin decir una palabra, volvió á colocar otros cien soles al lado de la misma letra S, y con la mayor ansiedad, miraba los dados que corrían tirados por el gurrupié de la mesa.

Esta apuesta como la anterior tuvo feliz resultado. Don Enrique alborozado frotose las manos, pensando que indudablemente estaba en horas felices: no de otra suerte podía explicarse lo que acababa de acontecerle en su habitación; llegar Eleodora en el momento preciso para poder impedir su suicidio. ¡Oh! Aquello no podía ser sino un feliz augurio.

Pues bien, ¡adelante! Y si la suerte lo había conducido hasta el extremo de tomar un revólver para quitarse la vida ella podía colocarlo en situación de poder asegurar su matrimonio, que era por el momento, su único y supremo recurso.

Necesitaba solamente economizar tiempo: poder en pocas horas; no, en pocos minutos, adquirir la cantidad que necesitaba; para ello convenía doblar las apuestas.

Colocó los doscientos soles en la misma letra S, y con el corazón palpitante y la respiración jadeante, miró los dados que corrían tirados por el gurrupié.

¡Ah! Cuatrocientos soles, qué poco le faltaba ya para la cantidad apetecida. Mil soles solamente necesitaba para sus más urgentes gastos; ¡estaba ya casi á la mitad!

Tuvo impulsos de apostar los cuatrocientos al azar pensando que ya la suerte había salido dos veces seguidas; pero temió aventurarse demasiado; y solo puso sobre la mesa otros doscientos soles, como en la anterior jugada.

Contra las previsiones de los jugadores, que aseguraban que

ya los dados se habían *entablado*[168] y continuarían echando suerte, don Enrique ganó con el azar.

¡Seiscientos soles! Casi estuvo á punto de retirarse y asegurar esa cantidad. Con seiscientos soles, bien podía pagar las dispensas y también los gastos más necesarios del día siguiente; pero quiso probar de nuevo y apuntó otros doscientos á la *suerte*.

Si perdía esta parada se retiraba; seguro estaba de ello; no la perdió y ya contaba con ochocientos soles. Comprendió *que estaba de buenas* y que la suerte le protejía decididamente.

Era necesario completar los mil soles que Ricardo habíale dicho que necesitaba. Las ráfagas felices son muy raras, no es posible cuando llegan, desperdiciarlas. Pues bien, adentro por todo —se dijo, y apuntó quinientos soles juntos.

En este punto don Enrique estaba trémulo de emoción y sudoroso de angustia.

¡Dios mío! ¡Estaba jugando tiempo y dinero necesarios á su felicidad!...

Como los creyentes que evocan el nombre del santo de su devoción, en los lances desesparados de su vida, así él, evocando el nombre de Eleodora, en el momento que el gurrupié tiraba los dados, dijo: —¡Eleodora, en nombre de nuestra felicidad hago esta parada!

Un momento después, mortal palidez cubría su rostro, ¡había perdido los quinientos soles!...

No importaba, aún le quedaban trescientos soles para recuperarlos. No queriendo perder más tiempo, colocó esa cantidad al lado de la suerte. Cualquiera que fuera el resultado estaba completamente resuelto á retirarse.

Los trescientos soles pasaron como los quinientos á poder de los favorecidos por los dados.

En este momento, asaltole con mayor viveza el recuerdo de Eleodora. ¡Qué importaba el dinero! ¡Ah! ¡Ella estaba sola y esperándole!...

Dirigiose á la puerta de salida, resuelto á salir sin despedirse

---

168   *Entablar*: en el juego, dispuestos en una cierta dirección.

ni de Ricardo, y ya sin deseo de hacer ningún arreglo referente á su matrimonio; pero luego reflexionó, que habiendo perdido más de dos horas, sin hacer más que ganar para volver á perder unos cuantos soles, no era dable retirarse así de mano vacía, sin tener ni para pagar los derechos matrimoniales al cura de la parroquia.

Una última tentativa, tal vez la suerte volvería á protejerle por algunos instantes, y entonces se retiraría, sin esperar la contraria. Volvió á tomar fichas, no ya por cien soles, sino por doscientos, y acometido de uno de esos accesos de furor y ceguera, propios de los jugadores viciosos y acalorados, principió á parar apuestas, doblando las cantidades cada vez con más rabia y exaltación.

Y á medida que la mala suerte con más constancia le era adversa, mayor era su empeño y más exaltada la voz que cantaba sus apuestas y sus pérdidas.

Su semblante, horriblemente desfigurado, denotaba la fuerte lucha y hondas emociones que le ajitaban.

Sentía que la sangre agolpada á su cerebro le producía ofuscamiento, y transtorno completo, en todas sus ideas.

De cuando en cuando, llevaba con desesperación una mano á la cabeza, y mesándose desesperado los cabellos, exclamaba: — ¡Y Eleodora que me está esperando!...

Pero llevaba perdidos más de diez mil soles, y para no perder tiempo y retirarse, ya que no con dinero, cuando menos con ninguna deuda, dijo: —¡Van los diez mil soles á la suerte!

El que en el tecnicismo del juego se llama el *montero*, es decir, el que recoje las ganancias y responde de las pérdidas, al escuchar tan arrogante apuesta, levantó la cara para mirar de hito[169] á don Enrique.

—Sostiene U. la apuesta –preguntó como si temiera que se hubiera arrepentido.

—Sí, adelante –contestó él con el acento alterado.

La fiebre delirante de una pasión turbaba ya su cerebro.

La suerte habíase declarado abiertamente en contra de este protegido de Cupido; y a pesar de todas las previsiones fundadas

---

169   *Mirar de hito*: fijar la vista en un objeto sin distraerla a otra parte.

en las observaciones, los dados señalaron, con sus puntos negros diminutos pero elocuentes, el azar.

Don Enrique estaba furioso: algo como una conjunción de la suerte parecía perseguirlo.

—¡Veinte mil soles! —exclamaba después de mirar un papel en el que había estado apuntando sus pérdidas.

El sudor humedecía su frente y el pelo caído en desorden se le pegaba en la frente y quedaba allí, dándole aspecto de un hombre borracho ó loco. Si Eleodora hubiera podido verle en ese momento, dominado á su pesar por la febricitante[170] avidez de una pasión; con los ojos llameantes, el ceño fruncido, el rostro desencajado y cadavérico á causa de las violentas emociones que experimentaba; si ella hubiera podido verle en ese momento, hubiese huido espantada, como huye á esconderse bajo el ala maternal el polluelo que ve acercarse al gavilán.

Don Enrique continuaba sus apuestas, aunque no ya tan fuertes. Á cada una decía, esta más y me voy; pero si ganaba era un nuevo incentivo para repetir la apuesta, y cuando perdía, sucedíale que la cólera y la desesperación le hacían olvidar que Eleodora lo esperaba.

Cuatro horas habían transcurrido desde que se separó de Eleodora ofreciéndole volver luego. Era casi día cuando el montero le dijo:

—Mi amigo, no pago más apuestas de usted; me debe usted treinta mil soles[171].

Aquello era una conjuración del destino. ¡Treinta mil soles perdidos, cuándo él solo había ido á ganar mil!...

¡Si en ese momento hubiera tenido allí su revólver, de fijo que se hubiera levantado la tapa de los sesos, sin pensar que Eleodora lo estaba esperando!...

¡Oh! Un hombre poseído de tan negra fortuna, no debe vivir; no debe unir su suerte con la de ninguna mujer, para no llevarle el contagio de esa desgracia, que, como un virus inoculado en la sangre, parecía habérsele pegado en los huesos.

---

170 Véase nota 91 de *Eleodora*.
171 Cincuenta mil en *Eleodora*.

Más que para pensar en arreglos de matrimonio, casi imposibles sin dinero, tenía deseos de acabar con su existencia; aunque
fuera tirándose del puente abajo. ¡Qué diablos!— exclamaba, —
luchar con la mala estrella es locura que no conduce más que al
agravamiento del mal...

Al fin, después de mucho meditar y desesperarse optó por retirarse.

Antes, dirijiose á su amigo Ricardo, para manifestarle lo ur-
jente que era el matrimonio: así al menos hallaría quien le
prestara dinero. Con la expresión del hombre desesperado que
quiere asirse á un tizón[172] ardiendo, si otra cosa no encuentra á
mano, díjole á su amigo.

—Me ocurre una idea.

—Habla, ¿qué quieres?

Yo necesito decirle á Eleodora que he pasado la noche
ocupado en arreglar las diligencias de nuestro matrimonio; de
otro modo, ¿cómo podría presentarme ante ella?

—Me parece bien la disculpa; pero, ¿qué pruebas le darás de
que has conseguido algo? Porque, en fin, en el tiempo que has
faltado bien podía haberse hecho algo de provecho.

—Quiero llevar un sacerdote y dos testigos; —y en el colmo
de su desesperación agregó: —no importa ya tanto la realización
del matrimonio como el salvar las apariencias; necesito poder
decir que he pasado la noche ocupado en estos arreglos. Con un
pretexto cualquiera, suspenderemos la ceremonia y Eleodora
quedará convencida de que me he ocupado de este asunto.

Ricardo hizo un significativo movimiento de cabeza como si
dudara del éxito.

Alfonso y Rodolfo, y dos amigos más que se hallaban allí en
casa de Pepita, podían servirle de testigos; pero, y el sacerdote,
¿dónde demonios (preguntaba Ricardo) podremos conseguirlo?

—¿No conoces á algún sacerdote que pagándole bien quisiera
prestarse á servirnos? –preguntó don Enrique, rascándose la nuca,
como el hombre que se halla aturullado[173] por los acontecimientos.

---

172 Véase nota 92 de *Eleodora*.
173 *Aturullado*: confundido, turbado de modo que no sabe qué decir o cómo hacer
algo.

—Creo que hay muchos —observaba como buen liberal Ricardo;— pero entre ellos y yo he procurado que haya un abismo que nos separe; no conozco ni de nombre á ninguno.

Por fin resolvieron que uno de ellos, el de más edad, fuera al teatro para con el contratista ó algún empleado, arbitrarse unos hábitos, —estos al menos no estarán grasientos y apestosos como los de esos papadores[174] de hostias— dijo Ricardo, con esa inquina rabiosa de ciertos librepensadores, más intransigentes que los mismos fanáticos religiosos cuya ceguera ellos tanto censuran.

Y mientras don Enrique con sus dos amigos se dirigían á su casa, los otros dos fueron á buscar, entre los vestuarios del teatro, uno con el cual pudieran desempeñar el papel del sacerdote que iba á bendecir la unión de los dos jóvenes.

Y como quedó concertado que la ceremonia se aplazaría con un pretexto cualquiera, no había peligro en acudir á este cómico recurso.

---

174 *Papar*: comer cosas blandas como sopas, papas, sin mascar. En *Eleodora*, se usó simplemente «comedores».

XII

Las horas que don Enrique pasó en la casa de juego, y tejiendo farzas para salvar las apariencias que tan adversas debían serle, fueron para la desgraciada Eleodora horas de mortal angustia y horrible padecer.

Desde las doce, hora en que cayó privada de sentido, hasta las cuatro en que recobró el conocimiento, habían transcurrido cuatro horas[175] sin haber ella movido pié, ni mano, cual si estuviera muerta.

La bujía que ardía en el candelero de dos luces, habíase consumido y la habitación estaba completamente á oscuras.

Al volver en sí Eleodora, no supo darse cuenta del lugar donde se encontraba. Tocó el suelo y el ruido, seco y áspero de la madera, resonó en sus oídos por tener la cabeza apoyada en el piso.

Intentó moverse, levantarse, y le fué imposible. Sentía desfallecimiento, pesadez invencibles, y también dolores en todo el cuerpo como el que ha sufrido un fuerte golpe, y á más, permanece largo tiempo sobre un piso duro y frío.

Una idea horrible cruzó por su mente; como no podía valorizar el tiempo transcurrido, pensó que tal vez estaba enterrada viva y que se encontraba sola en un sepulcro.

Un sudor frío inundó su pálida frente y de sus miembros apoderose convulsivo temblor.

¡Dios mío! ¡Enterrada viva en uno de los nichos que ella había visto con tanto terror en la bóveda del lujoso mausoleo de la familia!...

---

175   En *Eleodora* habían transcurrido seis horas.

Temiendo tocar la realidad, permanecía inmóvil imaginándose espantada que, al levantar el cuerpo, podía chocar la cabeza con la fuerte tapa de su sepulcro.

Largo tiempo transcurrió en medio de esta cruel angustia hasta que, lentamente su inteligencia, recuperando la natural lucidez, llegó á una favorable reacción; entonces coordinó sus ideas y recordó que estaba en el cuarto de don Enrique. Pensó que el desfallecimiento que sentía era sin duda á causa de haber estado *privada* tanto tiempo; recordó que don Enrique la había dejado solo por media hora, y supuso que debía haber transcurrido algo más de la media hora. Sin duda, él no había podido terminar los arreglos referentes á su matrimonio, y éste sería el motivo de su tardanza.

Probó á levantarse y se incorporó, apoyándose sobre las manos, y luego reclinada de codos sobre las rodillas, permaneció meditando largo tiempo.

Aunque más tranquila ya, sentía invencible miedo. Ella jamás se había encontrado sola, y á oscuras en una casa, y esta idea bastaba para acrecer su terror.

Un reloj de campaña, el del cuarto vecino, principió á dar la hora.

Al oír la primera campanada, Eleodora se estremeció. —¡La una! –exclamó asombrada.

Pero luego el reloj continuó sonando hasta cuatro campanadas[176]; pareciéndole á ella que cada golpe del timbre, caía sobre su propio corazón.

—¡Las cuatro de la mañana! –exclamó con desesperación tal que ningún lenguaje humano alcanzaría á describir.

Y como esos sonámbulos, que se horrorizan después que ven despiertos los grandes precipicios que dormidos han salvado; así Eleodora se aterrorizó de haber pasado tantas horas sola, casi muerta, abandonada en medio de las tinieblas y en la habitación de un hombre, de un desconocido.

Las lágrimas le vinieron á los ojos y el arrepentimiento al corazón.

¡Cómo había tenido valor para dejar la casa de sus padres!...

---

176 Cinco en *Eleodora*.

No podía darse cuenta qué fuerza inaudita, sobrenatural, la había podido arrastrar hasta allí.

Entonces le asaltó otro temor; tal vez si don Enrique había sido víctima de alguna emboscada; quizá había perecido á mano de algún malhechor que en su tránsito le hubiera asaltado.

Su imaginación exaltada, con esa especie de fiebre que sobreviene con las fuertes excitaciones nerviosas, presentábale á su amante asesinado, cubierto de heridas y de sangre.

En esta situación, sintió deseo de dar de voces, de pedir socorro, de llorar dando alaridos; pero como si una argolla de hierro le oprimiera la garganta, sólo salieron de sus labios sollozos ahogados y apenas perceptibles.

De súbito sintió ruido, como de pasos en la escalera, que aumentaron notablemente. ¿Quiénes podían ser? Tendió el oído para percibir mejor. No eran las pisadas de una, ni de dos personas; á ella le produjeron el efecto de un batallón que subía por las escaleras.

¡Oh! ¡Sin duda los asesinos después de haber victimado á don Enrique, se habían apoderado de la llave de su casa, y venían, suponiendo encontrar mucho dinero, á consumar su obra!...

Pálida, temblorosa, aterrada, fuera de sí, corrió á la puerta como si quisiera oponer con su débil cuerpo alguna resistencia á la que ella suponía formidable partida de ladrones.

En su precipitada carrera chocó con la silla que había quedado en medio de la habitación, y como si su desfallecido cuerpo no hubiera necesitado más que la pequeña resistencia de un obstáculo para perder el resto de fuerza que le sostenía, volvio á caer, quedando sin movimiento cual si herida hubiera sido por golpe eléctrico y mortal.

El ruido de pasos que así alarmó á Eleodora era producido por don Enrique y sus dos amigos que subían las escaleras. Abrieron la puerta y poco faltó para que tropezaran con el inanimado cuerpo de Eleodora.

Los primeros rayos del día alumbraban apenas la estancia.

Don Enrique encendió un fósforo, y á su luz, pudo ver el semblante de Eleodora cadavérico, inmóvil como el de una muerta; era aquel un cuadro lleno de elocuencia que manifestaba que las culpas más inocentes suelen pagarse con los castigos más terribles.

Los dos amigos de don Enrique se detuvieron dolorosamente impresionados.

Aunque libertino, disipado y vicioso, don Enrique no era hombre de mal corazón, y á estar solo en ese momento, de seguro que las lágrimas del arrepentimiento hubiesen humedecido sus ojos; pero el puntillo de calavera le trajo el recuerdo de su situación, en presencia de sus compañeros de orgías, y pensó que no podía desempeñar el ridículo papel de conmoverse demasiado á la vista de una de las muchas mujeres que debían desmayarse por causa de él.

No obstante estas reflexiones, corrió hacia ella, exclamando:

—¡Oh! ¡Qué culpable soy!

Y levantándola suavemente, mirábala diciendo: —¡Pobrecita, cuánto debe haber sufrido!

—¡Cáspita! —exclamó Rodolfo al ver el pálido rostro de Eleodora— ¡Si parece muerta!

Don Enrique alzó en brazos á Eleodora, como lo haría con una criatura; y dirijiéndose á su cama, la colocó allí con sumo cuidado.

—Ya puedes decir que es tu esposa —observó Ricardo al ver á Eleodora acostada sobre la cama de su amigo.

—No, quizá todo se ha perdido —dijo don Enrique, refiriéndose al largo desmayo de Eleodora.

En ese momento llegó el que había ido donde el empresario del teatro á alquilar un vestido de sacerdote; y para excitar la hilaridad de sus amigos, tuvo la rara ocurrencia de vestirse en las escaleras con los hábitos sacerdotales; y entrando muy cómicamente, acercose á don Enrique para decirle:

—Dígame U., señor novio, ¿insiste U. en llevar adelante la farsa del matrimonio?

En ese momento vió á Eleodora y torciendo la boca y alzándose de hombros: —¡Misericordia, así están las cosas! —y después de esta exclamación se retiró de allí para arrojar esos vestidos, asegurando, que le quemaban como si llevara la túnica mitológica de Deyanira[177].

Don Enrique no hablabla una sola palabra. El estado de enfermedad de Eleodora le traía preocupado, y profundamente apenado; parecía no oír ni ver cosa de lo que á su alrededor pasaba.

Sus amigos, más dispuestos á la broma y á la risa, no prestaban atención á sus contrariedades. Y aquel que había llegado disfrazado con aire sacerdotal hacía graciosas piruetas[178], y con asombros de humorismo, decíales: —Amigos míos, ¿se baila ó no se baila?

—Sí, señores, ó adentro ó afuera –proponía Rodolfo.

—¿Hay o no hay boda? –preguntaba Ricardo. Don Enrique contrariado de más en más con esta situación, dió un golpe con el pié en el suelo, pidiendo silencio, y diciendo que no le hablaran, pues que tenía no una, sino mil legiones de demonios en el cuerpo. El que había llegado vestido de sacerdote decíale:

—¡Pues, señor, me gusta tu mal humor! Después que hemos venido para ayudarte á atrapar una presa que para ti representa más de un millón de soles, nos recibes poco menos que á trancazos[179]; ni el haberme vestido de sacerdote agradeces, teniendo en cuenta que es el mayor sacrificio que podía yo hacer...

—Pues resolvamos lo que debe hacerse.

—Llamar á un médico.

—No, nadie debe enterarse de que Eleodora está aquí conmigo –respondió colérico don Enrique.

—Entonces, hagámosle nosotros algunos remedios.

—Sí, convendría unas fricciones de alcohol –propuso Ricardo.

Y acercándose á Eleodora, llevó su mano al cuello como para abrirle el vestido. Don Enrique la detuvo precipitadamente, diciendo que nadie, sino él debía tocarla.

---

177 Véase nota 94 de *Eleodora*.
178 Véase nota 95 de *Eleodora*.
179 Véase nota 96 de *Eleodora*.

—¡Caramba hombre! Tú vas á ser el día que te cases un turco de lazo, puñal y veneno –díjole Ricardo mirándolo sorprendido.

Don Enrique hizo un movimiento de cabeza con el que quiso afirmar esa opinión.

Su amigo que lo comprendió, sonrió maliciosamente, y continuó:

—¡Qué inocente eres! No sabes que los ladrones nunca se roban entre sí; o crees que, porque me gusta merodear en el huerto ajeno no sé respetar la fruta del amigo.

A lo que uno de ellos observó:

—Sí, dígalo tu buen amigo Nicacio, que tan graciosamente te convida á comer todos los domingos, y tú le enamoras á su mujer.

—¡Ta, la, la, lá! –y riendo con ironía dijo:– es que yo no llamo amigos sino á los que me acompañan de las doce de la noche para adelante.

Don Enrique no atendía á la bulliciosa charla de sus amigos preocupado como estaba con el estado ya alarmante de Eleodora.

Clareaba ya el día y Eleodora, rígida e inmóvil, con el semblante lívido y el círculo del ojo ligeramente amoratado, permanecía en la cama, con más aspecto de una muerta que de una persona llena de vida y juventud como era ella.

De súbito sintiose ruido de pasos en la escalera y los cuatro jóvenes se volvieron para mirar hacia ese lado.

La puerta que estaba entornada, se abrió violentamente, dando paso á la venerable figura del señor Alvarado, que con la fisonomía descompuesta y demudado, presentose ante ellos.

De una sola mirada pudo abarcar el cuadro que á su vista se presentaba, el cual, tuvo para el austero anciano la horrible significación de la deshonra.

El señor Alvarado había venido esperando hallar á su hija, quizá, subiendo las escaleras de la casa de su seductor; y al verla allí, acostada en la cama de él, sintió como si una oleada de sangre le inundara el cerebro.

Con los puños crispados, la mirada fulgurante y la respiración dificultosa, cual si una mano de hierro le comprimiera la garganta, dió algunos pasos, como si quisiera lanzarse sobre aquel infame, que por primera vez encontraba tan cerca de su vista; pero trató de dominarse, cuanto le fué posible, para poder hablar y preguntarle á don Enrique si sabía cómo se lavaban las manchas del honor; porque felizmente, en previsión de un lance como ese, había sacado su revólver.

Y después de dirijirle esa pregunta, el señor Alvarado amartilló tranquilamente su revólver.

—¡Miserable! –vociferó– vengo á matarlo á U.

Los cuatro jóvenes que desde el principio se habían separado respetuosamente, dejando comprender que ninguna participación podía inculpárseles en este acontecimiento, aproximáronse y rodearon al señor Alvarado para impedir que cometiera un asesinato.

Ricardo decíale: —Señor, va U. á cometer un crimen del todo inútil; la hija de U. está al lado de un caballero que sabrá cumplir su deber.

El señor Alvarado, ciego de cólera, no oyó estas palabras y levantó el brazo para descargar su revólver sobre don Enrique; pero Ricardo, por una de esas intuiciones rápidas y espontáneas, detuvo el brazo del señor Alvarado hablándole así: —Señor va U. á matar á su hija.

Como si estas palabras hubiesen hecho estallar el dolor que desgarraba su corazón, fijó enternecido su mirada en Eleodora, y de súbito, cambiando de expresión y con la voz temblorosa y el acento profundamente conmovido, dirigióse á D. Enrique, diciéndole: —¡Mi hija! ¡Devuélvame U. á mi hija!...

Pero aquel, que era hombre de mundo y muy resuelto á defender lo que él llamaba sus derechos, no se sintió conmovido con la patética exclamación del anciano; y dando á su voz el tono tranquilo y mesurado del hombre que habla con convicciones, díjole estas crueles palabras: —Señor, comprendo que no pretenderá U. llevarse á su hija, que como U. vé, está tranquilamente dormida en *mi cama*.

Y don Enrique marcó con cruel ironía estas últimas palabras, y luego continuó, diciendo:

—No hay más que una reparación para la falta que la hija de U. ha cometido, y yo sé cómo debo repararla. ¿Qué más quiere usted?

El señor Alvarado, mudo de estupor, miraba á su hija, que con el vestido algo entreabierto dejaba ver algo más que el nacimiento del cuello; y en la perturbación de ánimo en que se hallaba, no pudo notar que Eleodora no estaba dormida sino privada de conocimiento; y pasando la atónita mirada por todos los circunstantes, como si no comprendiera lo que sus ojos veían, con voz ahogada y trémula, exclamó: —¡Ya no hay remedio! ¡Ya no hay remedio!...

Y cual si huyera de aquel cuadro, que con tan horrible elocuencia le revelaba la deshonra de su hija, salió de la habitación, dando traspiés, y cubriéndose el rostro con las manos, pugnando por acallar los sollozos que salían de su pecho y ocultar las lágrimas que inundaban su rostro.

Cuando don Enrique y sus amigos quedaron solos, miráronse sin atreverse á decir una palabra.

La risa y el sarcasmo son armas que se embotan ante el verdadero dolor.

El señor Alvarado regresó á su casa y encontró á toda la servidumbre en grande agitación, esperándole para conocer los detalles de la «fuga», decían unos, y otros, el «robo de la señorita Eleodora».

Muy severamente, y con el tono áspero y terminante, impúsoles á todos silencio, limitándose á decir estas crueles palabras: —¡Eleodora ha muerto! Y luego, dirigiose á su alcoba para dar allí expansión á sus acerbos[180] dolores; tanto más crueles, cuanto más irremediables.

¡Ah! ¡Si él hubiera podido prever el espectáculo horrible que iba á presenciar, jamás hubiera ido al domicilio del infame seductor de su hija!...

Pero sucedió que la inglesa, aquella á quien Serafina calificó

---

180   *Acerbo*: cruel, riguroso, desapacible.

de judía é intratable, y que estaba encargada de velar por Eleodora, había sentido pasos en la azotea; y también el ruido como de una persona que cae; (fue el golpe de Eleodora al salir de la casa) y no pudiendo levantarse por estar atacada de reumatismo, había esperado que el día clareara para ir donde Eleodora á saber si también ella había sentido aquellos extraños ruidos; y al darse con la cama de la señorita con todas las señales de no haber dormido ella allí, había pegado tan estupendo respingo, que poco faltó para que rompiera uno de los cristales de la mampara; entonces, corrió donde el señor Alvarado para noticiarle *la fuga de la niña*, y lloraba á lágrima viva, pensando, no en la pérdida de la señorita, sino en la pérdida de los cincuenta soles que como criada de confianza ganaba.

Conocer la desaparición de Eleodora y salir sin perder más tiempo que el necesario para tomar su revólver fué, para el señor Alvarado, un acto tan irreflexivo y rápido, que sólo al hallarse en presencia de la realidad, llegó á comprender que hay situaciones en la vida ante las que no valen ni la autoridad de un padre ni la fuerza de un revólver.

La señora Luisa, que no necesitó de la relación de su esposo para adivinar la verdad de todo lo acaecido, faltole la fuerza para resistir tan rudo golpe y cayó gravemente enferma. Sus amigas y protegidas la rodearon, é iban diariamente á acompañarla; pero lejos de prestarle algún consuelo, recrudecían imprudentemente sus penas; las unas, dábanle detalles refiriéndole menudamente lo que en el público se decía de haber salido Eleodora escalando paredes como una *chola*[181]; otras, extremaban la falta de la niña, de haber dado semejante paso, sin tener en cuenta la honra de sus padres ni el rango de su nacimiento. Y si bien todas la acompañaron á llorar, sonándose fuertemente para dar testimonio de su llanto; muchas, en el fondo de sus pérfidos corazones, regocijáronse de que la orgullosa familia, y muy señaladamente el encopetado señor Alvarado, hubiera recibido «un golpe que le había de hacer agachar la cabeza».

---

181   Aquí, a diferencia del tratamiento que se le da en el capítulo IX, el término sí es utilizado en sentido peyorativo.

XIII

En previsión de la fuerte impresión que pudiera recibir Eleodora, al recobrar el conocimiento y encontrarse sola rodeada de hombres desconocidos para ella, don Enrique envió á Juan á buscar á doña Serafina, la que muy alarmada se presentó luego allí santiguándose, una y mil veces, sin acabar de salir de su asombro al saber la estupenda noticia.

¡La señorita Eleodora en casa de don Enrique!... ¡Esto sí que era para no acabar de santiguarse ni asombrarse en un año!... Juan refirió á Serafina lo que sabía y conocía en cuanto á la causa de aquel *insulto*. ¿Quién podía adivinarlo habiendo pasado la noche los dos solitos? Y Juan y Serafina rieron maliciosamente.

Eleodora recobró el conocimiento minutos después de la salida de su padre; cual si aquel grito desesperado de él hubiera de tal manera conmovido sus entrañas que la circulación de la sangre, acelerada por las palpitaciones del corazón, hubiera llevado al cerebro el calor que necesitaba para volver á las funciones naturales de la vida.

Don Enrique, con todo el artificio propio de su experiencia, alcanzó que Eleodora no volviera ni á recordar el trance aquel, tan amargamente apurado, en la noche pasada.

Eleodora pasó el día feliz esperando complacida la hora del deseado enlace.

Felizmente, los arreglos matrimoniales anduvieron tan á prisa, y con tan buena suerte, que aquel mismo día todo estaba listo.

Por esta vez, don Enrique no hubiera podido exigir mayor esmero y diligencia que la desplegada por sus amigos para llenar cada cual su cometido.

Entraba en sus cálculos el no dejar á un compañero de juego y trapacerías[182] amorosas representando un papel desairado y triste ante el padre de la joven. Y á no haber estado ellos en completo estado de *arranquitis*[183], bien seguro que no hubieran necesitado ir en demanda de un prestamista (como lo hicieron) para llenar las necesidades del dinero.

Hasta en la comida que debían traerles del hotel, pensó Ricardo, diciendo que no porque los novios se dieran un atracón de caricias, y estuvieran reventando de amor, se les había de dejar con los estómagos vacíos.

A las ocho de la noche (no se pudo antes), el nuevo domicilio que debían ocupar ambos esposos quedó amueblado y con todos los enseres indipensables para el lleno de las necesidades de este nuevo hogar; y los amigos de don Enrique llegaron muy peripuestos[184] de frac y guante blanco como si de matrimonio lujoso, y de gran tono, se tratara.

Pero que mucho que tal hicieran, si hasta madrina para Eleodora le trajeron; esta era la madre de Ricardo; una buena señora, algo positivista, que al olor de una boda con la cual atrapaba un amigo de su hijo la inmensa fortuna del señor Alvarado, se puso alborozada y jubilosa con el madrinazgo; y para darle mayor lustre á la ceremonia, se adobó[185] y emperejilose[186] como si sangre moza corriera por sus venas.

La señora desempeñó su papel á maravilla; aunque no conocía á don Enrique, ni de vista, le habló y trató como si de antiguo fueran amigos íntimos.

Entraba en sus atinados cálculos no dejarle conocer á Eleodora que á don Enrique le faltaba una amiga íntima á quien investirla con el honroso título de madrina de este aristocrático matrimonio.

---

182 *Trapacería*: o trapaza, fraude, engaño.
183 *Arranquitis*: (Perú) estado de arranquitis equivale a ser o estar arrancado, que quiere decir, ser o estar pobre.
184 *Peripuesto*: que se adereza y viste con demasiado esmero y afectación.
185 *Adobar*: disponer, preparar, arreglar.
186 *Emperejilar*: adornar a alguien con profusión y esmero.

Dos coches de alquiler llevaron al templo á los novios con los testigos y padrinos; y de allí, terminada la ceremonia, regresaron á su nueva morada donde todos reunidos tomaron una copa de champaña.

El señor Alvarado no queriendo, según decía él, conservar en su poder, ni por un cuarto de hora, aquello que por herencia correspondía á su hija, enviole los títulos de todas sus propiedades con la autorización y notificación á los administradores de reconocer como única propietaria á su hija Eleodora, ítem, enviole también todo el mueblaje de sus habitaciones y sus ropas de vestir. Como hombre ajustado al cumplimiento de las leyes, no se creía con derecho para desposeer á su hija de aquello que le correspondía.

A pesar de su encono, supo dominarse pensando que así daba definitivo corte á todo lo que tuviera relación con aquella situación que debía alejar de sus recuerdos por cuantos medios estuvieran á su alcance. Era necesario que Eleodora muriera verdaderamente para él.

Ocho días después del matrimonio[187], Eleodora y su esposo tomaron el tren de La Oroya[188], para ir á saborear su deliciosa luna de miel en San Eloy, magnífica y riquísima hacienda, que junto con otras propiedades formaba parte de la dote que, en herencia, le dejara su difunta tía, la señora Alvarado.

Eleodora sitiose gratamente impresionada con la vista de la feraz campiña de la hacienda.

La casa era una de esas altas y grandes quintas, medio normandas por su pesada construcción, y que desde luego revelan, como si trascendieran al rancio olorcillo aristocrático, que fueron edificados allá por los años en que el repartimiento de tierras era la base de algún título nobiliario de los ricos *homes de Castilla* trasladados al Perú.

Un gran vestíbulo dividía en dos el cuerpo del edificio central dejando dos fachadas á modo de castillo, y que á la vez parecen granja, edificada con piedra blanca, á la que el tiempo habíale

---

187   En *Eleodora* ocurre el mismo día.
188   Véase nota 100 de *Eleodora*.

dado ese lijero tinte gris, en el cual el polvo depositado sobre la áspera superficie formaba dibujos de sombras onduladas.

Eleodora llegó á San Eloy á esa hora poética y deliciosa de la puesta del sol. Aunque en pleno invierno, aquel día había sido uno de los muchos en que el sol nos visita, como si dijera, lleno de mimos y esquiveces por lo apresurado y desdeñoso como se aleja.

¡Qué hermosa es la campiña cuando el amor y la juventud acompañan sonriendo á la par de las esperanzas!

Desde lejos divisó la cruz de la capilla en cuyo extremo se había posado un cuervo, y con abiertas alas, se ensayaba para colocar allí sus negras patas sin llegar á sostener cuando perdía el equilibrio del acompasado aleteo.

Terminado el trayecto que podían ir en el tren era necesario continuar el viaje á caballo para lo cual esperábalos, en la estación de Chicla, un par de magníficos alazanes apeados[189], el uno para la señora, y el otro, para caballero.

El caballo de Eleodora trotaba á paso tendido y la brisa húmeda de la tarde azotaba su semblante, deliciosamente animado ante el espectáculo, nuevo para ella, de la hermosa campiña de San Eloy.

Don Enrique iba al lado de ella, y de vez en cuando, inclinaba el cuerpo para pasar por bajo de las ramas que le frotaban el rostro y los hombros. Eleodora notaba que él prefería estas molestias antes que desemparejar su cabalgadura del lado de la de ella. Estos pequeños detalles la llenaban de satisfacción y miraba enternecida á su esposo.

Cuando algún perro guardián, de esos que á semejanza de una avanzada da la voz de alarma para que acudan todos los de la audaz jauría, atacaba el caballo de Eleodora, él salía al encuentro del atrevido can, y amenazándole con la brida, espantaba al impertinente. Y para disipar sus temores de novel amazona, decíale que su caballo era muy manso y le refería todas las veces que él lo había visto cargando hasta chiquillas de siete años.

---

189 *Apear*: maniatar a una caballería para que no se escape.

El espectáculo, que á la vista de Eleodora se presentaba, era encantador y delicioso. Sobre las ramas de los manzanos y las higueras, algunos pájaros se posaban, y erizando sus plumas al aire, ensayaban trinos que ella percibía mejor que su galán.

El terreno montañoso se extendía hasta perderse de vista, y los matices intercalados del verde oscuro al verde gris, ó esmeralda, formaban manchas sobre la superficie que se perdía en el horizonte, confundiéndose en el tono mismo del cielo.

Así que estuvo cerca de la hacienda, oyó el berrear de las ovejas y el mujido de los bueyes.

Más cerca ya, percibió el estridente coro de los ejes de los carros que salían vacíos tirados por bueyes que, con tardo y acompasado paso, llegaban á la granja, después de haber llenado su tarea para ser desuncidos[190] é ir mosqueando[191] el ijar[192] con la cola, á pacer en los cercanos *potreros*[193].

Una multitud de gañanes[194], vestidos con camisa y calzón de burdo lienzo[195], salían de la pampa; unos con la enorme segadera[196], otros, con algún otro instrumento de labranza.

Todos tenían noticia de que la señorita, la hija del señor Alvarado, y verdadera dueña de la hacienda, llegaría aquel día, y venían á la casa hablando del suceso de la llegada de los nuevos amos.

Con ese descaro insolente del *zambo*[197] peruano (la mayor parte pertenecía á esta raza) comentaban y discurrían sobre este suceso. Cuando vieron llegar las dos cabalgaduras, en que venían don Enrique y Eleodora, corrieron á agruparse al pié de la escalera, los unos, con las bocas abiertas, los otros, estirando el pescuezo para ver mejor. No fué corto su asombro al darse con Eleodora: ¡una jovencita que les parecía una niña!

Ellos se habían imaginado que la propietaria de aquel fundo tan vasto como productivo, debía ser alguna señorona muy gruesa

---

190 *Desuncir*: quitar del yugo las bestias sujetas a él.
191 *Mosquear*: azotar, vapulear con el objeto de espantar las moscas.
192 *Ijar*: o ijada, cada una de las dos cavidades simétricamente colocadas entre las costillas falsas y los huesos de las caderas.
193 *Potrero*: terreno cercado con pastos para alimentar y guardar el ganado.
194 *Gañán*: hombre de labranza.
195 *Lienzo*: tela que se fabrica de lino, cáñamo o algodón.
196 *Segadera*: hoz para segar.
197 *Zambo*: mestizo resultante de la unión entre el blanco y el indígena.

y pesada, como si el oro que recojía lo llevara de lastre dentro del cuerpo. ¡Pues no era poco el contraste! Y después que la vieron bajarse del caballo, no se cansaban de comentar el hecho, diciendo que hay cosas en el mundo que es necesario verlas para creerlas.

Como el tren los había conducido hasta los alrededores de la hacienda, el viaje á caballo fué, á la opinión de Eleodora, demasiado corto; ella hubiera querido que se alargara algo más, y dijo que se sentía expedita para ir á dar un paseo por la huerta que, según noticias, estaba enriquecida de magníficos árboles frutales. Don Enrique fué de opinión que debían de ir á ver las maquinarias de moler caña que, á su concepto, merecían la preferencia á cualquier otro paseo que pudieran realizar.

A Eleodora le pareció poco poético ir á ver máquinas y propuso que dejaran esta visita para el regreso de la excursión campestre.

Ambos salieron apoyándose ella en el brazo de él y se dirigieron á la era[198] más próxima. Iban orillando un sembrado de alfalfa que, en estos meses de invierno, toma toda la belleza y lozanía de otras plantas en la estación estival. La luz pálida del sol prestábale á aquel verde esmeralda toda la brillantez y frescura de la égloga por sus tonos pastoriles, que á Eleodora le recordaban unos paisajes que ella había mirado con indecible encanto, no en galerías de pinturas ni en algún salón adornado de cuadros originales, sino en unas persianas que ella tenía en su cuarto de vestir; y de las cuales, su padre dijérale ser copias de paisajes suizos.

Siguieron el camino hasta llegar á un florido ribazo[199] alfombrado de hierba silvestre sobre el que se destacaba, aquí y allí, algunos manojos de retamas que, en el vaivén de sus largos tallos, imitaban el imperceptible susurro de las ondas de un lago. Más allá, en un montículo de tierra, habíase crecido, entremezclados, algunos *mastuerzos* rojos y amarillos formando perfumado colchón de redondas hojas y vivísimos colores.

Como la hacienda no había sido cultivada con esmero por el

---

198   *Era:* cuadro pequeño de tierra destinado al cultivo de flores y hortalizas.
199   *Ribazo*: porción de tierra con elevación y declive.

actual administrador, y la hoz del cegador andaba lerda por allí, sucedió que las hierbas silvestres, con su invasor y exhuberante crecimiento, habían formado techumbres de verdura donde con rabioso empeño disputábanse el sobreponerse las unas á las otras cual si entre las plantas fuera, como entre los hombres, ley establecida «la lucha por la vida».

Aquellos sotos[200], formados por muros y decorados por cortinajes de verdura, extasiaban á Eleodora, y mientras don Enrique, extremaba el descuido de aquel taimado administrador, que así dejaba la mala hierba en completa posesión de los mejores terrenos; ella, se deshacía en exclamaciones de admiración y entusiasmo afirmando que encontraba fuera de razón y buen gusto el destruir aquellas obras artísticas trabajadas por la naturaleza.

Eleodora respiraba á pleno pulmón aquel aire oxijenado, nuevo para la que como ella ha crecido y vivido en habitaciones cerradas, convencida que no había otro aire que aquel enemigo de la salud, y del que la guardaba su madre, diciéndole que era muy malsano respirar el relente[201] de la noche, ó las brisas húmedas de la mañana. Su joven organismo se vivificaba y sentía, en lo más hondo del alma, gozo inexplicable, alegría expansiva que le traían el deseo de dar gritos y acompañar con su voz el concierto de voces y ruidos que en esos lugares tiene la naturaleza.

Eleodora se imaginaba que también la tierra estaba como su corazón: rebosando amor y dicha. El ruidoso cuchicheo[202] del agua, que en un gran *cequión*[203] corría, llevola á descubrir otro lugar aún más encantador que todos. Allí, los bresnos, los helechos parecían extender sus brazos para recibir la caricia que, juguetonamente, les arrojaba la corriente en menudas gotas de agua.

Don Enrique dió explicación algo prosaica al concepto de Eleodora, pues que dijo: —Esta debe ser el agua con que riegan los sembríos del panllevar[204].

---

200 *Soto*: sitio poblado de árboles y arbustos.
201 *Relente:* humedad que en las noches serenas se nota en la atmósfera.
202 *Cuchichear:* hablar en voz baja y al oído a alguién, de modo que otros no se enteren.
203 *Cequión:* cequia o acequia de gran tamaño. Esta es la zanja o canal por donde se conducen las aguas para regar y para otros fines.
204 *Panllevar:* (Perú) conjunto de productos agrícolas de primera necesidad.

Apenas si escuchó ella estas palabras con las que ya él quería darse humos de agricultor. Extasiada, miraba aquel panorama alumbrado, á la sazón, por la suave luz espectral del crepúsculo de la tarde reflejado en las mil luciérnagas que salían de entre los gramadales y se echaban á volar persiguiéndose unas á otras.

La incomparable serenidad de la tarde parecíale á Eleodora que la envolvía en un hálito de amor que fortalecía todo su organismo. A pesar de la calma de todos los elementos, á ella antojábasele que todo se movía y ajitaba, y percibía murmurios[205] alegres, estremecimientos cariñosos, ráfagas de placer y de vida que le penetraban como sutil fluido por los poros del cuerpo. Si alguno, imprudentemente, la hubiera querido volver á las realidades de la vida diciéndole que aquella felicidad era pasajera, que aquella campiña había de hastiarla, que aquel hombre podía dejar de amarla; ella hubiera prorrumpido en una risotada llena de incrédula burla; asegurando que esa dicha, que tan hondamente sentía, no era posible que el tiempo pudiera destruir.

Luego, con todo el alborozo de la mujer que ama apasionadamente, saboreaba la impresión, nueva también para ella, de tener allí encadenado, rendido amorosamente, al famoso conquistador al que doña Serafina había antes calificado de «incasable» y empedernido; allí, llamándola por su nombre y dándole el título de esposa, de «mi querida Eleodora»; le tenía ella por toda la vida; y al sentirse, por primera vez, investida de la altísima prerrogativa femenina, al comprender cómo y hasta qué punto le tenía esclavo á su voluntad, sentía deliciosamente los ímpetus de su sangre virginal, que agolpándose al corazón, le subían al cerebro produciéndole deleitosa embriaguez; y Eleodora se absorvía en la contemplación de su esposo mirándole, cuando no podía de frente, al menos de reojo.

¡Qué hombre tan perfecto era su esposo! Ni el escultor, ni el anatómico hubieran de tachar con una tilde aquellas paletillas[206] bien proporcionadas, de vigorosos hombros, sobre los que se destacaba un cuello musculoso y varonil, y la poderosa nuca cubierta

---

205 *Murmurio:* ruido seguido y confuso al hablar o que producen algunas cosas.
206 *Paletillas:* omóplatos.

de ese vello que es signo de la virilidad en el hombre; el trazo de la frente bien delineado, con lijeras entradas, y en línea artística con la correcta nariz; el ojo pardo oscuro, de mirar profundo; los labios lijeramente arqueados, carnosos y rojos, revelando el temperamento sanguíneo de don Enrique y sus tendencias voluptuosas; luego, el sedoso y fino bigote que iba á confundirse con las hermosas patillas cuyas hebras la brisa de la tarde agitaba esparciéndolas sobre su cuello y sus hombros; y la apostura gallarda, digna de servir de modelo al más inspirado y exijente artista. ¡Oh! Después de examinar así á su esposo, ¡Eleodora no se hubiera cambiado ni por la reina más poderosa del mundo!...

Cuando regresaron de su paseo, era ya demasiado tarde para realizar el deseo de don Enrique de visitar las máquinas y fué forzoso aplazarlo para el siguiente día.

Ya que era tarde para pasear las máquinas, se ocuparon en conocer la casa. Cuando llegaron al mirador, que dominaba toda la campiña, don Enrique quiso conocer los linderos de la hacienda, cuya extensión no podía todavía calcular. Eleodora se asombró al ver que la vista se perdía antes de llegar á las haciendas que el administrador le señalaba como limítrofes á la suya. Ella sabía que era muy grande, pero nunca se había imaginado que lo fuera tanto:

—¡Qué! –(decía) ¡Si parece que fuera interminable!...

Los días que Eleodora pasó en San Eloy fueron un incomparable idilio. Ella no soñó jamás con nada semejante, ni aún en la gloria.

Sólo sí, después de algunos días, notaba que, de vez en cuando, don Enrique manifestaba tener tan violento carácter que bien podía ser susceptible de arrebatos que lo llevaran hasta el furor más exaltado y ciego.

Pero, ¿por qué aflijirse de ello, si estaba resuelta á no tener más voluntad, ni más raciocinio, ni más luz para su conciencia que la que de él viniera, y ser en lo porvenir, mansa paloma sin más fin que vivir para velar por la felicidad de él? Y luego, de ordinario era tan bueno, tan amable, la amaba tanto que ni un instante las negras sombras del arrepentimiento nublaron la radiosa[207] estrella que esperaba había de alumbrar por siempre su destino.

Si alguna vez el recuerdo de su afligida madre ó de su desesperado padre cruzaba por su mente, lanzaba tristísimo suspiro, y se decía a sí misma: —¡Qué hacer! Ese es el destino de los padres, separarse sus hijos. Ya vendrán ellos á mí cuando se convenzan que soy tan feliz cuanto pueden ellos ambicionar.

Don Enrique y Eleodora miraban el porvenir como encantado paraíso donde se deslizaría su vida sembrada de placeres que formarían los interminables horizontes de su felicidad.

Don Enrique decía que el matrimonio regeneraba al hombre elevando su alma hasta llevarlo al goce de las, santas y dulces, fruiciones de la vida conyugal.

Eleodora, por su parte, creía firmemente que el amor no dejaría jamás de cantarle al oído esa embriagadora y cadenciosa armonía, que embellecía su luna de miel, y á cuyo arrullo ellos se adormirían sin darse jamás cuenta de contrariedades ni penas.

¡Inocente! Ignoraba que el amor es como ciertas aves que, en completa libertad, cantan deliciosamente y enmudecen, ó chillan desapaciblemente, así que se las aprisiona...

Nunca las horas del día fueron para ella, como son en el campo, demasiado largas: la vida campestre le encantaba y una vez don Enrique se rió mucho de ella, porque llevada de su entusiasmo exclamó: —¡Por qué no fabrican las ciudades en el campo!...

---

207 *Radiosa*: que despide rayos de luz.

XIV

Dicho se está que doña Serafina fué con todos sus bártulos[208] y chismes[209] á formar parte de la familia, gozando de toda suerte de consideraciones, en su desempeño de ama de llaves.

Esta residencia en el campo no dejaba de contrariarla y, muy compunjida, decía que una mujer virtuosa, y arreglada, no puede vivir en una hacienda, pues que necesita frecuentar sacramentos, y asistir á los oficios divinos, con la constancia indispensable al buen servicio de Dios y de nuestra Santa Religión.

Disgustábala más que todo el espectáculo de esa felicidad matrimonial, tan antipática para ciertas solteronas de mala índole, que no gustan ver tan de cerca, aquello que les está vedado de por vida.

Nada escandalizó tanto á la católica ama de llaves, como el saber que en San Eloy no se decía una misa hacía más de cuatro años; y esto era todo más punible, cuanto que la hacienda contaba con una lujosa capilla, con vasos y ornamentos y con todo lo preciso para tan indispensable y santo sacrificio. Y su escándalo subió de punto cuando supo, por Eleodora, que la señora Luisa entregaba ocho soles todos los meses para que el administrador pagara las misas que se oficiaran los domingos y días feriados en San Eloy.

Es decir, que el pícaro administrador se *embolsicaba*[210] los ocho soles y dejaba sin la misa de obligación á todos los moradores de la hacienda... ¡Qué tal pillería!...

---

208   *Bártulos*: enseres que se manejan.
209   *Chisme*: baratija o trasto pequeño.
210   *Embolsicar*: (Perú) meter algo en el bolsillo.

¡Cómo era que ese hombre no había estallado despúes de cometer tan horrible pecado! ¡Y el muy herejote estaba gordo y lucio[211] como si tal cosa hiciera! Y en vez de lloverle castigos le habían llovido soles de plata y tenía tan abultado abdomen que parecía que llevara guardada la almohada cuadrada de su cama. Y cuando ella le hablaba de cosas referentes á la capilla, él se reía con toda la boca y, dándose palmaditas en el vientre, decía que ni *ñizca*[212] de falta les había hecho la misa y que todos habían estado contentos y felices en San Eloy.

Doña Serafina no atinaba á explicarse este estupendo contrasentido en completa oposición con sus más íntimas creencias.

Su primer cuidado fué, pues, limpiar y desempolvar la capilla para que pudiera oficiarse la misa del próximo domingo. ¡Ay! El corazón se le hacía trizas al ver tan irreverente descuido y tan culpable dejadez con las cosas de Dios.

Pero si es que la capilla dá grima[213] verla —exclamaba mirando toda aquella desordenada aglomeración de objetos que eran batidero de ratas y murciélagos.

¡Cómo era que el sol calentaba á hombres tan olvidados y alejados de todo deber religioso!...

Pero donde sus aspavientos llegaron á la nota más alta de su asombro fué cuando se dió de manos á boca, y cuando menos lo esperaba, con un nido de ratas en el altar mayor, ¡escondidas debajo del manto de la Virgen!... Serafina pegó tan estupendo respingo que hubo de caer, cuan larga era, por no haber dado contra una de las columnas del altar.

Muy pronto se repuso de tan desagradable impresión y quiso llevar su investigadora mirada hasta los lugares más inaccesibles á su paso, y con ajilidad extraordinaria, de tiempo atrás desconocida para ella, subió las estrechas y empinadas escalerillas, que ocultas, como es uso, sirven para subir á la parte alta del altar mayor. Allí también le esperaba otro aflictivo espectáculo. ¡Pues no era cosa para volverse loca, ver cómo los murciélagos se habían posado sobre la cabeza de San Miguel que, hollando el cuerpo del

---

211 *Lucio*: terso, lúcido.
212 *Ñizca*: (Perú) pizca, porción mínima o muy pequeña de algo.
213 *Grima*: disgusto, desazón.

diablo, con la flamígera espada en la diestra estaba!... Y esos malditos animaluchos, que no en vano son tenidos por signos de mal agüero, en vez de elegir la cabeza de Lucifer, escogieron la cabeza del Arcángel, y la convirtieron en inmundo lugar de sus escrementicias deposiciones.

Olía allí á orines como si, más que lugar sagrado, fuera criadero de ratas. Sobre el polvo depositado en el suelo, véianse caprichosos dibujos formados por la huella de esas alimañas, moradoras impías de la capilla.

Serafina buscó al sirviente para que le ayudara á bajar á San Miguel. No fué poco el trabajo y los forcejeos que tuvo que hacer para desempotrar al Santo, que, como es de estilo, solo tenía un pié en el piso, y el otro, sobre el cuerpo de Satanás. Y cuando logró, ayudada por el sirviente, arrancar al Arcángel de su sitio, sucedió que el Diablo, dando media vuelta, quedó con los brazos metidos debajo de las faldas de Serafina. Ni pizca de cuidado le produjo á ella este movimiento, que se dijera significativo, si no hubiera sido producido por un forcejón del sirviente para arrancar al santo del zoquete[214] de madera que le servía de sostén. Serafina volvió á su sitio á Satanás empujándolo con el pié, y al fijar en él la vista, no pudo dominar sus repugnancias, y escupiéndole en la cara, díjole: —A ti sí que no te he de lavar aunque te ensuciaran todos los murciélagos del universo.

Y después de lanzarle este apóstrofe, descendió las escaleras, seguida del sirviente, que traía cargado á San Miguel, con el rostro tan manchado, que se asemejaba á uno de esos sifilíticos que llevan el rostro desfigurado por las erupciones purulentas de la piel.

Serafina lavó y limpió con sumo cuidado la cabeza de San Miguel hasta dejarla completamente reparada de los desperfectos causados por los murciélagos. Muchos días pasó en la capilla ocupada en esta, para ella, santa y deleitosa tarea de reparar y asear la hermosa capilla de San Eloy. Y era de vérsele, subida sobre una escalera de mano, con el plumero en la diestra y una

---

214 *Zoquete*: pedazo de madera corto y grueso que queda sobrante al labrar o utilizar un madero.

toalla al hombro, limpiando y frotando las molduras doradas del lindo altar principal.

Al fin, tuvo la satisfacción de ver en completo estado de limpieza, y pintada de nuevo, la que ella halló sucia y lastimosamente inutilizada capilla. El segundo domingo (el primero le fué imposible) gozó de la inapreciable dicha de ver oficiarse el Santo sacrificio de la Misa en la capillita; y su alma se bañaba en íntimo goce al pensar que toda esa gente, que había vivido empecatada[215], sin cumplir con ese precepto divino, había alcanzado este beneficio, debido exclusivamente á ella y á su santo anhelo por todas las cosas de Dios.

La Iglesia se llenó ese día de bote en bote[216]. Uno de los empleados de la máquina, felizmente, sabía *ayudar* y el señor Capellan de la hacienda vecina vino á San Eloy á oficiar la misa, á la que, muy devotamente, asistió Eleodora.

Don Enrique no quiso dejar el lecho, a pesar de haberle dicho su esposa que recordara las misas que oía cuando era su pretendiente; pero él muy humildemente pidiole que le dejara en cama; pues deseaba descansar, ya que tan empeñosamente trabajara toda la semana.

¡Qué hacer! Los hombres son así; prefieren refocilarse[217] cómodamente entre sábanas, á ir á cumplir con la Iglesia como Dios manda...

Bien pronto doña Serafina, muy dada á comadrear[218], hubo de pegar mangas[219] con todas las mujeres de la hacienda, y se les enjaretaba[220], y entrometía para otear y andarse á la husma[221] de la vida íntima de cada una de ellas —¡Pero si es que en San Eloy no hay una sola que sea casada!... exclamaba Serafina, tomándose con ambas manos la cabeza. —¡Ave María! ¡Creo en el misterio de la Santísima Trinidad!... (y aquí doña Serafina se santiguaba para que Dios la librara de igual culpa).

---

215 *Empecatada*: forma familiar de referirse a vivir en pecado.
216 *De bote en bote*: lleno, repleto de gente.
217 *Refocilarse*: regodearse, recrearse en algo grosero.
218 *Comadrear*: dicho en especial de las mujeres, equivalente a chismear, murmurar.
219 *Pegar mangas*: introducirse a participar de algo.
220 *Enjaretar*: endilgar, encajar, intercalar, o incluir algo molesto o inoportuno.
221 *Andar a la husma*: andar inquiriendo para saber lo oculto, sacándolo por conjeturas o señales.

—¡Si todititas viven en el más pecaminoso amancebamiento! Hasta llegó á descubrir que había una que *se vivía*[222] con su compadre espiritual; esto como si se dijera, con su hermano carnal según se lo había manifestado á ella su padre de espíritu.

Y para llegar á la certidumbre de algún enredijo[223] que le tenía en mortificante duda, dejaba su mullida, aunque solitaria cama con la primera luz del día, y se iba allí, donde podía pillar en infraganti delito á los pecadores.

Contaba para estas interesantes pesquizas con todo su tiempo desocupado; porque doña Serafina, aunque investida con el título de ama de llaves, entendía tanto en el manejo de éstas como en la labranza del fundo.

Desde que llegó á la casa, se dió aires de señora que debía mandar y no obedecer, puesto que muy señalados é importantísimos servicios le debían Eleodora y su esposo; que no así á humo de pajas[224], había ella desempeñado el «humillante papel de alcahueta» llevando y trayendo cartitas y recaditos, y aconsejando á Eleodora en favor de don Enrique, contrariando así la voluntad de sus padres, y faltando á la confianza que ellos habían depositado en ella; lo que bien mirado había sido muy mal proceder; y más nunca se le ocultó que este era pecado gordo. (Conste que doña Serafina no vino á caer en la cuenta de esta humillación y de este pecado, sino cuando trató de especularlos en beneficio propio).

Y puesto que tantos sacrificios y tan importantes servicios tenía prestados, justo era que cosechara el premio de ellos; tanto más necesario, cuanto que la salud principiaba á menguarle, y de continuo padecía dolores en una pierna, y diarias irritaciones que la imposibilitaban para todo género de trabajo activo; y por ende, necesitaba tener asegurada una vida más sedentaria y tranquila que la que hasta entonces llevara en casa de los esposos Alvarado.

Juan sí que se portaba como todo un leal y buen sirviente llenando su cometido, de mayordomo de la casa, con sumo esmero y diligencia.

---

222   En lugar de «vivía», se intenta retratar el habla popular de los habitantes de provincia.

223   *Enredijo*: forma coloquial de decir enredo o maraña.

224   *A humo de pajas*: sin hacer ni decir algo vanamente, sino con su fin y provecho.

Y esas involuntarias sensaciones que, á su pesar, encendieron su sangre y estremecieron su cuerpo, cuando escalando paredes iba á donde Eleodora, y ella le tomaba las manos y le hablaba quedo acercando su boca al oído de él, lo que le producía tal sensación que... ¡ah! Felizmente esos estremecimientos y esas impresiones, no fueron más que despertamientos de su vigoroza y potente naturaleza. Así fué que él pudo rechazar, deponer honradamente, todo recuerdo, toda acción, que pudiera alimentar y sostener esa situación, á su concepto, inexplicable.

Desde el punto que Juan, vió en Eleodora á la esposa de su querido amo, realizose en su espíritu la más tranquila y favorable reacción; aceptando una nueva regla de conducta ajustada á sus nobles propósitos. Y todo esto lo practicaba inconscientemente obedeciendo, sólo, al secreto impulso de proceder con la lealtad innata del buen servidor.

Bien pronto, el más completo olvido favoreció sus nobles determinaciones, y le fué fácil persistir en ellas; sin esfuerzo alguno, puesto que, borrado el recuerdo de aquella situación sólo le quedaba el presente que era favorable á sus honrados propósitos.

Ni una sola mirada, ni una sola palabra, pudieron revelar más tarde que Juan tenía un corazón que voluptuosamente había palpitado al sentir el contacto de las manos, ó al percibir el tibio aliento, de Eleodora que él diría «perfumado» como los poetas.

Ella fué, pues, para Juan, la esposa respetada y respetable de su querido y antiguo amo.

Con lo que sí jamás quiso transigir fué con las ínfulas de gran señora con que despóticamente quería mandar, en la casa, doña Serafina. ¡Vaya con la beatona ociosa que pretendía tener mejor mando que la señorita! ¿Qué era lo que hacía en la casa? Entrar, salir, fumar cigarrillos que muy atrevidamente tomaba del velador del señor; y aprovecharse de la ausencia de los amos para gritar y mandar y aburrir á los otros sirvientes. Felizmente, desde un día que él la levantó tan alto diciéndole cuatro desvergüenzas, no había vuelto á resollarle, y estaba resuelto á no dejarse sobar las barbas[225] (aunque no las tenía) con esa lagarta[226] que de nada servía en la casa.

Cada día fué mayor la ojeriza[227] é invencible inquina de Juan para doña Serafina; juzgándose él con derechos mayores á hacer y deshacer cuando los amos faltaran de la casa, que esta advenediza, que ni siquiera podía decir haber, como él, pasado la mitad de su vida al servicio de ellos.

Cuando Juan se encontraba con Serafina en algún pasadizo ó habitación, regañaba censurando todo lo atañedero[228] al mal servicio de la ama de llaves. Ella le daba sendos *torcidos*[229], y cuando se alejaba, decía á sus espaldas: —¡Negro insolente que quiere igualarse con una!

Juan, á su vez, la llamaba: beata hipócrita, embustera y ociosa que solo la bondad de la señorita Eleodora podía soportar su mal servicio.

Lo cierto es que Serafina se pasaba la vida de aquí para allá, sin más oficio que el de oteadora, ó como decía Juan, *oleteando*[230] lo que no le iba ni le venía. Solo si se ocupaba mucho de las cosas de la capilla. Cosía purificadores con pespunte[231] calado, y manteles con ricas mallas que, más de una vez, le valieron entusiastas elogios del señor capellán de San Eloy.

Con gran felicidad, había dado con una caja antigua oculta debajo del altar mayor. ¡Cuánto partido no iba á sacar de este, que ella consideró, magnífico hallazgo!... ¡Pues si la tal caja contenía lujosísimos vestuarios que se podían aprovechar para remozar á la Virgen y á los Santos!

Averiguado el origen de esta vieja caja, llegó á descubrirse que uno de los antiguos administradores, por más señas francés de nacimiento, y muy dado al arte de Talía[232], había organizado al-

---

225 *Dejarse sobar las barbas*: dejar que pasen por encima de alguien, que lo subordinen o maltraten.
226 *Lagarta*: mujer taimada.
227 *Ojeriza*: enojo y mala voluntad contra alguien.
228 *Atañedero*: tocante, perteneciente.
229 *Torcido*: mostrar una expresión de enojo o cambiar el rumbo y la dirección alejándose de quien nos molesta.
230 *Oletear*: (Perú) inmiscuirse en asuntos ajenos.
231 *Pespunte*: labor de costura, con puntadas unidas, que se hacen volviendo la aguja hacia atrás después de cada punto, para meter la hebra en el mismo sitio por donde pasó antes.
232 *Talía:* una de las nueve musas griegas, inspiradora de la comedia y la poesía bucólica.

gunas representaciones dramáticas dando la preferencia á Lucrecia Borgia[233] y á Ninón de Lenclós[234].

Serafina no tuvo pues reparos en vestir á la Virgen con el manto de Lucrecia y los vestidos de Ninón. Hasta fué de opinión que aquel hallazgo era manifiestamente providencial; y que sin duda, en pago de sus meritorios servicios, se había realizado aquel estupendo milagro.

¡Encontrar una caja con todo lo que necesitaba para renovarle el manto á la Virgen!... ¡Oh! Aquello no podía ser sino un milagro patente.

¡Y luego hay gentes que dudan de estas cosas y no creen en milagros!...

Así, exclamaba Serafina, comentando este suceso que ella consideraba el más edificante prodigio que jamás hubo presenciado en su vida...

233 *Lucrecia Borgia* (1840- 1519): hija del cardenal Rodrigo Borgia y hermana de César Borgia quienes la utilizaron para sus intereses políticos. Famosa por su belleza y sus costumbres disolutas.

234 *Ninon de Lenclos* (1620- 1705): famosa cortesana francesa y mujer de letras. A su salón estuvieron invitados muchos importantes intelectuales del periodo, tanto hombres como mujeres. Ha dejado muchos epistolarios y la imagen de una mujer libre e independiente.

XV

La hacienda de San Eloy era, por su bellísima topografía y por sus valiosas producciones, uno de los fundos rústicos de mayor importancia de los alrededores de Lima. Don Enrique juzgaba haber hallado en él un rico vellocino de oro que le devolvería con creces su perdida fortuna.

Grandes planes, soberbios proyectos de plantaciones e irrigaciones fueron puestos en práctica con la halagüeña esperanza de convertir San Eloy en una mina de cortar oro.

Una maquinaria magnífica hacía la molienda de la caña, y con tal rapidez funcionaba, que diríase devoraba el fruto, el que convertido en miel, hervía en las calentadoras y pasaba á las concretadoras para salir de allí endurecido y granulado con admirable rapidez.

El primer día que Eleodora visitó *la máquina*, llamada así, á pesar de no ser una, sino varias, sintió indefinible impresión, y ya en el dintel, retrodeció acometida de instintivo miedo.

El vasto circuito ocupado por las máquinas, parecía sacudido y retemblaba produciendo sordo rumor. Eleodora se apretó contra su esposo, como si temiera ser arrrebatada por una de esas largas correas, que semejantes á esos mamíferos quirópteros[235] de reinos vertebrados, se mueven formando simétricas curvas y parecen sacar el movimiento del fondo de un abismo para arrebatar cuanto hallan á su paso.

Don Enrique trató de tranquilizarla asegurándole que no

---

235 *Quiróptero*: se dice de los mamíferos, crepusculares o nocturnos, que vuelan con alas formadas por una extensa y delgada membrana o repliegue cutáneo, que, partiendo de los lados del cuerpo, se extiende sobre cuatro de los dedos de las extremidades anteriores, que son larguísimos, y llega a englobar los miembros posteriores y la cola, cuando esta existe, por ejemplo, el murciélago.

había nada que temer, solo sí, debía cuidar de no aproximarse demasiado á los engranajes[236].

Don Enrique tomó por una mano á Eleodora, y ambos pasaron, cuidando ésta de levantar el vestido para no mojarlo en algunos charcos de melaza[237] que se habían formado en el suelo.

Salieron para ver las condensadoras que, llenas de miel, se ajitaban produciendo un ruido extraño y ensordecedor.

Eleodora quería que le explicaran cada una de las funciones que desempeñaban esos mil brazos movidos por un solo motor.

Desde aquel día, todos los subsiguientes, le consagró dos ó tres horas á «la máquina».

Entre las cosas que más le maravillaba á Eleodora, era ver cómo ese complicadísimo mecanismo de las máquinas, era todo manejado con asombrosa precisión por ¿quiénes diría U.?, preguntaba ella; pues nada menos que por chinos, que no sabían apenas hablar castellano; y que conforme á su contrata, no ganaban por ese importantísimo trabajo más que un sol cada semana, ¡oh! Esto le produjo honda aflicción; eran, según le dijo don Enrique, chinos *esclavos*: nombre que daban á los *colies*[238] contratados.

Sobre este punto, más que sobre todas las maquinarias, quiso que la informaran, indagando las condiciones de vida que esos infelices llevaban, y desde luego, se propuso ser, mientras ella viviera en la hacienda, protectora de los hijos del Celeste Imperio.

Los primeros días en que don Enrique dió principio á sus grandes empresas de plantaciones y reconstrucciones, trabajaba asiduamente, y dejaba el lecho con las primeras claridades del día;

---

236 Recordemos que en la famosa novela de Teresa González de Fanning, *Regina*, la protagonista muere triturada por uno de los engranajes de una máquina similar a esta. El hecho representa la amenaza de la técnica y la modernidad frente a la naturaleza, a la que se atribuyen los rasgos de pureza e inocencia con que se identifica la mujer romántica.

237 *Melaza*: líquido más o menos viscoso, de color pardo oscuro y sabor muy dulce, que queda como residuo de la fabricación del azúcar de caña o remolacha.

238 Cronológicamente, los chinos fueron el tercer grupo que llegó al Perú después de los españoles y africanos. Los setenta y cinco primeros llegaron el 15 de octubre de 1849, tras la ley de inmigración que buscaba incrementar la mano de obra para el trabajo en las haciendas de la costa. Con la abolición de la esclavitud negra, en 1854, este fenómeno se incrementó de tal suerte que hacia 1874 la colonia china en el Perú sobrepasaba los 80 000 individuos. Hubo mucha polémica acerca de las condiciones de viaje y los contratos que los condenaban a una situación de semi esclavitud.

pero, en la noche, sentía cansancio extremo y dolor desesperante en todo el cuerpo; y aunque reparaba por medio del sueño las perdidas fuerzas, comprendía que día á día íbanle decreciendo el brío y el entusiasmo.

Lentamente, fue abandonando tanto las faenas agrícolas, cuanto las nuevas empresas, y harto de la monotonía de esa vida, y de la insipidez de sus gustos, concluyó por discurrir que, mejor que dejar el blanco lecho para ir á bregar con el trabajo, era regodearse tranquilamente sin arriesgarse á perder la salud.

Después de algunos días de abandono y dejación de todo género de trabajo, vino á dar, al fin de largas reflexiones, en la triste convicción de que el hombre que como él ha malgastado su juventud habituándose al ocio, y dándose á toda suerte de vicios, no puede adquirir, como pretendía él, de la noche á la mañana, esa noble virtud del trabajo que solo se adquiere con la labor principiada en edad temprana y vigorosa.

Bajo la influencia de estas ideas, bien pronto las grandes empresas y los magníficos programas que, según él, eran el comienzo de importante serie de innovaciones, fueron abandonadas y hundidas en el más completo olvido.

Su salud alterose notablemente, sentía la fatiga invencible de un trabajo excesivo, que le traía apabullado y medio muerto. Como estaba habituado á trasnochar, resultaba que le era forzoso dejar el lecho en horas que él comenzaba á dormirse y el sueño rebelde le acometía, con invencible fuerza, á las horas que el hacendado debe estar en sus faenas.

Está visto, pensaba don Enrique, que hay hombres que han nacido para trabajar y otros para gozar. ¡Qué hacerse! Si la Naturaleza que es tan sabia formó los seres, los unos como el toro con su testuz[239] fornido, y armado de cuernos para atracar el arado, y el gañán[240] que es el complemento, más que del arado, del animal. Y junto al toro, ha colocado á otros animales que, como el perro parecen criados para ser el compañero del hombre, ó como las aves, para recrearnos y deleitarnos con sus cantos.

---

239 *Testuz*: en algunos animales, frente.
240 *Gañán*: mozo de labranza, hombre fuerte y rudo.

Pues, ¿qué remedio? Seguir los impulsos de la naturaleza; que así como no les ha dado á todos fuerzas intelectuales para pensar, tampoco les ha dado á todos fuerzas físicas para trabajar.

Y después de estas reflexiones, don Enrique decepcionado de sus aptitudes para el trabajo, resolvió dejar San Eloy y volver á Lima donde podía gozar tranquilamente de su cuantiosa fortuna.

Este viaje fué tanto más premioso, cuanto que la señora debía ir á Lima para el alumbramiento de su primer hijo.

Eleodora sintió indecible pena al dejar San Eloy; aquel encantado paraje donde, tan á sus anchas, gozara de las delicias del tranquilo hogar embellecido por todos los halagos y seducciones de su feliz unión.

Prometíase regresar en breve plazo tan pronto como pudiera conseguir este beneficio de su esposo; el que al presente le objetaba fundándose en la necesidad de ir á Lima para el alumbramiento del primer hijo, del futuro heredero.

Era pues forzoso abandonar San Eloy, é ir á Lima, quizá para no volver jamás. Eleodora lloró sus primeras lágrimas matrimoniales, si así puede llamarse, á las primeras que la esposa feliz vertía desde el día que, unida á su esposo, miró tranquila el porvenir.

¡Ah! Tal vez si esa felicidad tan tranquilamente saboreada, iba á quedarse allá, oculta bajo los forestales campos de San Eloy.

Cada uno de sus sitios predilectos, cada uno de esos bosquecillos de sauces entretejidos de enredaderas silvestres y de ramajes de multiflores, le recordaban algunos de los deliciosos momentos pasados en compañía de su esposo. Recorría aquellos parajes que más asiduamente había frecuentado; entre estos, había uno que fué el preferido. Era un ribazo rodeado de cañaverales y granadillos silvestres, á cuyo pié corría aquel *cequión,* del que don Enrique decía que llevaba el agua para los sembríos de panllevar. En este mismo sitio, recordó un percance muy gracioso, que les aconteció una de las primeras tardes que fueron á sentarse allí, estando ambos contemplando el bellísimo panorama de la puesta del sol, no fijaron su atención en la gran acequia cuya corriente había aumentado inmensamente, á tal punto que, el agua bifurcándose en dos brazos había rodeado el ribazo dejándolos como en una isla sin hallar por donde pasar al lado opuesto. Esperaron largo rato para ver si algún transeúnte pasaba por allí; pero era la hora en que todos los trabajadores se habían retirado ya, y á más, el sitio era poco transitado. Don Enrique, muy galantemente, le ofrecía pasarla en brazos, á lo que ella se negó diciendo que podían los dos caerse en medio de la acequia. Discurrieron largo rato sobre la medida más aceptable para pasar por allí lo más pronto posible, pues el agua iba aumentando más y más; pero no hubo remedio, los dos se descalzaron para poder pasar ni más ni menos como dos *cholos;* ella, con las faldas remangadas hasta las rodillas, y él, con los pantalones enrollados hasta las pantorrillas. Eleodora se moría de risa de verse en esa facha[241], y á mitad de camino, se detuvo para chapotear el agua con los pies, pareciéndole aquello tan nuevo como delicioso.

¡Cuán risueños eran para ella estos recuerdos; y cuán doloroso abandonar aquella tierra que, en su memoria, estaría por siempre bendita!...

Los trabajadores, los empleados y cuantos moraban en la hacienda se entregaron á lamentaciones sin fin al saber la determinación de la señora de dejar San Eloy.

Ella había sido para todos el ángel bueno, la protectora de los pobres y la bondadosa conciliadora de las numerosas dificultades que surgieron en el manejo de la hacienda.

El día de la partida, la estación del tren estuvo llena de trabajadores que, muy contristados, fueron á despedirla; ella enjugábase los ojos enternecida y se consolaba prometiéndoles próximo regreso.

—Antes de tres meses estaré de regreso en San Eloy –decía con el tono de la más profunda convicción.

Don Enrique, aunque no pensaba realizar este deseo de su esposa, no la contrariaba, y dejábala con la dulce esperanza de re-

---

241 *Facha*: traza, figura, aspecto.

alizarlo. Él venía con el propósito de aceptar en Lima la resolución que más cuadrara al género de vida que deseaba llevar, y colejía bien claro, que este no sería el retorno á San Eloy.

Si Serafina hubiera llegado á escuchar los comentarios, que á las lamentaciones por la partida de la señorita Eleodora se siguieron, hubiese dado á la maldita con todos los trabajadores de San Eloy.

¡Pues no se les antojaba á esos ingratos, el decir que se consolaban de la pérdida de la señorita, tan solo porque con ella se había marchado la *oletona*[242] Serafina!...

Y el uno muy alborozado decía: —Gracias á Dios ya no tendremos una *acuseta*[243] que nos esté aguaitando[244] para saber si tenemos ó no tenemos mujer como ella dice que Dios manda. Y otro dijo saber, con muy buenos fundamentos, que ella se empeñaba con el patrón para que á los que no eran casados, sino amancebados, no les dieran terrenos ni se les admitiera como *yanacones*[245]. Y un tercero apuntó que á él le había estado sonsacando de su comadre con qué hombre *corría*[246].

Vaya U., á ver, ¡qué tendría ella que entrometerse con las vidas ajenas!...

Y como sucede en estos casos, cada cual daba un apunte, poniéndose de cuernos[247] con la solterona, la cual quedó, según dijo uno, entre las patas de los caballos, tal fue la zurra[248] de insultos y comentarios con que la aturrullaron[249] y destrozaron.

No faltó alguno que llevara sus maledicencias hasta dudar del honor de Serafina diciendo que esa *flacuchenta*[250] solo se ponía alegre y satisfecha cuando hablaba con el señor capellán. ¿Si sería por tener tratos con él?

Y dedujeron, después de largos y denigrantes comentarios,

---

242 *Oletona* (Perú): que le gusta oletear, entrometerse en la vida ajena.
243 *Acusete* (Perú): soplón, que acusa o delata.
244 *Aguaitar*: atisbar, espiar.
245 *Yanacón*: o yanacona, indio que es aparcero en el cultivo de una tierra.
246 *Lo que hombre corría*: todo lo que acontecía.
247 *Ponerse de cuernos*: estar enfrentado o reñido con alguien.
248 *Zurra*: castigo que se da a alguien, especialmente de azotes o golpes.
249 *Aturrullar:* confundir a alguien, turbarle de modo que no se sepa qué decir o cómo hacer algo.
250 *Flacuchenta*: (Perú) persona algo flaca.

que no la religiosidad ó el misticismo de Serafina, eran causa de su amor por todas las cosas de la Iglesia, sino sus querencias con el señor cura.

Que me la peguen aquí –dijo uno, dándose una palmada en la frente– si la tal Serafina no es la *conocida* del señor capellán.

Y otro riendo, con risotadas de hereje, dijo que en la Semana Santa de la pasada cuaresma, Serafina se andaba de un lado para otro cuidando que los peones y trabajadores no fueran á comer de carne en los días de Jueves y Viernes Santo. Y la muy tagarota[251] se había embullido en su almuerzo dos bisteques con papas fritas y otros dos en la comida.

Si Serafina hubiera escuchado estos atrevidos comentarios, con justísima razón hubiérales dicho: —¡Estúpidos! ¡Ignorantes! ¡Deslenguados!... Si ella comía carne en los días de precepto, era tan solo por tener perfecto derecho para ello. Pues, y aquella bula dada á la señora Luisa por el mismísimo Santo Padre con la cual podían comer de carne ella, sus hijos y todas las personas de su familia, con remisión de todos los pecados, así tuvieran excomunión mayor...

¡La ignoracia es siempre muy atrevida!...

Aquella noche, todos ellos reunidos en corro en torno á la luz de una vela de sebo, no hablaron como de ordinario sobre el retoñar de los sembríos ó sobre el feliz alumbramiento de una yegua, ó el robo de una burra, sino pura y exclusivamente se ocuparon en cortarle sayos[252] muy ajustados á la solterona.

De seguro que á doña Serafina le están ardiendo las orejas –dijo uno riendo.

—Ojalá ardiera toda viva –dijo otro. Y á este tenor todos se deshicieron endilgándole pullas é insultos que fueron subiendo, subiendo de punto, hasta tornarse en una granizada de inventivas y palabrotas soeces.

Lo cierto es que mi solterona quedó que ni para tomada con tenacillas. ¡Y ella que se imajinaba haber sembrado la buena semilla de sus santos principios religiosos!...

---

251 *Tagarote*: glotón.
252 *Cortar sayos a alguien*: mumurar de él en su ausencia.

¡Así son las candorosidades de ciertas gentes!

Si los trabajadores y peones de San Eloy fueron ingratos con Serafina, ella lo fué menos con ellos.

Tan pronto como llegó á Lima, no volvió á acordarse más, ni á preocuparse por saber si eran más ó menos morales, ó más ó menos religiosos.

El misticismo de Serafina aspiraba á algo más alto, y también más positivo, que la zonza[253] é insulsa tarea desempeñada en San Eloy.

¡En Lima si que le era un gusto ser beata!... Aquí rolaba[254] y se codeaba con las señoras más altas de la aristocracia limeña.

¿Qué mayor satisfacción que la de pertenecer á cuantas cofradías y hermandades se fundaban, ó se habían fundado, en Lima? Y muy oronda y despabilada miraba de alto á abajo á las pobretonas que no podían llevar «insignias» en prueba de su valimiento entre gente de gran fuste[255].

Dicho se está que á Serafina nadie podía toserle, dudando de la pureza de su raza española, sin una pizca de mezcla de cholo ó zambo, como la de muchas otras criadas de Lima. Cuando ella, en los terceros viernes, asistía á las reuniones de la Tercera Orden de la Merced, no producía disonancia ni se desdecía, en medio de las elegantes y hermosas señoras, que tan devotamente concurren al templo á cumplir con sus deberes religiosos.

Cuando una de las señoras que, por entonces desempeñaron el honorífico cargo de Presidenta, solicitó á Serafina para que perteneciera á su Coro; ella mirola de alto abajo, y con burlona sonrisa, díjole —Ya le contestaré á U.

—Sí, mucho que le he de contestar –decía después– ¡Ya se ha olvidado que yo la conocí viviendo por la Alameda de Descalzos y después en la calle de Santa Catalina!... ¡Cómo y con quién vivía, eso... solo yo lo sé!...

Serafina nunca faltaba á las comuniones generales y particulares de su Coro y de todos los que no eran *suyos*. Había observado, que en estas reuniones, mientras más públicas y osten-

---

253 *Zonzo*: soso, insulso, insípido.
254 *Rolar*: dar vueltas alrededor de un eje.
255 *Fuste*: fundamento, sustancia, valía.

cibles eran las manifestaciones de la religiosidad de las congregadas, mayor valimiento é importancia cobraban á los ojos de sus compañeras.

Otra de las observaciones de Serafina fué el notar que era propio de señoras de «autoridad y título» y de grande versación en las reuniones de Hermandades y Coros, el ir y venir, y muy ceremoniosamente hablar en secreto con esta ó con otra amiga, y formar congreso para discutir en el momento algún asunto de importancia, y volver á hablar en secreto con la Presidenta ó la Secretaria, aunque muchas veces, no fuera más que para preguntarse, en verano, si sentían mucho calor, ó invierno, mucho frío; pues también Serafina, dándose iguales ínfulas, iba y venía con su cinta roja colocada sobre la manta y llevaba recaditos de la Presidenta, y entraba y salía á la sacristía, con sumo desparpajo y pavoneo.

Estos humos aristocráticos de que tanto gustaba alardear no impidieron que, con su maligno criterio, continuamente dijera; que ella no ignoraba que había más de una señorona de las más activas y comprometedoras, que muy bonitamente tomaban la Santa Religión como careta ó pantalla para ocultar muchas, muchísimas cosas, que ella conocía aquí... aquí...

En este punto, Serafina, reunía los dedos de su mano moviéndolos como si quisiera simular un enjambre de hechos.

Estas cosas no las decía jamás en presencia de alguno de los que ella, y las de su cofradía, llamaban «hereje ó masón»; al contrario, cuando en su presencia se denigraba la devoción y se dudaba de las místicas intenciones de las mismas señoras que ella con tanta frecuencia deshonraba, Serafina protestaba enérgicamente y se sulfuraba, y enfurecía, asegurando que sería capaz de meter su brazo al fuego por la virtud de la señora aludida. Lo cual, cuando menos, es prueba irrecusable de que Serafina, como todas las de su calaña, procedía por *espíritu de cuerpo*.

Aquellos confidenciales comentarios solo los guardaba para sus «íntimas»; para las que, como ella, llevaban distintivos de pertenecer á alguna Cofradía o Hermandad.

Si Serafina no hubiera cometido esos leves pecadillos, ¿cómo había de poder ir á cumplir con el sacramento de la penitencia arrodillándose, cada ocho días, á los piés de su padre de espíritu?...

Y moralizando sobre la mayor o menor religiosidad de alguna señora que no pertenecía al «número», solía decir: —Dios me libre de gente que no frecuenta sacramentos, ¡esa es capaz hasta de negar al mismo Dios!...

Y después de esta exclamación, daba en su interior gracias á la Virgen que la había hecho tan buena cristiana.

XVI

Llegaron á Lima en los principios del mes de noviembre, y la feliz pareja aposentose en lujosa casa, amueblada y decorada al efecto con elegancia y exquisito gusto. Eleodora miraba estos preparativos de grandes gastos en el mueblaje de la casa con el indefinible temor de que, bien pudieran ser, manifestación de una instalación definitiva.

Ella hubiera preferido una pequeña casita que les sirviera tan solo de apeadero[256] en sus lejanas visitas á la ciudad, lo que bien mirado, no sería censurado, puesto que ella participaría á sus amigos que su residencia permanente, y su verdadera morada, estaba en la hacienda.

Pocos días después de su instalación en Lima, Eleodora dió á luz, con gran felicidad, según el decir de las comadres y amigas de Serafina, un *ñañito*[257] muy precioso, vivo retrato de su padre; y tan despierto y adelantado, que á los tres días, ya decían que se fijaba en lo que le hablaban y sabía levantar las *patitas* y jugar con ellas.

Cosmesito (este nombre a pesar de ser un poco antiguo, quiso Eleodora darle en recuerdo de su padre) era, pues, un portento de gracia y donosura.

Eleodora, contemplándolo, pensaba cuántas dichas le esperaban con la crianza de «este angelito, alma de su alma y carne de su carne», como decía ella.

Entonces, reflexionó con más madurez, reconoció la conveniencia de vivir en Lima mejor que en San Eloy donde podía sor-

---

256 *Apeadero*: sitio o punto del camino en que los viajeros pueden descansar.
257 *Ñañito*: (Perú) diminutivo de ñaño, niño.

prenderla una enfermedad de su hijito; y al imaginarse que llegaría á encontrarse sin médicos y sin los recursos inmediatos, creía que había de morirse de angustia. Y estrechándole fuertemente, decía: ¡qué madre puede pensar ya en nada que no sea la felicidad y conservación del hijo de sus entrañas!...

Sentíase capaz, no solo de aquel sacrificio, si sacrificio puede llamarse á la dicha de velar por el hijo adorado; pero comparado con todo lo que ella ansiaba realizar, en bien de él, parecíale harto insignificante cuanto al presente podía hacer.

¡Ya verían qué mamá tan cumplida y ejemplar sería ella!... Y por lo mismo, que sin darse cuenta del porqué, encontraba escasas dotes en su esposo para padre de familia; ella sentíase fuerte y enérgica para llenar tan arduo ministerio.

Don Enrique principió por dar fiestas y convites, en los cuales, según el decir de sus amigos, el lujo y exquisito esmero con que estaban preparados formaban las delicias de los convidados que fueron muchos y de la mejor sociedad.

Sus antiguos amigos volvieron á ser como antes sus compañeros en fiestas y diversiones.

Don Enrique lamentaba el año perdido tan estérilmente en esa maldita hacienda, de la que, no había sacado más que la convicción de que él no era *hombre de trabajo*. Esto sin contar los peligros de perder la salud y quizá también la vida. ¿Y todo para qué? ¡Para que la hacienda produjera, aquel año, menos utilidades que con el mal administrador que antes tenía!...

Siempre que Eleodora y sus amigos le hablaban de sus grandes proyectos referentes á San Eloy, decía que él estaba convencido de la verdad de aquel refrán español que dice: moro viejo no puede ser buen cristiano. Y lo cierto es (agregaba) que á los treinta y dos años, es ya demasiado tarde para darse esa vida de perros, que solo puede uno llevar, cuando se ha acostumbrado á ella desde muy joven, casi desde niño.

En cuanto á la felicidad matrimonial que habían disfrutado en San Eloy, y que tanto echaba de menos Eleodora, eso era nada más que una de las muchas fantasías de ella. Y entre risas y bromas, manifestábale á Eleodora que él sería siempre el más amoroso y fiel esposo, y no porque algunas veces la abandonara por jugar unas manitas de rocambor, fuera ella á imajinarse que había algún peligro para él. ¡Pues qué! Acaso toda la vida puede durar la luna de miel, que á mucho alcanzar alumbra lo que á ellos les alumbrara; ¡nada menos que un año!...

Don Enrique volvió á ser el calavera jaranista y jugador de otros tiempos; pero siempre procurando conciliar la tranquilidad doméstica, y sin atreverse á dejarle sospechar á su esposa, que pasaba las noches en la casa de juego y en compañía de gentes de mal vivir. Esto no impidió que Eleodora comprendiera que inminentes peligros amenazaban no ya la felicidad, sino también la paz de su hogar, donde ella soñó gozar la dicha perdurable del matrimonio como ella lo comprendía y conocía por el noble ejemplo que le dieron sus padres.

Para consolarse de sus penas y desgracias, acudía á las caricias de su hijo, y pensaba que cuando él llegara á la edad de las gracias y sus bracitos pudieran estrechar á su padre, y don Enrique tuviera este nuevo vínculo, ya no la abandonaría tan fácilmente, y preferiría, mejor que ir á pasar la noche con amigos, pasarla al lado de ella y de su hijo.

No podía imajinarse que existiera un hombre que encontrara mayor placer alrededor de una mesa de rocambor que al lado de su primer hijo. Hasta entonces, ella estaba persuadida que don Enrique saciaba sus gustos de jugador contentándose con el aristocrático juego del rocambor.

Cuando alguna amiga suya le dirijía esas preguntas capciosas que la envidia ordena para indagar el mal ajeno, es decir, cuando alguien quería descubrir esos pesares domésticos, que ella ocultaba con gran empeño, procuraba, con admirable tino, decir cosas que no dejaron, ni lijeramente, conocer que ella vivía apurando las más acerbas penas que una esposa puede apurar.

Largas horas pasaba en las noches, de codos, mirando la calle para ver si llegaba él, y al verlo, todas sus penas se desvanecían y se manifestaba alegre y jovial como si cosa alguna tuviera que reprocharle.

Cuando se trataba de gastos de la casa, Eleodora no oponía ninguna objeción, aunque conociera que en muchos casos había despilfarro. Ella, educada en un hogar donde el lujo estuvo siempre acompañado del orden y la economía, veía en silencio, que en su casa, don Enrique llevaba el derroche junto con la falta de buen gusto.

Al principio, don Enrique se contentaba con pasar la noche fuera de casa sin sobrepasarse de la media noche. Únicamente dos días de cada ocho se quedaba hasta las dos ó tres de la mañana; entonces, inventaba una historia para excusar este largo trasnochar. Unas veces, era una apuesta que había cruzado á última hora en la que todos se habían interesado; ó ya, un amigo que le había detenido, allí no más, en la esquina de su casa para contarle sus desgracias domésticas. Y don Enrique urdía con gran habilidad toda una serie de acontecimientos en que aparecían la imprudencia, los celos y las rabietas de una mujer como única causa del inmenso infortunio de su esposo, y luego, en tono declamatorio agregaba: no hay mayor calamidad para un pobre marido como la de encontrarse con una arpía, que en vez de acariñarlo y endulzarle las penas de la vida, se la amarga con sus continuos reproches y reyertas.

Y para que nada faltara á este vulgar razonamiento, acariciaba á su esposa, y le cubría de besos el rostro, diciéndole: —Para eso que yo tengo á mi mujercita, que vale lo que no valdrán mil mujeres, si se pudieran refundir en una sola: tú mereces un hombre mejor que yo; y mira, te juro, que cuando me dan las dos de la mañana, fuera de mi casa, me pongo muy triste, y tiemblo á la idea de que tú pudieras estar esperándome.

Eleodora correspondía á sus caricias, y le aseguraba que esas palabras la compensaban de todas sus penas. Y aunque muchas noches la encontraba levantada y esperándolo, y sus ojos enroje-

cidos y sus manos convulsas revelaban que las lágrimas habían
corrido abundantes por su rostro, y el miedo había frecuentemente estremecido su cuerpo; ella se empeñaba en asegurarle, que
la noche se le había pasado sin sentirla, y manifestaba asombro al
saber que eran ya más de las dos de la mañana.

Un día eran las seis de la tarde, don Enrique estaba en la calle,
había salido á las cuatro, y Eleodora recibió una tarjeta de él en
que le decía: «Hoy comeré con dos amigos; ¿me perdonarás,
hijita, esta falta? Toma tú una copa á mi salud, que yo tomaré otra
á la tuya. Mándame doscientos soles para llenar un compromiso,
y recibe un beso de tu — *Esposo*».

Eleodora leyó esta tarjeta, y rió, y volvió á leerla, y después
de enviarle el dinero, se quedó pensando cuán fino era al avisarle
que se quedaba con sus amigos. Le gustó mucho la ocurrencia
de encargarle que tomara una copa á la salud de él.

En cuanto al sentir cuidado porque él se quedara fuera, no le
ocurrió siquiera. ¿Había acaso ningún mal en que un hombre se
divirtiera con amigos?

Recordaba muy bien que don Enrique le había referido
muchas historias de matrimonios que tocaron á su disolución,
¡tan solo por las exijencias de la mujer!

¡No, ella se resignaría á todo, antes que correr el peligro de
cansar y desesperar á su esposo!

Ricardo vino, casualmente para Eleodora, pero muy intencio-
nalmente para él, una vez que supo que Enrique comía con
amigos, quiso ir á «tantear el vado»[258]. Quizá si Eleodora re-
sentida y quejosa de que su marido la dejara para irse á comer
con mujeres y con amigos, lo invitaría á él á comer; y Ricardo
pensaba que, en cuestiones amorosas, el despique[259] de las mujeres ofendidas ha ocasionado mayor número de caídas que sus
propias pasiones amorosas.

Llevaba la intención de informar a Eleodora de qué género
eran los compromisos de Enrique, y,... ¿quién sabe? ¡Las mujeres
son tan caprichosas en estas cuestiones de amoríos!...

---

258 *Tantear el vado*: o tentar el vado, sondear.
259 *Despique*: satisfacción que se toma de una ofensa o desprecio que se ha recibido
      y cuya memoria se conserva con rencor.

Eleodora saboreaba, muy complacida, la fineza de su esposo de escribirle esa tarjeta, pidiéndole que tomara una copa á su salud y rogándole que lo dispensara; (en cuanto al pedido de los doscientos soles, principal y quizá único objeto por que don Enrique escribió la tarjeta; ni siquiera le ocurrió, á ella, el parar la consideración en cosa de tan poca monta). Saboreaba pues, esta dulce satisfacción cuando le anunciaron que el señor Ricardo estaba allí, y con un movimiento de disgusto, díjole al criado:

—Avísale que el señor está en la calle y que no vendrá á comer — y al decir estas últimas palabras, pensó que así evitaba el que fuera ocurrírsele el esperarlo.

El criado volvió luego. El señor Ricardo decía que venía á visitar á la señora.

Eleodora se negó á recibirlo so pretexto de una fuerte jaqueca que le tenía postrada en cama.

Ricardo salió de la casa sin pensar en desistir, en sus planes de conquista, a pesar de haber comprendido que esa jaqueca había sido inventada sólo para él.

XVII

Muy lentamente y sin intención premeditada iba don Enrique recobrando sus antiguos hábitos, y sus adormecidas pasiones despertábanse de su largo sueño con nuevos bríos.

Sus amigos frecuentaban su casa y él procuraba, por cuantos medios le era dable, atraerlos y agasajarlos lo que, para ellos, fué muy halagüeno.

Y Ricardo, el compañero de peripecias en la noche aquella en que Eleodora abandonó el hogar paterno, había continuado «tanteando el vado» y manifestó, más que ninguno, gran empeño en acercarse á D. Enrique.

Ricardo, por su posición social y su fortuna, había vivido frecuentando la mejor sociedad de Lima; la que se llama de la aristocracia más alta, pero sus vicios, y su vida disipada, alejáronle de los salones, no por haber sufrido justo rechazo, sino más bien por hallar él demasiado insulsa, demasiado insípida esa alta sociedad.

Decía que él, como los borrachos, había perdido el gusto para los licores finos, y ya solo le satisfacían los fuertemente espirituosos. Y diciendo y haciendo, íbase en pos de mujeres de mal vivir, y se tuteaba con tahúres y hombres de la más baja extracción social.

Desde que Eleodora tuvo conocimiento de los deshonrosos antecedentes de Ricardo, cobró gran aversión hacia él, y miraba con invencible disgusto la intimidad de su esposo con aquel cuyas costumbres influirían pervirtiéndolo cada día más.

Cinco años han transcurrido desde el día, para ella fatal, en que le fue forzoso dejar su residencia de San Eloy; aquel encantado paraíso donde se deslizaron tan deliciosamente los primeros tiempos de su matrimonio, o mejor, su luna de miel. Cinco años habían transcurrido sin alcanzar, ni por medio de las súplicas y los ruegos, ni por amenazas de separación, último recurso en que se refugió Eleodora, el que don Enrique cambiara sus malas costumbres y dejara la agitada y borrascosa vida de Lima, trocándola por la tranquila y encantadora que les ofrecía la hacienda de San Eloy, donde aún á riesgo de las enfermedades que pudieran amenazar á sus hijos, hubiera vuelto en pos de aquella felicidad que parecía habérsele quedado enterrada allá.

Don Enrique, para quien la pasión del juego no estuvo sino adormida, volvió con mayor empeño á sus antiguas costumbres de jugador y calavera obstinado.

En el hogar de Eleodora, principiaron, primero, con lágrimas y quejas, y luego, con riñas briosas, á sucederse, una tras otra, las escenas que concluyen por abrir el más hondo abismo que ha de tragarse hasta los últimos destellos de la felicidad conyugal. No importa que, de un lado; estén como ángeles guardianes de la paz doméstica, la prudencia, la resignación y el ruego; en estos casos, aparece siempre del otro lado, el hastío, la cólera y el descontento.

Eleodora no halló otro recurso que cerrar sus salones y retirarse á la vida austera y solitaria de la madre de familia. Un segundo hijo había venido á acrecentar sus aspiraciones maternales; y esos dos hijos, esperaba que fueran como dos ángeles que embellecerían su vida prestándole, en medio de sus aflicciones, el celestial consuelo de los cuidados maternales.[260]

Pero sucedió que, con los hijos, se despertó en su alma el anhelo de asegurar su fortuna, de salvarla de aquella tormenta que se la llevaba como humo disipado por un vendaval.

Todo lo que en fincas urbanas constituía su fortuna había sido, una tras otra, vendidas para pagar á los acreedores, que cual plaga de langostas que rápidamente devoran y desaparecen un sembrado, así *habían* devorado el producto de esas ventas.

---

260 En *Eleodora*, la protagonista llegó a tener cuatro hijos.

No les quedaba ya por vender sino el fundo de San Eloy; y Eleodora temblaba á la idea de ver llegar á su esposo solicitando su permiso para esta venta.

Arrepentíase de haber sido tan débil en permmitir y autorizar, con su propia firma, la venta de sus mejores fincas.

Recordaba frecuentemente á sus padres y se ocupaba de informarse, con sumo interés, del estado de salud en que ambos se hallaban. Trabó amistad íntima con una mujer de malos antecedentes tan solo por haberle dicho que ella era protegida de su madre. Le ofreció darle, ella también, un socorro si le era portadora de noticias de su familia.

A medida que mayores fueron sus penas y congojas, mayores también fueron sus anhelos por acercarse á los únicos seres, que podían ampararla y defenderla, en esa vorágine de pasiones en la que veía que iba á perderse toda su fortuna, que era la de sus hijos.

Un día que Eleodora distraía sus pesares mirando á sus hijos parlotear y jugar al caballo, presentose don Enrique, con un papel enrollado en la mano.

No se atrevió á hablarle así tan de improviso, y muy tímidamente, sentose en otra silla esperando aprovechar un momento de expansión y alegría de su esposa.

Lo que traía entre manos era nada menos que la minuta de venta de la gran hacienda, última propiedad que, de la cuantiosa fortuna heredada, quedábales por vender.

Cada vez más embelesada, Eleodora miraba á sus dos hijos, Luisita y Cosme que, con una silla puesta de espaldas, jugaban imajinándose que aquel era un coche que Cosme tiraba, figurándose ser él un caballo muy chúcaro[261], y se encabritaba, y tiraba coces que asustaban a su hermana.

Don Enrique también miró y aplaudió el entusiasmo y la corrección con que Cosme imitaba el caballo y, por un momento, tomó parte en aquella simpática escena infantil.

Después comentaron el candor y la alegría de los niños para

---

261 *Chúcaro*: adjetivo usado sobre todo para denominar a los caballos ariscos, bravíos.

divertirse con las cosas más fútiles y lijeras. Eleodora lo refirió con muchos detalles, cómo jugaban al coche cuando no era con una silla, con el banasto[262] de la sirvienta, que más de una vez se había visto en apuros, porque allí le sacaban alguna pieza de ropa de su uso interior.

Don Enrique festejó mucho la ocurrencia, y luego se marchó para avisarle al escribano, que en la alcoba contigua esperaba, que por ese día no podría pedirle la firma á su esposa por estar sumamente ocupada.

La verdad es que don Enrique no tuvo valor para hablarle á ella de asunto tan enojoso, que bien claro comprendía, había de serle de difícil solución.

Aquel día, él estuvo sumamente amable y cariñoso con ella, y Eleodora quedó asombrada cuando le dijo por la noche que no saldría de casa, prefiriendo pasarla en su compañía á irse, como de ordinario, á jugar el rocambor. Aquella noche fue de verdadero regocijo para ella, como si la sociedad de él estuviera llena de novedad y encantos no probados de tiempo atrás. Solamente que, en el curso de su charla muy íntima, don Enrique le habló de algunas deudas que le era forzoso pagar próximamente.

Después de tanta alegría, quedó abstraída y meditabunda. ¡Cómo! ¡Nuevas deudas, cuando ya llevaban vendidas varias fincas de cuyo producto ella no había tomado ni un centavo!... ¡Oh! Aquello era incomprensible, se diría que su esposo devoraba el dinero, como las máquinas de San Eloy devoraban la caña.

Aquella noche, Eleodora no pudo conciliar el sueño ni un solo momento; y el insomnio, acompañado de la natural excitación nerviosa, traíale á la mente toda suerte de catástrofes que, como consecuencia de los despilfarros de su esposo, habían de sobrevenirle.

Al día siguiente, don Enrique comprendió que no por el convencimiento ni el cariño podría arrancarle á su esposa la firma de autorización, que necesitaba, para la venta de San Eloy cuyo producto le serviría para cancelar deudas urjentes del juego.

---

262 *Banasto*: o banasta, cesto grande formado de mimbres o listas de madera delgadas y entretejidas.

Principió por manifestarse colérico y enfadado, y desde las primeras horas, dejole conocer que estaba en mala disposición de ánimo, y muy resuelto á todo, caso de negativa por parte de ella.

Hablaba indignado de la situación en que el hombre casado con mujer de fortuna se encuentra; y decía que las leyes colocan al marido en la condición más humillante y desesperada: —¿De qué sirve (decía) el dinero de la mujer, si el marido no es dueño de disponer, ni de un centavo, sin el permiso previo de su esposa? ¡Qué irrisión, qué fiasco para el hombre que se casa esperando poseer el dinero de su esposa!...

Eleodora callaba ó, muy tímidamente, trataba de convencerlo que él era dueño de toda su fortuna con tal que no fuera para derrocharla.

¡Bonita posesión! ¡Más libertad goza un mal administrador que gana cincuenta soles mensuales! ¿Qué quiere decir tener una fortuna si no se puede disponer de ella? —decía con la acritud de un reproche, tanto más indignado cuanto más carecía de justicia.

Después de almorzar, se dirijió á un escritorio vacío de papeles que significaran alguna utilidad para la casa, y lleno solo, de algunas esquelas referentes á las ventas ya efectuadas.

Meditó sobre si le convendría emplear algún ardid, ó inventar alguna historieta, por la cual su esposa llegara al convencimiento de que no tenía otro recurso que vender esa hacienda.

Pero, como no llevaba entre manos ningún negocio ni tampoco trabajo alguno que demandara el empleo de ese capital, no dió con un solo expediente aceptable.

Su imajinación, puesta en tortura, no le sujirió ni un solo medio, que con visos de verdad, pudiera presentar.

Y después de todo, era ya demasiada humillación, para él, recurrir á la mentira y á la impostura pudiendo, con la autoridad de marido, alcanzar lo que estaba en su derecho de exijir. Y además, bien podían deshacerse de San Eloy, que apenas representaba la quinta parte de la fortuna, que por herencia paterna recojería más tarde Eleodora.

Vivir en ahogos y privaciones para morir dejando una fortuna que han de derrochar otros, esto está ya fuera de uso, y le parecía propio de aquellos tiempos de antaño, en los que, bien podía decirse que todos morían en olor de santidad.

Después de estas reflexiones, don Enrique dirijiose á su esposa, y con tono resuelto é imperativo, díjole —Necesito tu firma para vender San Eloy.

Y extendiendo sobre la mesa una minuta que trajo en la mano, señaló con el dedo un punto, agregando: —¡Es aquí donde debes firmar!

Eleodora palideció mortalmente como si no pudiera articular una sola palabra. Miró á sus dos hijos que, como el día anterior, estaban cerca de ella, saltando, riendo, enredando con esa sublime confianza de la niñez; que para las madres es tan elocuente y en la cual Eleodora traducía estas palabras: «Tú velas por mí».

«Tú velas por mí», decíanle con el abandono, con la alegría manifestada en sus juegos, y ella, con la ternura de su cariño, consideraba éste como mandato al que debía responder con la abnegación, con el sacrificio de su amor, y si fuere necesario para corresponder á esa confianza, debía emprender una lucha con el hombre que tanto amaba.

Eleodora jamás opuso ningún impedimento ni resistencia para efectuar las anteriores ventas que don Enrique, con temerario empeño, había antes llevado á cabo.

¡Pero vender San Eloy! ¡Vender lo último que de la fortuna aportada por ella al matrimonio les quedaba! ¡Oh! Aquello tocaba á los límites de su paciente resignación.

¡Vender aquella hacienda, que para ella guardaba todos los encantos del amor y la felicidad perdidos!... ¡Aquel pedazo de tierra bendecido mil veces en su memoria por haber, bajo la fronda de sus limoneros, albergado las más bellas y ardientes fruiciones de su alma!...

No obstante, ser esto algo que en sus recuerdos tenía todo el calor y la vida que inspira idolatría y fanatismo por los lugares donde se ha saboreado la dicha del amor feliz; todo desaparecía á su consideración, porque al presente, anhelaba solo no contrariar en un punto á su esposo. Pero algo más grande y más respetable que los recuerdos de su felicidad presentose á su mente: el recuerdo del porvenir de sus hijos.

Eleodora, después de largo silencio en el que todas estas reflexiones se delinearon claramente, miró asombrada á su esposo, y rechazando el pliego que él le presentaba, díjole:

—¡Jamás firmaré yo eso!

Don Enrique, con un expresivo movimiento de sorpresa, miró indignado á su esposa.

—¿Es decir, que preferirías la vergüenza y la deshonra de tu esposo?

—Todo lo preferiré con tal de salvar el porvenir de mis hijos.

Y Eleodora se irguió y tomó la actitud de la más enérjica protesta.

Don Enrique comprendió que por ese momento no alcanzaría lo que se proponía, y colérico, sin decir una palabra más, retirose de allí, y después de un momento, tomó su sombrero y salió pasando por cerca de ella con la fisonomía del hombre que ha tomado su resolución.

Eleodora lo miró asustada, y poco faltó para que le detuviera pidiéndole perdón por sus palabras, pero se dominó y le dejó partir.

En la noche, Eleodora esperaba que su esposo llegaría, quizá más temprano que nunca; como no tenía dinero para jugar era natural que prefiriera dormir. Quizá también, pasado el primer impulso, reflexionaría y desistiría de su temerario proyecto.

Aquella noche, por primera vez, desahogó sus penas hablando con doña Serafina.

La maligna solterona, casi regocijada con las desgracias de Eleodora, hablole de la pésima idea que ella tenía de todos los hombres. El que parece mejor es un infame, un canalla que á la primera de espadas deja ver las orejas. Dijo que ella se alegraba, cada día más, de no haberse casado y verse libre de esos dolores de cabeza. ¡Los hombres! No en vano los detestaba ella tanto á todititos sin excepción ninguna.

Eleodora escuchaba dolorosamente impresionada la charla de doña Serafina, sin notar que echaba plantas[263], jactándose de despreciar al sexo, que tan despiadadamente la olvidara á ella condenándola á eterna soltería.

En el fondo de su corazón, Eleodora le daba la razón á doña Serafina.

Si don Enrique, á quién ella había considerado como un ser superior, como un semidios incapaz de cometer ninguna falta, se comportaba de tan temeraria y desleal manera, ¡qué podía espararse de los otros! ¡Qué podía esperar de los que son como Ricardo, el amigo de don Enrique, á quien ella consideraba el más degradado de los hombres! ¡Oh! Y el mundo estaba lleno, sí, su esposo se lo había dicho siempre, el mundo estaba lleno de hombres como Ricardo.

Aquella noche, Eleodora vió clarear el día sin que don Enrique volviera á la casa.

Muy temprano, dejó ella la cama y se dirijió á la habitación de sus hijos; necesitaba aquel espectáculo para confortarse, para reanimar su decaído espíritu.

Luisita dormía profundamente, había sacado una pierna fuera de los cobertores, y su semblante risueño e infantil parecía retratar algún sueño que su mente acariciaba.

Cosme, el mayor, travieso hasta dormido, había tirado toda la ropa de cama y, casi desnudo, dormía con la expresión del semblante menos tranquilo que el de su hermana.

Eleodora contemplolos largo rato. Al ver aquellas dos cabezas infantiles, fundiose en lágrimas, su maternal corazón.

Pensaba cuánta ingratitud y desvío había en el corazón de su esposo para olvidar así á la madre y á los hijos.

Y como si quisiera afirmarse en sus propósitos de no dar su consentimiento para la venta de San Eloy, levantó los ojos al cielo,

---

263 *Echar plantas*: echar bravatas y amenazas.

y con expresión de la más profunda convicción, pronunció estas palabras dichas á media voz: —Juro por la vida de mis hijos, y la salvación de mi alma, no dar mi consentimiento para la venta de esa última propiedad que nos queda.

Aquel día, Eleodora esperó en vano á don Enrique; cada hora que transcurría, sin verle llegar, le parecía que era más larga que la anterior. Cuando dieron las ocho de la noche, parecíale mentira que él permaneciera aún fuera de casa.

A las once de la noche, en vez de irse á la cama, se fué al balcón, allí, tiritando más que de frío, de emoción, pasó dos horas mirando hacia la esquina de la calle próxima.

Más de una vez su corazón aceleró sus latidos: le parecía sentir pasos semejantes á los de su esposo; ó también, algún apuesto joven, que llevaba vestido del color del de don Enrique, era suficiente para producirle esa grata impresión.

A la una de la mañana, después de haber sufrido el relente de la noche, quedó semi-aletargada, y vino á tirarse vestida sobre la cama. Afiebrada y con los ojos enrojecidos y las mejillas humedecidas por las lágrimas, mordía las sábanas para no llorar á gritos, y despertar, quizá produciéndoles un gran susto, á sus hijos que dormían en la pieza contigua.

Por primera vez, don Enrique faltaba dos noches seguidas; Eleodora lloraba estremeciendo todo su cuerpo en fuerza de los sollozos que brotaban de su pecho.

Como la noche anterior fue de completo insomnio, al fin el sueño la rindió, y quedose en ese estado que no es ni la vijilia ni el sueño, y en el cual, la imajinación, activando sus funciones, presenta ficciones risueñas ó fatídicas según sean las condiciones de ánimo en que nos hallamos.

Eleodora soñó que veía á su esposo de pié junto á una mesa de juego, y allí en esa mesa, veía ella que él, furioso, colocaba montones de oro: era el producto de la venta de San Eloy; y aquel oro desaparecía con vertiginosa rapidez sin que ella pudiese darse cuenta de la manera cómo se escapaba, ni quien lo llevaba. Después que don Enrique hubo terminado con toda esa gran cantidad amontonada á su lado, le vió venir hacia ella, para pedirle más dinero; y ella alegando no poseer ya ni para el pan de sus hijos, negose á la petición. Entonces, él, enfurecido, habíase lanzado sobre ella y, asiéndola fuertemente, le tapaba la boca pretendiendo ahogarla.

En este punto, Eleodora exhaló tan desesperado alarido de dolor que despertose asustada y temblorosa.

Permaneció sentada al borde del lecho con los brazos caídos y la vista fija en el suelo.

Miró á un reloj de péndulo colgado en la pared y vió que señalaba las cinco de la mañana. Un fuerte dolor de pecho le dificultaba la respiración y sentía el malestar propio de una enfermedad.

Con la cabeza descubierta, sin pensar en abrigarse con una bufanda, salió á ponerse de codos en el balcón, y continuó su angustiosa posición de centinela, alargando su mirada a todo lo largo de las aceras.

La casa se hallaba situada en la calle de Palacio[264], y desde allí, divisaba á las personas que apresuradamente caminaban por la plaza y el portal. Alguno que otro trasnochador que muy envuelto en su abrigo regresaba á su casa, y de vez en cuando, el piteo[265] del celador, era todo lo que podía interrumpir la calma de esas primeras horas del nuevo día.

Sentía impulsos de arrojarse del balcón á la calle, y pensaba que así cuando él llegara encontraría su cadáver, magullado, ensangrenado y exangüe; al menos así, sentiría arrepentimiento de ser él, con su larga ausencia, causa de su muerte. Y dando pábulo á su natural fantasía; imaginábase este cuadro, en el momento en que debía llegar su esposo y había de verla, cuando recogida de la calle por los criados y vecinos, estaría allí á su vista, exánime, privada de conocimiento y quizá moribunda...¡Oh! ¡Su ingratitud y su culpable conducta bien merecían este castigo!... Pero luego pensó en sus hijos. ¡Los pobrecitos no contaban en el mundo más que con ella!

Y como si buscara un amparo contra las tentaciones de sui-

---

264   La calle de Palacio corresponde a la actual calle 1 del jirón de la Unión, una de las que colinda con el Palacio de Gobierno, frente a la Plaza de Armas.

265   *Pitar*: tocar o sonar el pito.

cidio, que la acometían, retirose del balcón y se dirigió presurosa á la habitación de sus hijos.

Cuando la angustiada mirada de la madre se fijó en ellos, nuevos sollozos subieron desde su pecho á la garganta, y necesitó llevarse el pañuelo á la boca para ahogar los gritos que, á su pesar, escapábanse entrecortados y dolorosos.

Aquel día fué largo, interminable y de continuo esperar.

Sería posible que él no volviera ya más á su casa, ¡oh! Esta idea la exasperaba, y entre la angustia y la indignación, su alma se ajitaba dolorosamente.

Ocho días pasó don Enrique sin dar acuerdo de su persona. Al cuarto día, Eleodora ya no lloraba; sus ojos enjutos, sus labios contraídos y la mirada azorada eran indicios de su cruel situación.

No lloraba; pero sentía que el cuerpo se le desmadejaba como si estuviera acometida de grave enfermedad.

¡Ocho días sin verlo y con la convicción de que él vivía entregado á toda suerte de disipaciones y placeres!...

Al octavo día, Eleodora se encontraba sentada en el diván de su dormitorio, abstraída en sus reflexiones, con el semblante severo y la mirada fja en el suelo, cuando don Enrique entró tranquilamente.

Su rostro se encendió, y le vinieron ímpetus de arrojarlo de su casa, diciéndole que era indigno de vivir cerca de ella; pero moderó su natural indignación y quiso llevar su resignación hasta el último extremo que le fuera posible soportar.

Con un gesto de mal humor tiró él su sombrero sobre una silla y se dirijió á su cuarto.

De una sola mirada, ella pudo valorizar hasta qué extremo el vicio se había apoderado de su esposo.

Traía el cabello en desorden, el cuello de la camisa sucio y ajado, el vestido con manifiestas señales de no haber sido por el cepillo aseado y desempolvado.

El rostro no era para verlo; á ella le produjo el efecto del de un borracho ó loco, tan demacrado y descompuesto estaba. Abrió la puerta de su alcoba contigua á la de Eleodora, y principió á pasearse sumamente ajitado: ella le veía cada vez que en sus repetidos paseos acertaba á pasar por frente al sitio donde ella estaba.

Eleodora sintiose sobrecogida de secreto é inexplicable temor; la fisonomía de su esposo parecíale amenazante y descompuesta como nunca jamás antes la viera. ¡Dios mío! Qué desconocido peligro, qué nueva desgracia iba á llegarle.

La venta de San Eloy, es decir, su autorización para realizarla, pareciole lo menos temible, lo más aceptable de cuanto podía acontecerle dada la amenazante expresión con que don Enrique se le presentaba.

Ni por asomos se acordaba del juramento aquel para no permitir esa venta.

Qué valía el dinero en comparación con esos momentos terribles de angustia y temor indecibles.

Hasta sintió impulsos de ir y, con tal de salvar todo motivo de molestias y quejas, ofrecerle su consentimiento para esa venta que antes tanto temía.

Si era necesario conservar la fortuna á costa de estas luchas, insostenibles y martirizadoras, preferible era la pobreza, cualquiera que fuera el grado á que llegara.

Todas estas reflexiones hacía Eleodora mirando á su esposo pasearse enfurecido y amenazante.

Don Enrique salió de la alcoba trayendo el pliego fatal que para la validez de la venta, debía Eleodora firmar, requisito indispensable para ser ese fundo de su exclusiva propiedad.

Sin dar una palabra de excusa ó explicación á su temeraria conducta, dirijiose á ella para decirle: —Por última vez deseo saber si me niegas tu consentimiento para vender San Eloy.

Eleodora cayó de rodillas suplicándole que tuviera compasión de ella y de sus hijos.

Aquella súplica, capaz de ablandar á las piedras, no conmovió el corazón de don Enrique poseído del vicio que más profundamente pervierte los sentimientos humanos.

Díjole, que tratándose de deudas de honor, no le era posible anteponer ninguna consideración, y que estaba resuelto á pagar sus deudas ó á recurrir á la fuga ó, quizá también, al suicidio.

Las amenazas de completa separación y de fuga se sucedieron á cada paso; las que dirijidas al corazón de la pobre Eleodora, que a pesar de todo, consideraba la ausencia como la mayor desgracia que pudiera sobrevenirle; concluyeron por rendirla y obligarla á flaquear en sus enérjicos propósitos.

Tres días después, se decidió á estampar aquella firma que debía ser la ruina completa de ella y de sus hijos.

Cuando ya no tuvo esperanza ninguna de evitar esa desgracia, se refugió en otro género de reflexiones que, en parte, prestábanle algún consuelo ó cuando menos encontraba algún destello de futura felicidad.

Y entre otras mil reflexiones, apoyaba de preferencia su atención en el raciocinio siguiente: El día —decía— que él no tenga ya dinero, no podrá jugar más, ni menos fomentar orgías que sólo pueden sostenerlas los hombres ricos. Y, con íntimo regocijo, pensaba que el día que ambos fueran pobres, él le pertenecería á ella sola; entonces, se irían los dos con sus hijos á un lugar apartado donde nadie pueda presenciar nuestra miseria; entonces él, se vería obligado á trabajar y el trabajo moraliza al hombre; y cuando él fuera un labrador, un artesano, un obrero, no importaba qué, y llegara á la casa, no como venía ahora hastiado, desesperado, sino alegre, porque había ganado el pan para sus hijos, y por consiguiente, necesitando de descanso y de buen alimento, ella saldría á recibirle, y luego, le prepararía ella misma la cena que él encontraría deliciosa por estar sazonada por el buen apetito del hombre que trabaja. Toda una vida embellecida á modo de idilio, por el amor y el trabajo, imajinábasela ella, y concluía por consolarse y mirar su porvenir no desastroso y miserable, sino tranquilo y feliz; y Eleodora, con la inexperiencia y el desconocimiento de la vida, decía:—¡Qué importa la pobreza! ¡Yo nunca le he temido! Quizá y esa sea la única salvación de mi felicidad, ya que hoy el dinero es la causa de todos mis disgustos.

Con frecuencia, Eleodora acariciaba en su alma el recuerdo de sus padres, y converjía[266] hacia ellos la mirada, con la misma ternura con que mira el náufrago el puerto de su salvación; y aunque la idea que menos le ocurría era la de revelarle á sus padres sus sufrimientos, no dudaba que solo de ellos debía esperar ya consuelos.

¡Con ese pudor de la mujer que oculta las faltas del hombre que ama, con mayor empeño que las suyas propias, así Eleodora quería ocultar aquel cúmulo de faltas y vicios, origen de sus pesares! ¡Ah! Cuánto hubiera deseado poder ir donde sus padres no á descubrir las miserias de su esposo, sino para decirles: —¡él es digno de que ustedes le llamen su hijo! Y Eleodora enjugaba sus lágrimas pensando que ese día se alejaba cada día más.

Después de la venta de San Eloy, vió día á día, sin poderlo evitar, desaparecer parte del capital que, colocado en un banco, estaba á disposición de don Enrique.

No había remedio, su esposo había caído en la vorágine del juego, y en tanto que él pudiera disponer del dinero necesario para colocarlo sobre un tapete, ¡nada ni nadie podría salvarlo!...

Y en tan angustiosa situación, llegó á desear que la suerte de los dados le fuera siempre adversa, así al menos perdería, más rápidamente, ese último dinero que les quedaba.

La idea de volver al lado de sus padres convirtiose en vehemente anhelo que, día á día, con más sólidos argumentos, apoyaba.

Alcanzar su perdón, é implorar su amparo y vigilancia, fueron ya la única aspiración de su dolorosa vida.

---

266   *Convergir*: dirigir o concurrir a un mismo punto o fin.

XVIII

Don Cosme Alvarado y su esposa continuaban viviendo en la calle de Plateros de San Pedro, siempre con las mismas costumbres, con las mismas preocupaciones y gustos de otro tiempo; sin haber dejado de jugar su infalible rocambor, después de su interminable discurrir sobre cuestiones políticas, prescindiendo siempre ella de inmiscuirse en esos antipáticos asuntos y entregada, en cuerpo y alma, á sus místicas devociones y caritativas prácticas.

Cinco años habían transcurrido, desde el día que Eleodora abandonó la casa paterna; cinco años que el señor Alvarado, después de aquella estupenda fuga que condujo á su hija al lado de un villano, que á su severo juicio era indigno de darle á ella su nombre; á ella, la noble descendiente de un Alvarado; participó muy seriamente á todos sus amigos que: «su hija Eleodora había muerto».

A pesar de esta prohibición, como el corazón no se aviene fácilmente con las tiránicas imposiciones del honor, el señor Alvarado seguía amando cada día más á su hija, y si bien, llegó á proscribir su nombre, no pudo proscribir el cariño paternal hondamente arraigado en su corazón.

Y como sucede con los sentimientos verdaderos y naturales del corazón, la ausencia y el tiempo, lejos de debilitarlos, los acrece, los diviniza hasta el punto de tornarlos inmensos, inextinguibles.

Aunque el señor Alvarado, en esta época, contaba sus setenta años bien cumplidos, sólo hacía cuatro años que se le veía decaer notable y miserablemente.

Ya no era aquel impaciente y fogoso anciano que dió de palos á la solterona doña Serafina, y que golpeaba con furia las escaleras cuando no salía el criado, con la presteza que él deseaba, á abrirle la puerta de la reja.

La señora Luisa, mirándolo tristemente, decía que algo más que el peso de los años, el peso del infortunio, agobiaba á su buen esposo.

No obstante, este abatimiento era más moral que físico, y bien claro se notaba que su erguida figura manteníase muy tiesa y estirada como si desafiara los años y los pesares.

El señor Alvarado había vivido esos cinco años con la íntima convicción de que Eleodora llegaría de un día al otro á llamar á la puerta del hogar paterno, y al ver pasarse los días, los meses y los años sin que esta consoladora esperanza se realizara, el frío mortal de la decepción había penetrado hasta la última fibra de su corazón. Y en algunos momentos tristes, se decía: «Tal vez, moriré sin volver á ver á mi hija». Y esta idea que, en los primeros meses de ausencia, no había penetrado sino muy débilmente en su cerebro, ahora, principiaba á atormentarle de continuo; y cada vez, con mayor ansiedad, repetía esta angustiosa pregunta: «¿Y será posible que no vuelva á ver jamás á Eleodora?».

Cuánto hubiera dado por poder ir donde ella, y en el transporte natural de su ternura, poder decir: «Hija mía, yo te perdono». Y tantas veces cuanto brotaban estas palabras de su corazón, otras tantas, agregaba: «No, antes me matarían que hacer semejante cosa». Y sacando del bolsillo el pañuelo de seda colorado, enjugaba limpiando, casi con cólera, las lágrimas que á su pesar corrían repitiendo siempre: «Ir yo á buscarla, perdonarla así tan fácilmente, ¡oh! no, ¡jamás!, ¡jamás!»...

Y para afianzarse en este propósito, recordaba todos aquellos sucesos que pudieran exacerbar su encono. Traía á cuenta la conducta de Eleodora, su reserva para con él, su huida escalando tejados y saltando abismos, y luego, lo más horrible todavía, lo más imperdonable: encontrarla en la habitación de don Enrique, en la propia cama de ese libertino, ¡de ese miserable que la había seducido!... Y este horroroso cuadro estaba, por la ingratitud de ella, ennegrecido. ¡Dejar pasar cinco años sin acordarse de sus padres; sin venir á informarse si vivían o habían muerto!... ¡Oh! ¡Esto, clamaba al cielo, esto era inaudito, estupendo!... ¡Y lo peor de esta aflictiva situación, era que, después de todas estas consideraciones y reflexiones, sentía cosa rara! Ó mas bien, cosa muy común en el amor paternal, sentía que sus entrañas se fundían en el más tierno afecto y concluía con las mismas palabras:

—«¡Hija mía, yo te perdono!»...

En el corazón de este padre severo, rígido y algo agrio, había contrastes que él mismo no alcanzaba á explicárselos. ¿Cómo era posible que con tan sólidos motivos para resfriar su cariño y desquerer á la ingrata hija que tan mal se comportaba, sus ansias y ternuras se acrecentaban y avivaban, como si tal sucediera, ó como si su cariño fuera independiente de todos los sucesos, de todos los contrastes de su vida?

Largas horas pasaba el señor Alvarado meditando sobre estos fenómenos incomprensibles, y no alcanzando á definirlos claramente, se conformaba con clasificar su corazón en el número de los más indefinibles que podía hallarse.

El señor Alvarado pensaba en Eleodora, con esa amargura con que se acaricia una esperanza á la que es forzoso renunciar; y á semejaza del deudo sentenciado á muerte, se le ama con mayor ternura á medida que más cercano está su fin.

Había llegado á ese extremo en que se trata de tomar una resolución definitiva, y esa resolución la había tomado él, decidiéndose por la conducta más insostenible.

Quería borrar, suprimir el cariño de su corazón para Eleodora, y esta lucha consigo mismo le exasperaba; agravando, cada día más, sus pesares.

Como había prohibido terminantemente que se nombrara á

Eleodora en su presencia, todos sus amigos juzgaban que él había trocado en odio el tierno afecto á su hija.

Cuando las reminiscencias del pasado obligaban á alguno, en el curso de una conversación, á nombrársela, se le daba el nombre de *ella*.

—Cuando ella estaba á mi lado, cuando ella me acompañaba á misa –solía decir la señora Luisa, con expresión tal de amargura que enternecía á cuantos la escuchaban.

Ni aún de esta manera consentía, el señor Alvarado, que le recordaran á su hija, y siempre, esas palabras eran contestadas con una especie de gruñido, que se le hubiera tomado por un quejido, á no tener mayor dosis de amargo reproche que de doloroso suspiro.

Y luego, le acompañaba el ceño de enojo y disgusto que daba lugar á que se creyera que el nombre de Eleodora era lo que más odiaba en el mundo.

Estas interpretaciones, tan equivocadas, solo fueron dadas por personas que no veían con el ojo avisor de la mujer amante aquella secreta pena; no así la señora Luisa, que se aflijía más al ver que, lejos de minorar[267] las penas de su esposo, iban tomando mayores proporciones.

Los amigos íntimos del señor Alvarado, de acuerdo con su esposa, intentaron poner en práctica un medio curativo, como si se dijera una suplantación; la cual consistía en acercar, al lado del señor Alvarado, á una hija natural habida en sus mocedades, y de la cual, él no había dado acuerdo posteriormente.

Aunque esa hija, aseguraba él, que era fruto de juveniles calaveradas, bien se colegía, que la señorita Laura (este era su nombre) había venido al mundo, cuando él contaba ya sus cuarenta muy cumplidos; y no de otra suerte se explicaría el que ella fuera una solterona ya treintona, muy remilgada y pretenciosa[268].

Sus amigos, y también su esposa, esperaban que aquel dormido afecto hacia la hija de sus antiguos amores, se despertaría y podría endulzar la ausencia de la otra hija ausente.

---

267 *Minorar*: equivalente a aminorar, disminuir.
268 Este personaje no se encuentra en *Eleodora*.

Así fue que, con gran contentamiento de la señorita Laura, se le instaló en la casa, y aleccionada sobre su papel cerca de su padre, esperaban un feliz resultado, que no sería otro que el completo olvido de la hija ingrata que así olvidaba á sus padres.

Si vale decir verdad, el señor Alvarado, maldito el cariño que jamás sintió por esta su hija natural, á la cual siempre miró, considerándola, no más que como viviente testimonio, de esa su única falta, abominada en el fondo de su conciencia como todo lo que á su concepto llevaba visos de pecaminoso o inmoral.

Y detestándola como la detestaba, se empeñaban todos sus amigos en convencerlo, de que, con un cariño que nunca había nacido, podía curarse otro arraigado en su alma é inoculado con su sangre en todo su organismo. ¡Vaya! ¡Pues no era malo el deseo de estos amigos! ¡Si aquello le hacía á él el mismísimo efecto que si quisieran curarle con un sinapismo[269] una llaga viva!

El señor Alvarado se rebelaba contra aquel empeño de sus amigos y de su esposa, juzgando insensata la suposición de que Laurita, con todos sus remilgos y vanidades, y con todos aquellos aires más propios de mujer resabiosa que puede muy bien seducir á un hombre, pero no consolar el corazón de un padre, pudiera reemplazar á una hija como Eleodora.

Bajo el aspecto cariñoso y las trazas pudorosas de la señorita Laurita, se escondía una trastienda, penetración y diplomacia incomparables, pudiendo decirse de ella que era muy ducha en el arte de fingir y seducir con mil artimañas y discreteos[270].

Pero, el señor Alvarado, ni por esas, pensaba en amoldar su cariño colocándolo en la figura de Laura mejor que en la de Eleodora.

La señora Luisa que veía con profundo pesar el enojo de su esposo, no se atrevía á hablarle en favor de la hija que tan locamente los abandonara. Y sus connivencias para desviar el cariño del ofendido padre, obedecían á miras bien calculadas, había observado que á medida que mayor era la pena por la ausencia de su hija, mayor el encono del señor Alvarado; y con su instinto ma-

---

269 *Sinapismo*: cataplasma hecha con polvo de mostaza.
270 *Discretear*: hacerse el discreto, ostentar discreción.

ternal, se figuraba que el día que el pesar se amortiguara, había de disminuir también su enojo; y entonces le sería posible á ella abogar y tomar á su cargo la causa de su hija, intercediendo para alcanzar su perdón.

Un día, que más que otros encontrábase preocupada y pesarosa, llegó cautelosamente una amiga suya de íntima confianza y acercándosele al oído, díjole:

—Eleodora vá á venir; no la rechazará U., ¿no es verdad?

La señora Alvarado, llorando de júbilo, pidió que quería verla al momento; y la amiga salió y volvió con Eleodora que había quedado esperando en la habitación contigua.

Las lágrimas, las sonrisas, las caricias, los reproches, las ternezas, todo se sucedió alternado, intercalado, pasando sin orden de la risa al llanto, de las caricias á las quejas.

La señora Luisa decía que encontraba demasiado pálida y delgada á Eleodora.

Pasados los primeros momentos en que la calma volvió á los espíritus sacudidos por tan violentas emociones, Eleodora dijo:
—Quiero ver a mi padre.

La señora Alvarado palideció, y apresurose á manifestarle cuán desatinado sería desafiar su cólera, así, sin la conveniente preparación de ánimo.

—No, no lo intentes –decía la madre á la hija.

—¡Oh! Sí, lo veré aunque sepa que vá á matarme.

—No, querida Eleodora –observaba la señora Alvarado;– tú conoces el carácter violento de tu padre; aguarda un poco de tiempo; yo iré preparando el camino.

Felizmente, había elegido la mejor hora, cuando él salía de casa á las dos de la tarde, y no regresaba hasta las cuatro. El médico le había recetado ese ejercicio diario, y él cumplía con salir, a pesar de que su decaído ánimo, se inclinaba más á la quietud y el retraimiento, que á estos paseos que le fatigaban y le disgustaban.

Eleodora, convencida de las sólidas razones que le oponía su madre, convino en esperar hasta mejor ocasión y se dió á vagar por la casa, deleitándose en aquellos sitios que le recordaban sus juveniles y mejores días.

La señora Luisa acompañaba á su hija sin atinar más que á mirarla, á contemplar aquel semblante, que ella no había cesado de mirar un solo instante en los cinco años de alejamiento: ahora que la veía en realidad parecíale estar soñando. Palpábala, pasando y repasándole las manos por la espalda, por la cabeza, como si temiera que fuera á evaporársele; notó que el pelo se le había disminuido, y también oscurecido, perdiendo aquel color de ambar que tanto le gustaba á ella.

Interrogola sobre su salud, ¡ah! Veía que estaba demasiado pálida y ojerosa. Eleodora no se atrevió á revelarle á su madre los grandes pesares é inmensos infortunios que agobiaban su vida.

Cuando llegó el momento de partir, por acercarse la hora en que regresaba el Sr. Alvarado; la madre quiso que su hija le prometiera volver todos los días á visitarla aprovechando de las dos horas que el señor Alvarado pasaba fuera de la casa. Eleodora no fué esquiva en prometer, más que por satisfacer las exigencias de su madre, por asegurarse de que continuaría acercándose á sus padres.

Larga, confidencial, íntima, fué toda la entrevista de las dos; iba ya Eleodora á retirarse, cuando sintiose el ruido pesado de los tardos pasos de un anciano. La señora Alvarado palideció, y Eleodora tuvo impulsos de huir; pero su madre la retuvo, sin darse cuenta de este movimiento, más instintivo que premeditado.

Un momento después, apareció en el dintel de la puerta, la austera figura del señor Alvarado.

Eleodora y su madre, mudas de sorpresa y pálidas de estupor, miraban al señor Alvarado sin atreverse á llamar su atención; a pesar de haber él avanzado hasta el medio de la habitación sin notar la presencia de ellas. De pronto, levantó la vista y retrocedió, como si viera una aparición del otro mundo. Llevose ambas manos á los ojos intentando disipar la horrible visión que á su vista le presentaba.

—¡Cómo! ¡Eleodora! No, imposible.

El señor Alvarado, atontado de estupor y de alegría, miraba á su hija como se mira algo que espanta. Estaba á punto de desfallecer.

¡Oh! ¡Al fin el anhelo constante de su alma, al fin la aspiración de su solitaria vida se realizaba! Por fin, después de cinco años, veía á Eleodora. ¿Era en realidad ella, ó mas bien una de esas alucinaciones que él había experimentado en los primeros días, cuando esperaba que llegaría de un momento á otro, é imaginábase verla cada vez que sentía pasos ó una puerta se abría, empujada por una mano delicada?... Llegar un día cualquiera , ¡el que menos la esperaba!... La idea de ver visiones era lo que más lo angustiaba.

Tanta felicidad, tan inesperado goce, parecíale que iban á matarlo.

Sintió deseo de abrir los brazos y estrechar contra su corazón á su hija adorada; se encontraba en uno de esos momentos culminantes de la existencia que rompen la tiranía del pasado, y parecen anular la memoria, suprimiendo la preocupación del porvenir, y dejando solo el momento presente. Su corazón estremecíase de alborozo, y aquellas palabras afectuosas, que en sus solitarias horas de enternecimiento, había él con tanta frecuencia pronunciado, le henchían el pecho y parecían desbordarse hasta los labios.

Pero, por uno de esos raros fenómenos que con frecuencia se realizan en las personas del carácter y las ideas del señor Alvarado, por uno de esos contrastes que forman el fondo de su naturaleza; mientras sus entrañas se conmovían y su corazón brotaba raudales de ternura, de sus labios sólo debían salir palabras ásperas, duras, en completa oposición con sus sentimientos, como si su ruda ternura no pudiera manifestarse de otra suerte, pues que se consideraba en el deber de ser severo con aquella hija cuyas faltas debía él castigar.

En el señor Alvarado, diríase que sus afectos más tiernos removían sus malos humores.

Después de un largo silencio, usando un tono regañón y enfadado que le era casi habitual, dirigiose á Eleodora, diciéndole:

—¿Y á quién ha venido usted á buscar á esta casa?

—Yo... vine... á ver á mi... madre.

Si Eleodora hubiera podido conocer algo, siquiera una cuarta parte, de lo que pasaba en el corazón de su padre, hubiérase lanzado á su cuello, diciéndole que venía á buscarlo á él, á implorar su perdón y á pedirle su afecto para que le permitiera vivir á su lado. Cuánto le hubiera agradecido él esta salida que le abría el camino que deseaba seguir: ¡el único por donde podía recuperar su perdida alegría y la paz de su vida!...

Pero Eleodora, con la timidez propia de su carácter, eligió el peor camino dando lugar á que el señor Alvarado se encolerizara, y se creyera obligado á una reconvención, redarguyendo[271] con la autoridad del padre ofendido y no satisfecho; y así, aludiendo á la contestación de Eleodora, replicole:

—Sí, viene usted á ver á su madre que no sabe cumplir sus deberes y que la recibe á usted á hurtadillas, sin mi consentimiento, sin decirme siquiera que mi hija, sí, porque a mi pesar, es usted todavía mi hija; esa oveja descarriada quería volver al redil arrepentida de sus faltas. Nadie me ha dicho nada: ¿para qué me han de decir?, ¿qué les importo yo á ustedes? Poco falta para que me manden á enterrar vivo por inútil é inservible. Esto es, sí, han hecho ustedes muy bien. Ya veo que estoy aquí de más... Yo no les importo nada á ustedes. Si cada cual puede hacer lo que la gana le dé...

Y el señor Alvarado, inmutado y con el semblante algo encendido por la cólera, dió algunos pasos como para retirarse.

—¡Papá! ¡Papá! ¡Tén compasión de mí, que soy muy desgraciada! —exclamó Eleodora, extendiendo los brazos y plegando las manos en señal de súplica.

El Sr. Alvarado, que estaba muy lejos de pensar en retirarse,

---

271 *Redargüir*: convertir el argumento contra quien lo hace.

así tan presto, sin satisfacer sus tiernos afectos ó desahogar su intempestiva cólera, detúvose mirando á su hija.

Las palabras de Eleodora le presentaban ocasión oportuna para sus reconvenciones[272],y con sarcástica expresión, le habló:

—¡Cómo! ¿Desgraciada usted? Yo creía que tendría usted suficiente para labrar su felicidad con ser la señora de Guido; del hijo del mercachifle[273] que vendía cintas y sedas en la calle de Judíos, en el número 6; ¿no conoce usted esa *tienducha*[274]? Vaya usted á verla, todavía está allí para que conozca la residencia de sus antepasados y también la del esposo de usted.

Esta manera cruel de enrostrar[275] las faltas de la hija, no dió otro resultado que el silencio altivo de Eleodora, que cambiando súbitamente, miraba con amargura á su padre. El señor Alvarado, que esperaba llevarla por este camino al arrepentimiento y á la ternura, continuó en el mismo tono:

—¡Degraciada usted cuando tiene un esposo del que debe usted estar orgullosa! ¡No, no puede ser! Mañana sus hijos de usted, mis *nietos* —dijo, con indecible expresión de rabia— pueden agregar á su escudo de armas un signo más de nobleza: *una vara corta*. Y el espléndido escudo de armas de los Alvarados, con castillo de oro y pendones de plata, con cruz en el homenaje que quiere decir: ilustrado en las guerras de los caballeros cruzados, y además, en el cuartel inferior, tres cabezas de moros con el mote honorífico de *Alvarados, nobles y cruzados*, tendrán, señora, la extraordinaria nobleza de llevar también *una vara corta*.

Eleodora sabía perfectamente que el padre de Enrique Guido llamábanle con el apodo de *ño vara corta*.

El señor Alvarado soltó una de esas carcajadas agudas y punzantes que hieren como si penetrasen cortando todas las fibras del corazón.

Sintió la herida y comprendió todo el sarcasmo que las palabras de su padre encerraban. En sus venas rebulló[276] la sangre altiva de los Alvarados; y cambiando el semblante aflijido y an-

---

272   Véase nota 109 de *Eleodora*.
273   Véase nota 110 de *Eleodora*.
274   Véanse notas 111 y 112 de *Eleodora*.
275   Véase nota 113 de *Eleodora*.
276   Véase nota 114 de *Eleodora*.

gustiadísimo por la arrogante y severa expresión de la matrona, púsose de pié, y dirigiéndose á él, díjole:

—Señor, hace cinco años que esta entrevista vengo deseándola. Primero, como un deber de hija cariñosa, después, como un consuelo de mujer desgraciada á quien nadie mejor que sus padres podía consolar; pero veo que me he equivocado, y que en el lugar del padre, hallo al juez, ó mejor diré al tirano que se complace en agregar la burla y el sarcasmo al insulto; sí, señor, he venido á cumplir un deber, y me voy de aquí con el alma destrozada, y óigalo usted bien, resuelta á no volver jamás.

La señora Alvarado, que en toda esta escena había desempeñado un papel de muda, pero elocuente espectadora, manifestando tan solo con sus lágrimas, sus suspiros y agitaciones cuán horrible era para ella este trance, púsose también de pié, y asiendo á Eleodora por los brazos, con la voz entrecortada por los sollozos y el semblante angustiado, decíale:

—No, tú no saldrás de aquí, no, Eleodora, si no me prometes volver, no, hijita, no me dejes otra vez, óyeme, ¡yo te lo pido!...

Y con el mayor desorden, hablaba, sujetando á Eleodora. Ésta dió algunos pasos como para alejarse con aire resuelto y altivo.

El señor Alvarado, que veía la actitud de su hija, llenose de horrible angustia.

Por segunda vez, Eleodora iba á abandonarlo; por segunda vez, iba á perder á su hija. ¡Y ahora sería para siempre!... Pensó que con su mala acogida había él creado esta cruel situación; que con sus recriminaciones y sarcasmos, había herido á su hija que indignada y ofendida no volvería más á verlo.

Todas estas reflexiones pasaron tumultuosamente por su imaginación, y á medida que acrecía su dolor, acrecía también su ira y su desesperación.

¡No ver jamás á Eleodora! ¿Podía acaso acontecerle mayor desgracia?

Pero, ¡qué hacer! Él, el ofendido, ¿cómo era posible que pidiera perdón á su hija, cuya conducta no merecía sino amonestaciones ó castigo? ¿Qué podía decirle? ¿Qué podría hacer para retenerla?

Estas preguntas se dirijía á sí mismo, mientras Eleodora, retenida por su madre, no podía alejarse y pugnaba por desasirse de los amorosos brazos que la sujetaban.

Al fin, el señor Alvarado, cada vez más indignado, preguntó:

—Pero, entonces, ¿cuál ha sido tu determinación al venir aquí?

Esto quería decir: «Si te vas sin reconciliarte, á qué viniste aquí».

Eleodora no contestó una palabra, y con paso resuelto, dirigiose á la puerta.

Su madre la seguía llorando, y el señor Alvarado, así que la vió pasar el dintel de la puerta, extendió los brazos, y trémulo de emoción y de dolor, corrió hacia ella, exclamando:

—¡Dios mío! ¡Y se va! ¡Eleodora, ven! Hija...

Eleodora, con un movimiento involuntario, regresó atraída por las palabras de su padre, y la señora Alvarado la empujó á los brazos de él, quedando ella también confundida en el abrazo que ellos se dieron...

XIX

Eleodora regresó á su casa y habló á su esposo manifestándole muy resueltamente su propósito de pedir una separación judicial, ó lo que sería lo mismo, su divorcio, caso que él no reformara su conducta y entrara en el buen camino.

Don Enrique, se deshizo en protestas, pidió perdón de sus faltas, y ofreció, jurando por un puñado de cruces, que de ahí en adelante, sería el más formal y seriote[277] marido que podía ella encontrar.

Eleodora, sin dar entera fé á estas protestas y juramentos, quiso hacerle algunas concesiones á trueque de las que él le prometía.

Una de ellas, y la de mayor valía para ella, era que él no iría á la calle á jugar, sino que traería á la casa á algunos amigos con quienes *mataría el gusano*[278], como él decía, jugando á las cartas para dar pábulo[279] a su dominante vicio.

Esta nueva de venir á jugar á la casa de Eleodora, fué recibida con grandes muestras de alborozo por Ricardo; por aquel calavera que vestido de sacerdote aseguraba, aquella noche de la huida de Eleodora, que aunque gustaba merodear en el huerto ajeno, sabía respetar la propiedad del amigo; palabras que fueron desmentidas por uno de los presentes.

Siguiendo pues, antiguos merodeos en huerto ajeno, había principiado á mirar con ojos de hambriendo ladrón, la melancólica belleza de la virtuosa Eleodora.

---

277   *Seriote*: muy serio, real, verdadero y sincero.
278   *Matar el gusano*: satisfacer la curiosidad o las ganas de hacer algo.
279   Ver nota 116 de *Eleodora*.

Don Enrique instaló su tertulia *de rocambor*, según el decir de sus amigos, y de juego de *envite*[280], según el decir de los iniciados.

Desde el primer día, fué Ricardo el más asiduo compañero de juego de D. Enrique.

Y para captarse las simpatías de Eleodora, procuraba darle á su esposo muy saludables consejos, tendentes todos, á la buena armonía del matrimonio y á la fidelidad del marido como base de felicidad conyugal; y muy dogmáticamente, predicaba cosas que estaba lejos de desear.

Y para amenizar las horas que llegaba, cuando aún no había principiado el juego, llevaba buena provisión de historietas sobre la crónica escandalosa de los salones de Lima; manjar muy del gusto de todas las mujeres, aún de las muy virtuosas como Eleodora.

Y luego, supo Ricardo hacerse muy buen amigo de Luisita y de Cosme que, muy graciosamente, decíanle á su madre que ellos deseaban que todos los días viniera su amigo, el señor Ricardo, porque siempre venía trayéndoles dulces y confites.

Y á medida que la buena suerte de los dados se decidía á favor de Ricardo, iba también ganando en las simpatías de todos los de la familia.

Como a pesar del juego en la casa, y de todos los atractivos con que su esposa había querido rodearlo, D. Enrique dejaba con demasiada frecuencia su compañía para ir en pos de otras distracciones, Ricardo concibió el proyecto de insinuar la idea, de que tal vez los celos serían el mejor medio de volver á la buena senda al esposo indolente y olvidadizo de sus deberes; y le hablaba á Eleodora dejándole conocer sus ideas.

Un día que conversaban en la sala de recibo, díjole él, siguiendo el curso de su principiada conversación.

—Señora, los proverbios son sentencias que debemos creer á puño cerrado[281], y hay uno que dice: «A amante lerdo, espuela de cuerno».

—¿Y qué quiere U. decir con eso? Preguntó Eleodora, poniéndose un tanto seria.

---

280 *Envite*: en algunos juegos de naipes y otros, apuesta que se hace pagando, además de los tantos ordinarios, cierta cantidad a un lance o suerte.

281 Véase nota 117 de *Eleodora*.

Ricardo era uno de esos jóvenes ligeros, alegres, dados á la broma, á la sátira, que gustan hablar de asuntos serios, charlando, riendo, como si un ruido de cascabeles les acompañara siempre.

Por circunspecta que sea una mujer le es muy difícil contener á estos equilibristas de la broma y la chanza, que saltan por sobre todos los respetos debidos, sin más privilegio que el de la ajilidad de sus movimientos.

Sus amigos decían que era un limeño muy limeño, *pure sang*[282].

Ricardo, contestando á la pregunta de Eleodora, con el tono burlón y almibarado que él usaba, díjole:

—Eso quiere decir algo que á U. le interesa.

—O que U. quiere decirme.

—Cierto, quería decirle que conozco muchos malos maridos que han dejado de ser malos el día que su mujer ha dejado de ser virtuosa.

—Eso no puede pasar de una falsedad de mala ley.

—¡Pues qué! ¿No cree U. en los milagros que pueden operar los celos?

—¡Oh! Pero eso es indigno de una mujer que ama verdaderamente á su esposo.

—¡Bah! La mujer inteligente debe llevar á su marido á la buena senda aunque sea á puntapiés.

Eleodora sonrió con tristeza y no supo qué contestar á estas pérfidas palabras. Ricardo continuó:

—Conozco muchas mujeres que basta que ellas se hayan propuesto labrar la felicidad de un amante para que el marido, por su parte, se propusiera labrar la felicidad de su esposa; lo que da por resultado que ella disfrute de la felicidad que le da el marido, y de la otra, y esa es la verdadera, la que le dá el amante.

—Pues yo –contestó Eleodora con firmeza– conozco mujeres que prefieren la desgracia que les viene del marido á la felicidad que puede darles el amante.

Ricardo, con un movimiento de involuntario disgusto, quiso decir algo más terminante; pero no queriendo dar un tono serio

---

282   Pura sangre, auténtico, genuino.

á sus galanteos, procuró reír con gracia y continuó de la misma suerte:

—Se me ocurre creer –dijo– que las mujeres que prefieren la desgracia que les trae el esposo, á la felicidad que les dá el amante, deben tener algo de la índole de nuestras indias *serranas*[283], que como U. sabe, tienen por regla fija de su amor, aquello de *porque me quiere mi porria*[284]; lo que traducido en buen romance, quiere decir: quien bién me quiere me hará llorar.

Y Eleodora, con admirable presteza, y con el tono resignado del amor mal correspondido, díjole: —O también debe traducirse así: «por su amor debo sufrirlo todo».

Ricardo calló un momento; la resignación con que Eleodora arrostraba sus infortunios parecía haberle conmovido; pero luego sonrió, y haciendo una mueca, alzose de hombros.

—¡Pst!... Ese amor me huele á fiambre[285]: me parece condimentado en el siglo pasado.

—Es el amor de una mujer que ama verdaderamente á su esposo— contestó con sequedad Eleodora.

—¡Demonios! Pero yo diría que ese es un amor manifiestamente perjudicial.

—Sí, perjudicial para los calaveras y enamorados –contestole Eleodora.

—Quizá más para los maridos que deben perderse por exceso de amor de su mujer.

—Qué modo de argumentar tan insidioso usa U. –replicó Eleodora, casi disgustada.

—Vamos, no se me enoje U., y sea complaciente con un amigo que sólo desea la felicidad de U.

Eleodora calló y procuró sonreír. Por ningún motivo, quería disgustar á Ricardo que era el concurrente más asiduo á las caseras veladas de D. Enrique, consideradas por Eleodora, como el único recurso para impedir el que su marido volviera á ausentarse; y la ausencia de él significaba, para ella, todo lo más aflictivo

---

283　*Serrana*: mujer de la sierra o de los andes peruanos. En *Eleodora* se utilizaba el término «indias».

284　Véase nota 118 de *Eleodora*, además, hay que advertir el cambio de la vocal «i» por la «e» en el verbo «porrear» con la finalidad de acercarse más a la fonética del quechuablante.

285　Véase nota 119 de *Eleodora*.

que podía venirle: era el juego, eran las orgías, era el abandono y toda suerte de desgracias, y prefería agasajar á Ricardo á todo lo que ya ella esperaba que podía sobrevenirle.

Ricardo dió otra interpretación á la expresión bondadosa de Eleodora. Mirola complacido y se aventuró á algo más:

—Vea U. –dijo– para convencerla voy á ponerle un ejemplo; imagínese que usted me quisiera á mí. No me ponga esa cara de Fierabrás[286]; esto no es más que un ejemplo –agregó riendo–. Pues bien; supongamos que U. quisiera á un hombre que la amara verdaderamente; que los momentos que pasara al lado de U. los contara como los más hermosos de su vida, como un favor, como un premio concedido en gracia del amor que él le tributaba á U. Y, ¿no cree U. que al cambiar su condición de esposa triste, desgraciada y abandonada, por la reina feliz y soberana, pasaría U. del infierno al cielo, y se pondría U. risueña, hermosa y satisfecha? Y Enrique, que no tiene un pelo de tonto, pararía la oreja, y como hombre experimentado, diría para su coleto: «Moros en la costa». Y cuando un marido lanza esta exclamación, se arma de punta en blanco[287]; y si tiene los dados en la mano, los deja caer, porque con dados no se puede defender un tesoro que no otra cosa le parece al marido la mujer que tiene perseguidores; y si por la calle hay una querida, se le abandona, pues primero se debe atender á lo que corre peligro que á lo que está bien seguro. Sí, señora, no le quede á U. duda, el que dijo que «á amante lerdo, espuela de cuerno», dijo una verdad digna del gran Salomón[288].

Eleodora guardó silencio sin saber qué contestar. La malévola elocuencia de Ricardo, la indignó; no vió en él, sino el amigo pérfido que, prevalido de las debilidades del esposo, quería seducirla colocándole ante la vista el cuadro seductor de un adulterio que, para ella, tendría el aspecto doblemente repugnante de la infidencia del amigo y la infidelidad de la esposa.

Ricardo la miró y, creyendo haberla vencido, sonreía satisfecho.

—¿Y qué me contesta U., Eleodora? ¿Será preciso que con-

---

286   Véase nota 120 de *Eleodora*.
287   Véanse notas 121, 122, 123 y 124 de *Eleodora*.
288   Véase nota 125 de *Eleodora*.

fiese U. que yo le ofrezco el cielo á cambio del infierno en que vive U.?

Eleodora no halló otra salida que enojarse muy seriamente y decirle muy indignada.

—Caballero, después de lo que acaba U. de decirme yo no debo hablar una palabra más.

Ricardo se retorció con furia los bigotes, y como Eleodora hubiera tomado el aire de mujer ofendida para cortar la conversación y retirarse del salón; él mirándola alejarse, prorrumpió en una risotada de despecho.

—¡Ta, ta, ta! He aquí una virtud heroica que para mí era desconocida.

Y en alta voz, como si pronunciara una amenaza, decía:

—No pasarán muchos días sin que tú, virtuosa Eleodora, caigas á mis manos entregada quizá por el mismo á quién guardas tanta fidelidad.

Eleodora escuchó la amenza, y desde la habitación contigua, contestole también en alta voz: —¡Infame! Si U. vuelve á mi casa, lo haré arrojar con los criados.

Ricardo, que no sabía darle tintes trájicos á ninguna cuestión por seria que ella fuera, volvió á prorrumpir en otra estrepitosa carcajada, y salió de allí diciendo: que á Eleodora se le habían aflojado los tornillos del cerebro[289] que muy tonto sería él si fuera á dar importancia á las palabras de una mujer sin discernimiento.

Y después de todo, ¿no le quedaba muy expedito otro camino, en el que podía humillar á Eleodora, y hacerla pagar muy caro sus insultos?

Ricardo, desde aquel momento, principió á urdir el medio por el cual llegaría al logro de sus planes de venganza; y lejos de retirarse de la casa de Eleodora, fué más asiduo en sus visitas, y más empeñoso cuando se trataba de sostener el juego establecido por don Enrique.

El seducir á una mujer como Eleodora, creía Ricardo, que era cuestión de paciencia y astucia, y tomó con rabioso empeño este

---

289   Tener flojos los tornillos del cerebro: tener poca sensatez.

capricho, diciéndose a sí mismo: —Eso se alcanza por la fuerza ó por el amor.

Eleodora, por su parte, no sabía qué decisión tomar para alejar de su casa á este pérfido seductor, al que, lejos de temerle estaba muy segura de no caer en sus redes. Algunas veces, pensaba revelarle á su esposo la infamia de su amigo, pero deteníala, por una parte, el temor de que él despidiera á todos sus amigos y volviera de nuevo á buscar lejos de la casa el juego y los placeres que tanto lo alejaban de ella; por otra, deteníala, el temor á provocar uno de esos arrebatos de cólera, á los que don Enrique estaba sujeto; arrebatos que, según el parecer de Eleodora, podían llevarlo hasta el extremo de cometer un crimen.

Ricardo, a su vez, cambió de táctica cerca de D. Enrique; y comprendiendo que los vicios le proporcionarían el mejor camino para hundirlo á él y acercarse á ella, impulsábalo y lo compelía á seguir adelante.

Eleodora veía que su situación era de más en más angustiosa, y rodeada de peligros, y diariamente iba á casa de sus padres como si quisiera hallar allí el único asilo que ya le quedaba en vida.

Poco a poco, los amigos de D. Enrique fueron retirándose por falta de aliciente en ese juego monótono, siempre con las mismas personas, que daba por resultado el que ya se pudiera saber, de antemano, á quién protejería la suerte; tan entablados[290] estaban ya los dados.

Por fin, quedó establecido que solo una noche en la semana irían sus amigos á casa de D. Enrique, y las restantes, jugarían solos á las cartas él con Ricardo. Este juego fué tomando día á día el carácter de un desafío en el que cada cual se proponía ganar hasta el último real de su adversario.

Ambos parecían atacados del rabioso empeño de arruinarse. Jugaban monte de cartas y por la exaltación, que á ambos les acometía así que habían jugado algunas *pasadas*, diríase animados por algún espíritu maligno, que los colocaba el uno frente al otro, con las más aviesas intenciones.

---

290 *Entablar*: en el juego, disponer, preparar.

Eleodora miraba angustiadísima estas partidas de juego, en las que dos jugadores trataban de descamisarse. Cada noche, se prometía á sí misma no dejar pasar el día siguiente sin ir donde sus padres á revelarles su situación, y romper definitivamente su matrimonio; pero cuando una mujer se casa como Eleodora, prefiere antes que confirmar cuán cierta ha sido su falta, revelando sus desdichas, sufrir sin término ni medida.

¡Ah! Si ella hablara, sería preciso manifestar que todo cuanto habían previsto y temido era muy pequeño en comparación con la realidad.

Pronto se supo en el público que D. Enrique, si no frecuentaba las casas de juego, no era por haberse corregido, sino por estar empeñado en una partida de gran importancia con su amigo Ricardo.

Los ociosos y maldicientes agregaban que Ricardo fomentaba esa partida y asistía con afán á ella por tener el incentivo de la vista de Eleodora, por la cual, más que por las cartas, se *desmorecía*[291] el joven calavera.

Ricardo si no amaba á Eleodora, la deseaba; y caso de no lograr su intento, quedaría vengado de sus insultos. Decía que los melindres y desdenes de una mujer virtuosa, le producían en el corazón, el mismísimo efecto que produce en el estómago, la mostaza y el ají[292]: le despertaba el apetito.

Eleodora acostumbraba permanecer levantada hasta la hora que se retiraban los jugadores; pero cuando sucedía que amanecían, lo que era frecuente, ella esperaba á que sus hijos se hubieran levantado, y después de dar sus órdenes á los criados, se retiraba á descansar. Unas noches más, otras menos, casi todas las pesaba en vela; resignándose á esta angustiosa condición de muda e impasible espectadora de los vicios de su esposo.

---

291 *Desmorecerse*: perecerse, padecer con violencia una pasión o afecto.
292 *Ají*: (Perú) pimiento picante peruano. Juan de Arona en su *Diccionario de peruanismos*, señala: «El tamaño, la forma, el color y el grado de picante son infinitos en nuestro ají; los hay rojos, morados, amarillo de oro y verdes; los unos tan largos o más, y tan puntiagudos como una zanahoria, los otros, pequeños y redondos como una cereza. Ya se muelen, y aderezados con aceite de comer u otro ingrediente, componen una maza o pasta que servida en un platito o *mate*, según las mesas, hace las veces de mostaza inglesa y francesa (…). El menos picante de nuestros *ajíes* creemos que deje atrás á la más brava de las pimientas ultramarinas» (65).

Una noche, que el juego se hubo alargado más que de ordinario, ella, intranquila y mortificada, paseábase ó se dejaba caer en uno de los grandes divanes de la habitación contigua á la que su esposo jugaba con sus amigos.

De cuando en cuando, acercábase á mirar por entre los cristales para ver si ya habían terminado las apuestas. Vió que los amigos de D. Enrique, después de contar el dinero, se retiraron diciendo uno de ellos que el ganancioso era Ricardo.

Cuando don Enrique y su amigo quedaron solos, aquel tomó las cartas y propuso continuar tan solo por una media hora más. Ricardo sacó el reloj, y mirando, dijo:

—¡Las cuatro de la mañana! Ya es hora muy apropiada para retirarse.

—Espera: –contestole D. Enrique reteniéndole por los faldones de la levita:– media hora más o menos no hace nada. Vamos á hacer un par de apuestas: ya ves que yo he perdido mucho y necesito desquitarme.

Y diciendo y haciendo, D. Enrique tiró dos cartas sobre la mesa preparándose para correr el naipe.

Los que hayan visto la fisonomía del jugador, en ciertos momentos de excitación y rabia, podrán solo formarse idea del aspecto de D. Enrique después de algunas horas de jugar y perder siempre.

Una sospecha asaltole repentinamente: tal pertinacia[293] de su mala suerte, no podía tener otra causa, que algunos escamoteos[294] de Ricardo que sabía manejar maravillosamente los naipes.

Sus ojos brillantes, diríase que despedían chispas como dos carbúnculos[295], que brillan en la oscuridad, y así á medida que mayores y más repetidas eran las pérdidas, más gruesas fueron las apuestas, esperando sorprender con su mirada de águila un solo movimiento de manos que le revelara la verdad de su sospecha.

Don Enrique perdió aquella noche lo último que, de la venta de San Eloy, le quedaba.

Ricardo estaba ebrio, loco de alegría.

---

293 *Pertinacia*: obstinación, terquedad o tenacidad en manterner una opinión, una doctrina o la resolución que se ha tomado.

294 *Escamotear*: dicho de un jugador de manos, hacer que desaparezcan a ojos vistas las cosas que maneja.

295 *Carbúnculo*: rubí, mineral cristalizado, más duro que el acero, de color rojo y brillo intenso.

Veía á su amigo poseído de la fiebre, del delirio del jugador, y una idea infame, horrible, acababa de pasar por su mente.

Recordaba haber oído muchas historietas de maridos, que en igual situación, no han trepidado en apuntar á una carta el honor de su mujer, máxime, cuando se trataba de un jugador un poco amoroso para la suya como lo era su amigo.

Ricardo se frotaba las manos de contento; Eleodora estaba allí al alcance de su mano; esa altiva virtud que no había sucumbido ni á los estímulos de la felicidad y el amor, ni á las más nobles aspiraciones de esposa; cuando él le manifestó que los celos podían correjir al descarriado esposo; Eleodora estaba allí, y quizá iba él á alcanzar por la fuerza lo que no había alcanzado por el amor. Y, después de todo, como lo esencial era humillarla, poco le importaba que en definitiva, no llegara él á otro resultado que al de poder decirle; eres mía, tu marido acaba de jugarte ni más ni menos que apuntándote á una carta, como apuntaban en otro tiempo chinos, los traficantes de esos colonos.

Ricardo quería vengarse, ¿de qué? De la virtud insultante de Eleodora.

Hacía, además, algún tiempo, que lo que fué en él mero capricho, habíase tornado en deseo verdadero aguijoneado por los continuos desdenes de ella.

Una de las veces que Eleodora miraba por entre los cristales, sintiéndose intranquila y atormenada, vió que D. Enrique sacó de su escritorio un objeto de arte que conservaba como una joya; era un puñalito de riquísima hoja cuyo mango de oro macizo primorosamente cincelado llevaba enroscada una víbora cuyos caprichosos jazpes estaban imitados con rubíes, perlas y brillantes. Un par de gruesos brillantes remataban la empuñadura artísticamente trabajada. Ricardo tomó, de las manos de su amigo, el puñal, y mirábalo con atención, cual si se tratara de justipreciar su valor.

—No hace un mes –dijo D. Enrique– que me estuvieron ofreciendo mil soles por él.

—Sí, los vale –contestó Ricardo.

Eleodora comprendió, que no teniendo ya dinero, y sin duda, queriendo darle nuevo aliciente al juego, se desprendía de aquel objeto que él estimaba más que por su valor intrínseco, por su valor artístico.

El puñal fué colocado sobre una carta, y después de un momento, pasó á manos de Ricardo. Don Enrique estaba pálido y con la fisonomía muy alterada.

Al fin fué necesario suspender el juego, y D. Enrique rascándose la cabeza, casi furioso, exclamó:

—¡Mañana tendré que anunciarle á Eleodora que estamos arruinados!...

—Fuerte cosa por cierto.

—Lo que tengo en caja no me alcazará mañana para pagar á los que debo –y echando un terno[296] agregó– ¡ahora sí creo que estoy verdaderamente arruinado!...

—Aún podemos hacer una transacción –dijo Ricardo, dando á sus palabras el acento de la broma.

—Habla, pues ya sabes que en mi situación se acepta todo.

En este momento se oyó, por la puerta contigua á las habitaciones de Eleodora, algo semejante á un sollozo ahogado. Don Enrique miró hacia ese lado, hizo un movimiento como para ir allá, volvió a escuchar y no oyó más.

Ricardo sacó un lápiz, y en el sobre de una carta, que escojió entre las muchas que llevaba en el bolsillo, principió á escribir varios nombres que correspondían á las personas á quienes debía D. Enrique. Después de leer esta lista, preguntole á su amigo, si no era deudor de alguna otra persona. D. Enrique agregó dos nombres más.

Sumadas las cantidades que correspondían á cada uno de los nombres, Ricardo le presentó el papel á su amigo diciendo:

—Mira, esto es lo que debes.

—Sí, más del doble de lo que me queda de la venta de San Eloy.

---

296 *Terno*: en el juego, suerte de tres números.

—Cincuenta mil soles, ¡en menos de ocho días que vas peleando con la mala suerte!... Cierto que es para ir y tirarse del puente abajo.

—¡Psts! Nada me falta ya para hacerlo; veo que mis desgracias no tienen remedio.

Ricardo colocó familiarmente una mano en el hombro de su amigo, y con la mayor llaneza, díjole:

—Habla, ¿aceptas mi propuesta de una transacción?

—Dime cuál es y ya veremos.

—Pago todas tus deudas, y te doy un recibo por la cantidad que te debo, con solo una condición.

—¿Cuál? Preguntó don Enrique con la voz ahogada.

—¿Me prometes no enojarte caso de no aceptar mi oferta?

—En ofrecer no hay agravio. Habla, ¿qué quieres? –preguntó D. Enrique procurando disimular su turbación.

Ricardo, mirando á todos lados, y bajando la voz, díjole casi al oído.

—Quiero una hora de estar allá en tu lugar.

Y Ricardo, acompañando la palabra con la acción, señaló con la mano la puerta tras la cual estaba Eleodora.

Y ella que escuchaba estas palabras, se estremeció, y aunque las últimas no llegó á percibirlas distintamente, adivinó lo que significaban. Tuvo impulsos de abrir la puerta horrorizada con la idea de que pudiera su marido llegar hasta el extremo de ceder á las malévolas ofertas de Ricardo; pero se detuvo un momento. ¡Dios mío! ¿Sería verdad lo que, sin haber oído, sospechaba?

En todo caso, preciso era precaverse y la precaución, no podía ser otra, que entrar á la habitación y manifestar su altivez á Ricardo y su dolor á su esposo.

No había tiempo que perder. Eleodora abrió la puerta con violencia, apareciendo en el dintel pálida, descompuesta y sin poder articular una sola palabra. Miró á su esposo con tan elocuente mirada, que él no necesitó más para comprender que Eleodora, si no había oído la conversación, la había, por lo menos, adivinado.

La vergüenza, la rabia, la desesperación pintáronse en el semblante de D. Enrique; y aunque él estaba ya á punto de acceder al pedido de Ricardo, al imaginarse que su esposa podía haber escuchado las últimas palabras de casi asentimiento que él había dicho: comprendió toda la enormidad de la ofensa de Ricardo, y la idea del castigo y la venganza, apareció en su mente. Una oleada de sangre inundó su cerebro; y fuera de sí, apoderose del pequeño puñal que estaba sobre la mesa y asestó dos puñaladas á su amigo, de manera tan imprevista, que él no tuvo tiempo de huir.

Impulsada por ese humanitario sentimiento que en ciertos momentos se sobrepone á todo razonamiento, Eleodora corrió á interponerse entre D. Enrique y su víctima, exclamando:

—¡Enrique! ¡No cometas un asesinato!

Pero él estaba ya fuera de sí, y una tercera puñalada, dejó exánime á su amigo.

Eleodora, en el colmo de la angustia, gritó:

—¡Enrique, basta, perdónalo!

—Y tú también –exclamó D. Enrique, asiendo furioso á su esposa y tirándola á sus piés.

El puñal brilló en el aire y se hundió en el pecho de Eleodora, que arrastrándose, fué á caer exánime á pocos pasos del sitio en que estaba el cadáver de Ricardo.

Cuando D. Enrique miró aquel cuadro, huyó despavorido y fué á ocultarse á casa de su amigo.

Pero los alaridos de Eleodora, y la voz colérica de D. Enrique, habían atraído al criado que velaba para atender á las necesidades de los jugadores.

Aquella misma noche tuvo la policía conocimiento del suceso, y D. Enrique, sobre quien recayeron todas las sospechas, según los informes del criado, fué perseguido y no faltó quién diera aviso del lugar donde se encontraba para que fuera apresado.

XX

Eleodora no murió inmediatamente.

Cuando volvió en sí, su madre, que sentada en el sillón de junto al lecho, lloraba procurando ocultar sus lágrimas.

El señor Alvarado estaba allí también, con la expresión dolorida y la frente inclinada, agobiado al peso de tanto infortunio.

Con los ojos enjutos, miraba atónito, absorto á su hija; y las lágrimas que no corrían por sus mejillas, granizaban, como dice Dante[297], sobre su corazón.

Así que, cuando Eleodora recobró el conocimiento, su primer cuidado fué preguntar por sus hijos. Quiso que le trajeran á los dos, imaginábase que ellos también habían recibido la herida mortal que á ella la postraba.

La señora Luisa, salió presurosa y volvió luego, trayendo en brazos á Luisita, y á Cosme de la mano.

Eleodora miró enternecida á sus hijos, exclamando con honda amargura: —¡Hijos de un asesino, que puede ser mañana un presidiario!...

Y cubriéndose el rostro con los cobertores del lecho, prorrumpió en sollozos angustiadísimos. Los niños al ver llorar á su madre, lloraron á voces también ellos, el uno después del otro.

La señora Luisa retirose temiendo completar el cuadro, si daba rienda suelta al llanto que ya le oprimía la garganta.

En cuanto al señor Alvarado, parecía que le estuvieran hin-

---

297   Véase nota 126 de *Eleodora*.

cando púas por la espalda, tan compungido llevaba el semblante.

Un ligero temblor del labio inferior, y contracción de todo el rostro, manifestaba que pugnaba por beber sus lágrimas, imaginándose ser impropio de su severidad y austero porte, el llanto que se le desbordaba en torrente de lágrimas.

Aquella noche, después de una consulta de los primeros facultativos, que declararon mortal la herida de Eleodora, pidió, como buena cristiana, el auxilio de Fray Antón. Este era un santo varón, de la orden de los Descalzos, que amaba con filial ternura á Eleodora, por haber sido, desde muy atrás, su director espiritual. Como todos los Descalzos era este inteligente y virtuoso.

Aquel día, Eleodora mirando á sus hijos, había dicho, como si hablara consigo misma.

—¡Aún puedo salvarlos de esa ignominia[298] y de la mancha oprobiosa que sobre ellos pesa!... Y esperaba ansiosa la llegada de su buen confesor.

Así que le vió venir, manifestole que deseaba confesarse y quedó sola con él.

—Padre –díjole ella– quiero que ilumine U. mi conciencia; necesito de sus consejos.

—Habla, hija mía, que Dios me prestará su apoyo.

—Quiero salvar a mis hijos de la deshonra que pesará sobre ellos por ser hijos de un asesino.

—Salvar á tu esposo del presidio, quizá sea posible; pero á ellos de la deshonra, sólo Dios podría operar ese milagro.

—¿Y no cree U. que también el amor de una madre puede hacerlo?

—No lo sé, ¡qué quieres decirme, hija mía!

—Yo he oído decir que el hombre que sorprende á su esposa en infraganti delito de adulterio, puede matarla á ella y á su cómplice, sin ser culpable ante la ley, y por consiguiente, tampoco ante la opinión pública.

—Bien, ¿y qué quieres decirme con esto? –preguntó fray Antonio, asustado, adivinando la intención de Eleodora.

---

298 Véase nota 127 de *Eleodora*.

Ella, con la expresión tranquila, continuó:

—La sociedad maldecirá á los hijos del asesino; pero puede perdonar á los hijos de la mujer adúltera.

—¡Dios mío! ¡Perdónala que no sabe lo que dice!— exclamó Fray Antón, asombrado de la resolución heroica de Eleodora.

—Padre, mi propósito es inquebrantable, y solo quiero que me indique U. los medios de hacer válida la declaración que haré para salvar á mi esposo del presidio y á mis hijos de la ignominia.

Fray Antón, con muy sólidas razones le observó que, caso de salvar ella de su herida, quedaría expuesta al lidibrio[299] y escarnio de la sociedad toda que, con justa indignación, la repudiaría considerándola indigna de llevar el ilustre nombre de sus honorables padres.

Eleodora insistió en su propósito, asegurándole, que si tal desgracia le sobreviniera, viviría resignada, si al menos salvaba á su esposo del presidio y á sus hijos del infame estigma de ser hijos de un asesino.

Fray Antón, inclinó la cabeza, sintiéndose anonadado ante la grandeza de sentimientos de su confesada.

—Padre mío –dijo ella– quiero que esta revelación; que en estos momentos le hago, quede guardada bajo el secreto de la confesión; mi padre, vengaría en mi esposo el infortunio que va á pesar sobre todos los de mi familia.

—Tu secreto morirá aquí junto conmigo –dijo Fray Antón, poniéndose la mano sobre el corazón.

Después de un momento, Eleodora dijo:

—Conozco que mi herida es mortal, y para que mis hijos no se avergüencen, ni duden de la paternidad de su legítimo padre, quiero dejar por escrito mi última confesión, que depositaré en las manos de U. para que, cuando ellos lleguen á la edad de la razón se la entregue U.

Fray Antón no pudo contestar: el llanto embargaba su voz y sólo pudo hacer con la cabeza un movimiento afirmativo.

Al día siguiente, el juez que entendía en la causa criminal se-

---

299   *Lidibrio*: escarnio, desprecio, mofa.

guida contra D. Enrique, por el doble crimen de homicidio cometido en la persona de su esposa y de su amigo, fué llamado ante el lecho de Eleodora.

Como la determinación de ella, no era conocida sino por el padre Antón, nadie sospechaba cuál era la causa de la presencia de jueces y escribanos cerca de la que ya era una moribunda.

Con todas las formalidades de ley, Eleodora declaró que su esposo, habiéndola sorprendido en infraganti delito de adulterio, dió muerte á su amante y la hirió á ella.

El cadáver de Ricardo encontrado á pocos pasos de Eleodora, y ambos caídos como si hubieran sido heridos sin oponer resistencia alguna; la vida licenciosa de Ricardo, y su constante asistencia á la casa de su amigo que ya en el público había sido interpretada desfavorablemente al honor de ella; la frecuencia con que D. Enrique había pasado las noches fuera de la casa; todos estos pormenores y detalles, trajeron la convicción de la falta de Eleodora y nadie dudó de la veracidad de su declaración.

El juez que era un conservador con ribetes de fanático, salió de allí, diciendo muy convencido y satisfecho: que la intervención de la Providencia estaba siempre clara y manifiesta en la injusticia humana; y citando este hecho, como el más culminante de cuantos él había presenciado en favor de sus teorías providenciales.

D. Enrique fué, en consecuencia, puesto en libertad sobreseyéndose el juicio criminal iniciado.

Cuando él llegó á la alcoba de su esposa, ésta acababa de espirar, manifestando hasta el último momento, cuánto era su pesar por no tener á su lado al esposo que había ofendido, y cuyo perdón necesitaba implorar antes de morir.

Y estas palabras las decía en presencia de los médicos y de los amigos que rodeaban su lecho de muerte.

Cuando D. Enrique, después de dejar la cárcel, supo por el padre Antón la declaración de Eleodora, con todos los detalles que le daban visos de verdad, quedose alelado, sin saber si llorar ó reírse: aquello era superior á cuanto él había oído y aún podía imaginarse.

Al ver el cadáver de Eleodora, D. Enrique, sintió que las rodillas se le aflojaban; y sin poderlo evitar, cayó postrado llorando y ocultando el rostro como si temiera que Eleodora fuera á mirarle. ¡Él, el más miserable de los hombres, se encontraba en presencia de la más sublime y abnegada mujer!...

Se negó á salir de la habitación, y con señales de la mayor desesperación y arrepentimiento, afirmaba que quería que lo enterraran junto con su esposa, pues que él no se consolaría jamás con la muerte de ella.

La señora Luisa, que escuchaba estas exageradas declamaciones, decía: —bien segura estaba yo que todo fué urdido por mi hija para salvar á este infame: ella ha sido una víctima inocente.

Y con esta convicción, sus ojos volvían á verter lágrimas muy desconsoladas.

En cuanto al señor Alvarado, él también decía con noble orgullo: —Eleodora ha sido, como esposa, digna descendiente del ilustre nombre de Alvarado.

Cuando el cadáver de Eleodora, estuvo encerrado en el rico cajón de cedro con chapas de plata, sucedió que uno de los amigos íntimos del señor Alvarado vió á Serafina que gimoteaba por toda la casa; y sin poder dominar su indignación, asiola fuertemente, y conduciéndola en presencia de la caja mortuoria, díjole: —¡Mira, infame! ¡*Las consecuencias* de tus faltas!...

Serafina, se alzó de hombros y se alejó refunfuñando, y diciendo: —¿Y por qué no han de ser consecuencias de la opresión de su padre y de la truhanería de su marido?...

Dos días después, D. Enrique confirmó esta opinión de Serafina. Su cadáver fué encontrado, atravesado el cráneo por una bala, y en la carta que dejó escrita decía: no puedo vivir un día más; mi muerte *voluntaria,* y la de mi adorada é *inocente* esposa, son *las consecuencias* de mi maldito vicio por el juego.

FIN

Thank you for acquiring

ELEODORA • LAS CONSECUENCIAS

from the
**Stockcero collection of Spanish and Latin American significant books
of the past and present.**

This book is one of a large and ever-expanding list of titles Stockcero
regards as classics of Spanish and Latin American literature, history,
economics, and cultural studies. A series of important books are being
brought back into print with modern readers and students in mind,
and thus including updated footnotes, prefaces, and bibliographies.

We invite you to look for more complete information on our website,
www.stockcero.com, where you can view a list of titles currently
available, as well as those in preparation. On this website, you may reg-
ister to receive desk copies, view additional information about the
books, and suggest titles you would like to see brought back into print.
We are most eager to receive these suggestions, and if possible, to
discuss them with you. Any comments you wish to make about
Stockcero books would be most helpful.

The Stockcero website will also provide access to an increasing number
of links to critical articles, libraries, databanks, bibliographies and other
materials relating to the texts we are publishing.

By registering on our website, you will allow us to inform you of
services and connections that will enhance your reading and teaching
of an expanding list of important books.

You may additionally help us improve the way we serve your needs by
registering your purchase at:

http://www.stockcero.com/bookregister.htm

CPSIA information can be obtained
at www.ICGtesting.com
Printed in the USA
LVHW091646141121
703308LV00003B/13

9 781934 768600